***ACCESO GRATIS** a la Lectura en la Nube*

Para visualizar el libro electrónico en la nube de lectura envíe junto a su nombre y apellidos una fotografía del código de barras situado en la contraportada del libro y otra del ticket de compra a la dirección:

ebooktirant@tirant.com

En un máximo de 72 horas laborales le enviaremos el código de acceso con sus instrucciones.

MANUAL JURÍDICO SOBRE LOS SERVICIOS DE DETECTIVE PRIVADO Y SUS INFORMES

Procedimiento de selección de originales, ver página web:
www.tirant.net/index.php/editorial/procedimiento-de-seleccion-de-originales

MANUAL JURÍDICO SOBRE LOS SERVICIOS DE DETECTIVE PRIVADO Y SUS INFORMES

DR. FRANCISCO MARCO FERNÁNDEZ

Académico de la Real Academia Europea de Doctores
Doctor en derecho
Detective privado

Prólogo:

DR. FERMÍN MORALES PRATS

Catedrático de derecho penal

tirant lo blanch

Valencia, 2025

En caso de erratas y actualizaciones, la Editorial Tirant lo Blanch publicará la pertinente corrección en la página web www.tirant.com.

EDITA: TIRANT LO BLANCH
C/ Artes Gráficas, 14 - 46010 - Valencia
TELFS.: 96/361 00 48 - 50
FAX: 96/369 41 51
Email: tlb@tirant.com
www.tirant.com
Librería virtual: www.tirant.es
DEPÓSITO LEGAL: V-2180-2025
ISBN: 979-13-7010-298-2

Si tiene alguna queja o sugerencia, envíenos un mail a: *atencioncliente@tirant.com*. En caso de no ser atendida su sugerencia, por favor, lea en *www.tirant.net/index.php/empresa/politicas-de-empresa* nuestro procedimiento de quejas.

Responsabilidad Social Corporativa: *http://www.tirant.net/Docs/RSCTirant.pdf*

A todos aquellos que han trabajado conmigo: este libro es un reflejo de lo que he aprendido de cada uno de vosotros.

A Melissa Kotler, por su ayuda en la recopilación jurisprudencial.

Y a mi maestro, el profesor Fermín Morales Prats, por su amistad y por ayudarme a arraigar mi profesión en la doctrina jurídica.

Índice

Prólogo

El autor de la obra, Francisco Marco Fernández, además de investigador privado (grado que obtuvo en la Universidad de Barcelona en 1994), es licenciado en Derecho por esta misma universidad (1995). Su sólida formación académica prosiguió con la obtención del título de doctor en Derecho por la Universidad Autónoma de Barcelona en 2002; su tesis doctoral versó sobre la investigación privada y el derecho a la privacidad. En 2022, Francisco Marco ingresó en la Real Academia Europea de Doctores con el discurso de ingreso: "Disociados (desdoblados), el futuro social de la humanidad".

Desde hace más de 25 años dirige uno de los mayores grupos de inteligencia empresarial en España y es el representante mundial para España de diversas asociaciones profesionales de detectives privados, lo que le avala como especialista en la materia que aborda en este manual práctico.

Francisco Marco ha sido autor de numerosos trabajos y libros, tanto doctrinales como de divulgación, relacionados con la problemática de internet y el derecho a la privacidad. Fue, además, uno de los precursores en la introducción del informe de investigación privada como nuevo medio de prueba en la Ley de Enjuiciamiento Civil.

Con estas alforjas, afronta ahora la publicación de un manual práctico sobre el informe de investigación privada. Se trata de un trabajo exhaustivo, aunque de fácil manejo y consulta, sobre la disciplina profesional de los investigadores privados. Para el desarrollo de esta obra, el autor ha abordado una normativa sectorial desde una perspectiva constitucional que atraviesa varios órdenes jurisdiccionales (penal, civil, laboral, etc.).

El trabajo nos ilustra cómo la seguridad privada es concebida institucionalmente como un servicio complementario y, en cierta medida, subordinado a la seguridad pública. Este último factor obliga a ampliar el foco del manual hacia ámbitos multidisciplinares en los que se manifiesta el control estatal sobre la investigación privada.

Pese a esta complejidad normativa, el autor ha logrado con lucidez mantener un discurso central en la obra, que no es otro que abordar sistemáticamente el encuadre jurídico de los informes de investigación privada.

Con el devenir de los años, la investigación privada ha ido adquiriendo una disciplina jurídica cada vez más compleja y consolidada, por lo que podemos hablar de un sector de servicios profesionales absolutamente enraizado en la práctica jurídica.

La obra se desarrolla con gran claridad expositiva y puede ser de gran utilidad tanto para profesionales de la investigación privada y de la abogacía como para estudiantes universitarios de los grados de Derecho, Investigación Privada o Criminología.

El autor comienza por exponer la evolución histórica y la definición de la profesión de detective privado, haciendo puntual referencia a los requisitos de habilitación y control administrativo. Pero no se trata de un manual endogámico centrado únicamente en aspectos administrativos e internos de la profesión. El autor amplía la perspectiva hacia la relación, y en su caso colisión, con derechos fundamentales durante el desarrollo de la investigación privada; derechos que actúan como habilitadores para dichas investigaciones (como el derecho a la información), así como aquellos que limitan la práctica profesional. Es probablemente en este último aspecto donde la obra adquiere una gran brillantez, al describir los perfiles y requisitos de legalidad para la obtención de la prueba por parte de los investigadores privados.

El autor nos sitúa también en los procesos judiciales y en el rol que pueden asumir los investigadores privados como fuentes de prueba e incluso como coadyuvantes en el orden jurisdiccional. Particularmente interesantes en este contexto son los capítulos relativos al empleo de cámaras ocultas, grabaciones encubiertas, el derecho a la propia imagen, y cómo los informes de estos profesionales se convierten en fuentes de prueba, con sus limitaciones constitucionales.

Debe destacarse, en el capítulo relativo al derecho a la intimidad y la profesión de detective privado, el desarrollo de la teoría de las expectativas de intimidad, concepto acuñado jurisprudencial y doctrinalmente, que permite delimitar el ámbito legítimo de protección de la privacidad. En este sentido, cabe señalar que Francisco Marco es uno de los introductores en España de la doctrina "plain view doctrine" y de la "reasonable expectation of privacy".

En suma, estamos ante un manual que cubre un ámbito escasamente tratado en las publicaciones existentes, de gran utilidad práctica, escrito por un académico con una sólida experiencia profesional en la investigación privada.

FERMÍN MORALES PRATS

Catedrático de Derecho Penal Universitat Autónoma de Barcelona

Abogado Director de Morales Abogados Penalistas

Académico numerario de la Real Academia Europea de Doctores

Introducción

Desde el histórico juicio a O.J. Simpson, donde el papel de los investigadores privados fue determinante para la resolución del caso, hasta recientes procesos judiciales como el del futbolista Dani Alves, en el que la investigación privada aportó pruebas cruciales para la decisión judicial, la figura del detective privado ha consolidado su relevancia tanto a nivel nacional como internacional. En España, ejemplos emblemáticos como la localización del espía Francisco Paesa, la Operación Malaya, o los fraudes masivos de Fórum Filatélico y Afinsa, han subrayado de manera contundente la importancia estratégica y jurídica del trabajo desarrollado por estos profesionales en contextos complejos.

Pese a la trascendencia probada y creciente de la investigación privada en nuestro país, persiste una preocupante ausencia de manuales jurídicos específicos, prácticos y actualizados en esta área. Esta laguna en la literatura especializada provoca confusión y errores en la aplicación práctica de la normativa tanto por parte de los profesionales del derecho como de los propios detectives privados, que necesitan seguridad jurídica y claridad respecto a sus competencias y limitaciones.

Este libro viene a cubrir precisamente esa carencia. Su objetivo principal es proporcionar una guía jurídica completa, actualizada y eminentemente práctica para detectives privados, abogados, jueces y estudiantes universitarios de Derecho, Investigación Privada y Criminología. A través de un recorrido exhaustivo por la normativa vigente, el análisis doctrinal profundo y la jurisprudencia reciente más relevante, esta obra ofrece una visión integral y clara de cómo ejercer legal y eficazmente la profesión de detective privado en España.

La obra no solo expone el marco legal de la profesión, sino que profundiza en temas tan sensibles y cruciales como los límites impuestos por los derechos fundamentales a la intimidad, el honor y la protección de datos personales. Además, se detalla meticulosamente la metodología de elaboración de los informes de investigación privada para garantizar su total validez y eficacia ante los tribunales. También se presentan casos prácticos que ilustran de manera concreta y realista cómo evitar errores comunes que podrían llevar a la inadmisibilidad de pruebas.

En definitiva, este libro nace con la vocación de convertirse en una herramienta imprescindible y única en el ámbito de la investigación privada, proporcionando a detectives y estudiantes los conocimientos y habilidades necesarios para llevar a cabo investigaciones rigurosas, respetuosas con los derechos fundamentales, y plenamente válidas ante los tribunales.

Capítulo 1

Definición y regulación del detective privado

La ausencia de una definición legal para la profesión de detective privado, sumada a una regulación históricamente deficiente[1], hace necesario un análisis exhaustivo que abarque aspectos gramaticales, lexicográficos y comparativos entre normativas. Este análisis permite precisar el concepto más adecuado para definir los servicios de investigación privada.

La profesión de detective está regulada por la Ley 5/2014, de 4 de abril, de Seguridad Privada (LSP), que en su Exposición de Motivos emplea indistintamente los términos *"investigador privado"* y *"detective privado"*, sin establecer una distinción conceptual entre ellos.

ANÁLISIS LEXICOGRÁFICO Y COMPARATIVO

Desde el punto de vista lexicográfico, la Real Academia Española (RAE) define *detective privado* como una persona que se dedica profesionalmente a realizar investigaciones privadas. En contraste, el Diccionario de Uso del Español de María Moliner describe a este profesional como alguien que esclarece sucesos misteriosos, como robos o asesinatos, o lleva a cabo investigaciones reservadas por encargo de un cliente.

El término *detective* se incorporó a la RAE como un neologismo derivado del inglés, por lo que resulta pertinente analizar su etimología y significado en diccionarios anglosajones. En este contexto, el Merriam-Webster Dictionary define *private investigator* como una persona que no pertenece a una fuerza policial y está autorizada para realizar investigaciones. El Oxford English Dictionary lo describe como alguien cuya

---

1 Por todos, Morales Prats, F. y Marco Fernández F., Código de Seguridad Privada, Pamplona, 1999 y Sempere Navarro, A. V. y San Martin Mazzucconi, C.: «Implicaciones prácticas de la nueva ley de Seguridad Privada». Gestión de Conocimiento. Noticias Jurídicas, Madrid, abril 2014, pág. 1.

función es descubrir información sobre personas o hechos, generalmente contratado de manera privada y no por la policía. Ambas definiciones enfatizan el carácter privado de la actividad y establecen una clara distinción respecto a los agentes de seguridad pública[2].

Este análisis demuestra que, tanto en el ámbito hispanohablante como en otros contextos internacionales, los términos *detective privado* e *investigador privado* se emplean de manera intercambiable para designar a los profesionales de la investigación privada. Las diferencias observadas responden únicamente a cuestiones terminológicas y estilísticas, sin implicar variaciones sustanciales en la naturaleza o el alcance de la profesión.

JURISPRUDENCIA SOBRE LA FIGURA DEL DETECTIVE PRIVADO

Desde el punto de vista jurisprudencial, en España ha existido un intento por parte de la Asociación de Investigadores Mercantiles para que se estableciera una distinción entre *detective privado* e *investigador comercial*, con el argumento de que estos últimos debían encargarse de investigaciones dentro del ámbito económico y mercantil. Sin embargo, el Tribunal Supremo, en su sentencia del 19 de febrero de 2008, dejó claro que la única figura reconocida por la legislación es la del detective privado.

> *"La decisión del legislador plasmada en la citada LSP no puede ser más elocuente: (1) No reconocer como figura independiente a los citados investigadores; (2) reconocer, por el contrario, con exclusividad a los detectives privados ("profesión... de ya larga tradición en España y en general en los países occidentales"), superando su insuficiencia normativa (pues solo estaban regulados por una Orden Ministerial de 20 de enero de 1981, parcialmente anulada por la STC 61/1990, de 29 de marzo); y (3) establecer para quienes, sin estar autorizados como detectives privados, venía actuando como Investigadores, un período de integración en la única figura que legalmente se*

---

2 Este análisis también se extiende a otros sistemas jurídicos europeos: Francia: El Dictionnaire de l'Académie française define détective privé como una persona que lleva a cabo investigaciones para particulares o empresas sin formar parte de las fuerzas del orden; Italia: El Dizionario Italiano describe investigatore privato como un profesional que realiza investigaciones para clientes privados o empresas, sin pertenecer a cuerpos de seguridad; Alemania: El Duden define Privatdetektiv como alguien que investiga en nombre de particulares o empresas sin ser parte de la policía. Reino Unido: El Cambridge Dictionary establece que un private investigator es una persona contratada para recabar información sobre delitos o conductas, pero ajena a la policía.

reconocía (por ello la única mención a los Investigadores es la contenida en la Disposición Transitoria Cuarta de la LSP, ya antes transcrita).

Más recientemente, el Auto del Tribunal Supremo de 14 de enero de 2025, en el procedimiento de unificación de doctrina número 2266/2024, reafirmó la importancia de los informes de detectives privados en los procesos judiciales, como un elemento fundamental a la hora de probar una posición procesal. En este caso, un trabajador despedido por apropiación indebida de bienes de la empresa impugnó la validez del informe de un detective privado que sirvió como prueba en su contra. El Alto Tribunal reconoció la validez del informe, considerando que los detectives privados pueden aportar pruebas documentales y testificales en procedimientos judiciales.

Este fallo es relevante porque clarifica la naturaleza jurídica del informe de detective:

1. No es un simple documento sino una prueba testifical que debe ser ratificada en juicio.
2. Debe ser obtenido de forma legal para no vulnerar derechos fundamentales como la intimidad del investigado.
3. Puede ser decisivo en despidos disciplinarios, siempre que se respete el derecho a la defensa.

Estos elementos subrayan la relevancia del detective privado en la administración de justicia y la necesidad de un marco normativo claro que garantice su ejercicio legal.

ANÁLISIS DOCTRINAL Y EVOLUCIÓN HISTÓRICA

La escasa doctrina española[3] que ha tratado el tema de forma monográfica tampoco ha establecido una definición clara del concepto de detective

---

3 Por todos, Serrano Brutagueño, I., "Los servicios de los detectives privados: licitud y valor en sus investigaciones", en *Boletín de Información del Ministerio de Justicia,* número1774, pp.5 a 29; Pérez Hernández, E., "La constitucionalidad de las pruebas aportadas por los detectives privados", en *Poder Judicial,* número 35, 1994, pp. 225 a 260; y Lafont Nicuesa, L, La investigación física y tecnológica por el detective privado y su valor probatorio, Madrid, 2023. Valls Genovard, M. A. (Dir.). (2023). La prueba de detective privado en los procesos de familia: Aspectos sustantivos, procesales y técnico-profesionales de la obtención de la prueba. Barcelona, 2023 y Marco Fernández, F., Los detectives privados y derecho a la privacy tesis doctoral, 2002.

privado, mientras que la doctrina extranjera[4] se limita a señalar que la terminología utilizada para designar la profesión no está unificada[5], o bien que las tareas que realizan son muy diversas[6]. Otros autores han definido al detective privado en función del método de trabajo utilizado[7] o del objetivo que persigue[8].

Académicamente, la función del detective privado se sitúa en una posición intermedia entre la del testigo y la del perito. Este concepto, denominado "tertium genus", ha sido desarrollado por autores como Morales Prats y Marco Fernández[9], quienes señalan que el detective privado no es un testigo ordinario—pues su conocimiento de los hechos no es fortuito—ni un perito, dado que no emite un juicio basado en conocimientos técnicos, sino que recopila información mediante métodos de investigación planificada.

Por tanto, más allá de la definición operativa —**"profesional habilitado para realizar investigaciones de carácter privado con el fin de obtener información y pruebas para sus clientes"**—, es imprescindible acudir al origen de la profesión, así como a la normativa española y comparada, para determinar una definición adecuada de la figura del detective privado, dado que la ausencia de una definición legal precisa y la utilización

---

4 Para Cioli, el investigador privado es una figura profesional poco definida, que debe contar obligatoriamente con una licencia policial y que ofrece a sus clientes, ya sean personas físicas o empresas, servicios de indagación, búsqueda y recopilación de información. Cioli, Federico. (2006). *L'attività investigativa e l'immagine dell'investigatore.* CLUEB, pp. 1-14. En *Investigazioni private: quadro normativo e ambiti operativi* (Heuresis. [Sez.] 17.: Materiale di ricerca in criminologia devianza e politica del controllo sociale; 25).

5 Ocqueteau, F., "L'irrésistible ascension des forces de sécutité privée… des chiffres… des hypothèses explicatives", en *Actes,* 1987, p. 17; "Une réglementation française sur le secteur de la sécurité privée, pourquoi?", en *Déviance et Société,* 1988, vol. XII, 3, pp. 383 a 390; "Les marchés de la sécurité privée: développement et implications", en *Le marché de la sécurité privée,* 1991, pp. 81-111

6 Van Outrive, L., "Une réglementation belge du secteur du gardiennage et de sécurité: question de legitimation", *Déviance et Société,* 1988, XII, 5, pp. 401-108.

7 Hoogenboom, A.B., "Privatisering van de politiefunctie" en *Algemeen Politieblad,* 1986, pp. 456-457.

8 Fayard, J., "Les agents privés de recherches", en *Le marché de la securité privée,* 1991, pp. 131-135.

9 Marco Fernández, Francisco; Morales Prats, Fermín. *La naturaleza jurídico-procesal del detective privado: el testigo-perito.* Pamplona, 1999, n.º 396, p. 1-5 y *Código de seguridad privada.* Pamplona, 1999

indistinta de los términos "detective privado" e "investigador privado" reflejan la complejidad y evolución histórica de la profesión. Los análisis lexicográfico, doctrinal y comparado convergen en la idea de que, pese a las variaciones terminológicas, el concepto fundamental se centra en la figura del profesional especializado, sometido a una regulación estricta, cuya labor consiste en la obtención de información y pruebas de carácter privado. Este marco conceptual resulta esencial para garantizar la legalidad, la calidad del servicio y la protección de los derechos implicados en el ejercicio de la investigación privada.

BREVE ORIGEN Y EVOLUCIÓN DE LA PROFESIÓN

Aunque la figura del detective privado suele asociarse al modelo estadounidense, como el de la agencia Pinkerton, sus orígenes se remontan a Europa, especialmente al Reino Unido. Desde la Edad Media, el sistema británico desarrolló figuras precursoras de la seguridad y la investigación privada. A finales del siglo XVIII, la corrupción y la ineficacia de los *watchmen* y *constables* propiciaron la aparición de grupos privados de investigación conocidos como *thief takers*, que ofrecían servicios de recuperación de bienes robados a cambio de una recompensa. Estos fueron los antecedentes directos de los detectives privados modernos.

En el siglo XIX, con la consolidación de la Revolución Industrial y el crecimiento urbano, surgieron las primeras agencias de detectives organizadas, como la *Pinkerton National Detective Agency* en Estados Unidos (1850) y el *Bureau des Renseignements Universels* en Francia (1833). En España, la investigación privada se institucionalizó a principios del siglo XX con la creación de agencias como *La Internacional* en 1907[10], aunque ya existían agencias de informes comerciales de crédito, cuyo trabajo fue avalado por el Tribunal Supremo (STS de 11 de octubre de 1898). La falta de regulación permitió que la profesión operara con flexibilidad, pero sin garantías legales claras hasta la segunda mitad del siglo XX. En 1951, una orden ministerial reconoció oficialmente la figura del investigador privado y, en 1992, con la primera Ley de Seguridad Privada, se establecieron las bases para su regulación formal, actualizada posteriormente con la Ley 5/2014 de Seguridad Privada, que define de manera precisa las competencias, responsabilidades y limitaciones de los detectives privados en España.

---

10 Para una historia detallada de las primeras agencias de detectives en España, véase Ibáñez JL, Todo lo oye, todo lo ve, todo lo sabe, Madrid, 2020.

A pesar de que la regulación de los detectives privados es fundamental en la estructuración de los sistemas jurídicos modernos, especialmente en el ámbito de la seguridad privada y la investigación, todavía carecemos de una definición estructurada y normativa. España ha desarrollado su legislación inspirándose en el modelo continental, con el propósito de garantizar el ejercicio de esta profesión dentro de los límites legales y con criterios que aseguren la protección de los derechos individuales.

DEFINICIÓN NORMATIVA EN ESPAÑA

En España, la labor del detective privado está regulada por la Ley de Seguridad Privada (LSP), que autoriza a estos profesionales a investigar hechos y conductas de carácter privado, siempre que no afecten a delitos perseguibles de oficio. El Reglamento de Seguridad Privada (RSP), aprobado mediante el RD 2364/1994, especifica en su artículo 101 que los detectives pueden investigar en los ámbitos económico, laboral, mercantil y financiero, así como en la vida personal, familiar o social, exceptuando los hechos ocurridos en domicilios privados sin consentimiento del titular.

El Tribunal Europeo de Derechos Humanos (TEDH) ha respaldado el uso de detectives privados en el marco del derecho a la defensa y a la investigación privada en múltiples ocasiones. En el caso Köpke contra Alemania (2010), el TEDH avaló la validez de grabaciones obtenidas por un detective privado en un supermercado, al considerar que no vulneraban la privacidad del trabajador. De manera similar, en el caso De la Flor Cabrera contra España (2014), se confirmó la licitud de la prueba obtenida por un detective, siempre que se respete el principio de proporcionalidad. Asimismo, en Kazimir contra Suiza (2023) se subrayó la necesidad de que exista una regulación específica para evitar interferencias desproporcionadas en la vida privada. Finalmente, en Isoldi contra Italia (2024), se estableció que los detectives no pueden actuar como agentes de la policía o de la fiscalía, ni acceder a información privada sin la debida autorización judicial.

La LSP y su normativa de desarrollo, a pesar de no definir a estos profesionales, regulan principalmente la responsabilidad y las funciones de los detectives privados contratados por personas físicas o jurídicas para la protección de bienes o personas. Según el artículo 2.1 de la LSP, la seguridad privada comprende "el conjunto de actividades, servicios, funciones y medidas de seguridad adoptadas, de forma voluntaria u obligatoria, por personas físicas o jurídicas, públicas o privadas, realizadas o prestadas por empresas de seguridad, despachos de detectives privados y personal de seguridad privada para hacer frente a actos deliberados o riesgos accidentales, o para realizar averiguaciones sobre personas y bienes, con la finalidad de garantizar la seguridad de las personas, proteger su patrimonio y velar por el normal desarrollo de sus actividades". En particular, el artículo 2.11 define los "despachos de detectives privados" como oficinas constituidas por uno o más detectives privados que prestan servicios de investigación privada.

En consonancia con esta normativa, el detective privado debe ser exclusivamente una persona física debidamente habilitada por la Administración para ejercer su profesión, lo que refuerza su sujeción especial al Estado[11]. Esta condición fue reconocida en la STC 61/1990, de 29 de marzo, en la que el Tribunal Constitucional destacó que los detectives privados están sometidos a un régimen jurídico diferenciado y a un mayor control administrativo debido a la naturaleza de su actividad. Dado que su trabajo implica la recopilación de información que puede afectar derechos fundamentales como la intimidad y la privacidad, se requiere un sistema de habilitación y supervisión estatal que impida el ejercicio libre sin la debida acreditación.

Aunque la ley permite la creación de despachos de detectives, estos no pueden ejercer la actividad de investigación privada de forma autónoma, sino que deben estar compuestos exclusivamente por detectives privados habilitados. Además, según el artículo 105.2 del RSP, los despachos de detectives pueden existir como personas jurídicas, pero su función es meramente organizativa y administrativa, sin poder sustituir ni ejercer directamente las funciones reservadas a los detectives. Esta regulación impide que sociedades mercantiles u otras formas jurídicas actúen como detectives privados, garantizando que la profesión permanezca en manos de profesionales acreditados y supervisados por la Dirección General de la Policía.

Por último, se debe indicar que, para ejercer en España, el detective privado debe contar con formación universitaria específica y obtener la habilitación oficial expedida por la Dirección General de la Policía. Además,

---

11 La relación de sujeción especial en el Derecho Administrativo se refiere al vínculo jurídico en el que ciertos individuos están sometidos a un control más estricto por parte de la Administración, debido a su posición específica dentro del sistema público. Este régimen implica restricciones y obligaciones adicionales, justificadas por la necesidad de garantizar el correcto funcionamiento de determinadas funciones o servicios. López Benítez M. *Naturaleza y presupuestos constitucionales de las relaciones especiales de sujeción.* Madrid: Civitas; 1994

está obligado a actuar conforme a los principios de legalidad, confidencialidad y proporcionalidad, evitando cualquier acción que vulnere derechos fundamentales, como la intimidad, el secreto de las comunicaciones o la protección de datos personales. Es importante subrayar que el detective privado no es un agente de seguridad pública ni posee facultades coercitivas; su labor se basa en la observación, el análisis y la obtención lícita de evidencias, las cuales sirven para fundamentar decisiones informadas o procesos judiciales.

CONCLUSIÓN Y DEFINICIÓN NORMATIVA

En suma, el detective privado es un profesional legalmente habilitado cuya función consiste en la obtención de información y pruebas dentro del marco normativo vigente. Su actividad se desarrolla en los ámbitos judicial, empresarial y personal, diferenciándose de los cuerpos de seguridad pública por la ausencia de facultades coercitivas.

> El detective privado es un profesional legalmente habilitado para realizar investigaciones confidenciales con el objetivo de obtener información y pruebas en beneficio de personas físicas o jurídicas. Su labor se desarrolla exclusivamente en el ámbito privado, respetando los principios de legalidad, proporcionalidad y confidencialidad, y siempre dentro de los límites establecidos por la normativa vigente. No posee facultades coercitivas y su actuación está regulada por la legislación de seguridad privada.

Esta definición permite precisar el alcance de la profesión y garantizar su ejercicio dentro de un marco legal que protege tanto a los clientes como a las personas investigadas. La evolución de la regulación y la consolidación de la figura del detective privado en España responden a la necesidad de un equilibrio entre la seguridad privada y el respeto a los derechos fundamentales.

Capítulo 2

Requisitos y habilitación legal del detective privado

HABILITACIÓN PROFESIONAL DEL DETECTIVE PRIVADO

El detective privado no ejerce su actividad de forma libre, sino que está sometido a un régimen de sujeción especial con la Administración, ya que su labor puede afectar los derechos fundamentales de las personas investigadas[12]. Por ello, el legislador impone un control riguroso y exige una habilitación reglamentaria previa, garantizando que solo los profesionales debidamente autorizados puedan realizar investigaciones privadas.

Esta habilitación no solo asegura el cumplimiento de estándares de calidad y legalidad, sino que también protege al cliente y previene el intrusismo profesional[13]. Tanto la legislación como la jurisprudencia establecen que la validez de los informes de investigación depende de que sean elaborados y firmados por un profesional habilitado.

La Ley 5/2014 de Seguridad Privada (LSP) establece los requisitos académicos, administrativos y legales que deben cumplir los detectives privados. Su actividad está reconocida tanto en el ámbito público como privado, y su papel en la obtención de pruebas ha sido consolidado por la jurisprudencia del Tribunal Supremo y la Ley de Enjuiciamiento Civil (LEC), que legitima su participación en procesos judiciales.

---

12 En idéntico sentido, Rodríguez Cardo, I, A.: «Pruebas obtenidas a través de detectives privados y derecho a la intimidad del trabajador», Actualidad laboral, núm.12, 2014, pág.3.

13 Por todos, Marco Fernández, Tesis doctoral, La investigación privada y el derecho a la intimidad, p.10 y 55.

RELACIÓN DE SUJECIÓN ESPECIAL ADMINISTRATIVA

El concepto de sujeción especial administrativa, desarrollado por la doctrina y la jurisprudencia, implica que ciertos profesionales se encuentran sujetos a un régimen normativo específico que les impone restricciones y obligaciones adicionales.

En este sentido, la jurisprudencia (la citada STC 61/1990) señala que el detective privado con autorización administrativa se encuentra en una 'relación especial de sujeción', aun cuando aquella relación administrativa especial no tuviera base directa en la Constitución o en una ley conforme con la Constitución. Por ello, la Administración ejerce un control estricto sobre su actividad, estableciendo límites para evitar posibles vulneraciones de derechos fundamentales. A diferencia de otras profesiones liberales, el detective privado requiere una habilitación específica y está sometido a inspecciones y supervisión por parte de las Fuerzas y Cuerpos de Seguridad del Estado.

Este control se fundamenta en la necesidad de garantizar la seguridad pública y la protección de los derechos fundamentales. La exigencia de una licencia administrativa, la supervisión de la actividad mediante la memoria anual y el libro registro, así como la obligación de colaboración con las autoridades, constituyen los principales mecanismos de regulación. A pesar de estos controles, la legislación reconoce la importancia del secreto profesional como garantía para el ejercicio legítimo de la profesión. Por tanto, el reto legislativo consiste en equilibrar el control administrativo con la autonomía del detective privado, asegurando que su labor se desarrolle dentro de los límites del derecho y el respeto a la privacidad de los ciudadanos.

Tal y como indica la citada STS de 19 de febrero de 2008 la profesión de detective está regulada por cuanto el Estado cede parte de sus competencias en materia de investigación. Así señala:

> *"Hemos de rechazar —-como ya consta en otra sentencia de esta misma fecha—- la existencia de un ámbito de actuación profesional en el ámbito de la investigación privada —-cualquiera que sea su contenido—- exento de las competencias de control por parte de los funcionarios competentes en materia de seguridad ciudadana. Del examen de la LSP se deduce la clara y evidente intención del legislador, al proceder a la regulación de la seguridad privada en general y de sus operadores en particular, por cuanto no puede concebirse esta seguridad privada como una actividad distinta, desgajada e independiente de la seguridad —-como concepto previo y superior—- que, según expresa la propia Exposición de Motivos de la LSP, "representa uno de los pilares básicos de la convivencia, y por tanto, su garantía constituye una actividad esencial a la existencia misma del Estado moderno que, en tal condición, se ejerce en régimen de monopolio por el poder público".*

REQUISITOS PARA OBTENER LA HABILITACIÓN

Para ejercer como detective privado en España, es obligatorio contar con una formación universitaria específica en investigación privada, otorgada por universidades acreditadas y reconocida por el Ministerio del Interior.

Una vez finalizada la formación académica, el profesional debe solicitar su habilitación oficial ante la Dirección General de la Policía, que solo podrá denegarla si el solicitante no cumple con los requisitos establecidos en la LSP[14].

Para obtener la habilitación como detective privado, es necesario cumplir con los siguientes requisitos administrativos y legales (artículo 28.1 LSP)[15]:

---

14 Sobre la falta de discrecionalidad de la Administración pública en la concesión de licencias si se cumple con los requisitos normativos, véase Martín Mateo R, Silencio administrativo, silencio positivo y actividad autorizante, Madrid, 1965.

15 Artículo 28. Requisitos generales.

1. Para la obtención de las habilitaciones profesionales indicadas en el artículo anterior, los aspirantes habrán de reunir, los siguientes requisitos generales:
   a) Tener la nacionalidad de alguno de los Estados miembros de la Unión Europea o de un Estado parte en el Acuerdo sobre el Espacio Económico Europeo, o ser nacional de un tercer Estado que tenga suscrito con España un convenio internacional en el que cada parte reconozca el acceso al ejercicio de estas actividades a los nacionales de la otra.
   b) Ser mayor de edad.
   c) Poseer la capacidad física y la aptitud psicológica necesarias para el ejercicio de las funciones.
   d) Estar en posesión de la formación previa requerida en el artículo 29.
   e) Carecer de antecedentes penales por delitos dolosos.
   f) No haber sido sancionado en los dos o cuatro años anteriores por infracción grave o muy grave, respectivamente, en materia de seguridad privada.
   g) No haber sido separado del servicio en las Fuerzas y Cuerpos de Seguridad o en las Fuerzas Armadas españolas o del país de su nacionalidad o procedencia en los dos años anteriores.
   h) No haber sido condenado por intromisión ilegítima en el ámbito de protección del derecho al honor, a la intimidad personal y familiar o a la propia imagen, vulneración del secreto de las comunicaciones o de otros derechos fundamentales en los cinco años anteriores a la solicitud.
   i) Superar, en su caso, las pruebas de comprobación que reglamentariamente establezca el Ministerio del Interior, que acrediten los conocimientos y la capacidad necesarios para el ejercicio de sus funciones.

1. Ser mayor de edad y tener nacionalidad española o de un país miembro de la Unión Europea.
2. No contar con antecedentes penales. Se debe presentar un certificado de antecedentes penales que acredite la ausencia de delitos dolosos.

---

2. Además de los requisitos generales establecidos en el apartado anterior, el personal de seguridad privada habrá de reunir, para su habilitación, los requisitos específicos que reglamentariamente se determinen en atención a las funciones que haya de desempeñar.
3. La pérdida de alguno de los requisitos establecidos en este artículo producirá la extinción de la habilitación y la cancelación de oficio de la inscripción en el Registro Nacional.
4. Podrán habilitarse, pero no podrán ejercer funciones propias del personal de seguridad privada, los funcionarios públicos en activo y demás personal al servicio de cualquiera de las administraciones públicas, excepto cuando desempeñen la función de director de seguridad en el propio centro a que pertenezcan. Los miembros de las Fuerzas y Cuerpos de Seguridad podrán ejercer funciones propias del personal de seguridad privada cuando pasen a una situación administrativa distinta a la de servicio activo, siempre que en los dos años anteriores no hayan desempeñado funciones de control de las entidades, servicios o actuaciones de seguridad, vigilancia o investigación privadas, ni de su personal o medios.
5. Los nacionales de otros Estados miembros de la Unión Europea o de Estados parte en el Acuerdo sobre el Espacio Económico Europeo, cuya habilitación o cualificación profesional haya sido obtenida en alguno de dichos Estados para el desempeño de funciones de seguridad privada en el mismo, podrán prestar servicios en España, siempre que, previa comprobación por el Ministerio del Interior, se acredite que cumplen los siguientes requisitos:
   a) Poseer alguna titulación, habilitación o certificación expedida por las autoridades competentes de cualquier Estado miembro o de un Estado parte en el Acuerdo sobre el Espacio Económico Europeo que les autorice para el ejercicio de funciones de seguridad privada en el mismo.
   b) Acreditar los conocimientos, formación y aptitudes equivalentes a los exigidos en España para el ejercicio de las profesiones relacionadas con la seguridad privada.
   c) Tener conocimientos de lengua castellana suficientes para el normal desempeño de las funciones de seguridad privada.
   d) Los previstos en los párrafos b), e), f), g) y h) del apartado 1.
6. La carencia o insuficiencia de conocimientos o aptitudes necesarios para el ejercicio en España de funciones de seguridad privada por parte de los nacionales de Estados miembros de la Unión Europea o de Estados parte en el Acuerdo sobre el Espacio Económico Europeo, podrá suplirse por aplicación de las medidas compensatorias previstas en la normativa vigente sobre reconocimiento de cualificaciones profesionales, de conformidad con lo que se determine reglamentariamente.

3. Poseer el título universitario oficial en Investigación Privada.
4. No haber sido separado del servicio de las Fuerzas y Cuerpos de Seguridad del Estado.
5. Obtener la Tarjeta de Identificación Profesional (TIP).

Esta acreditación tiene carácter personal e intransferible, y su validez puede ser revocada en caso de incumplimiento de la normativa. En este sentido, la sala de lo contencioso de la Audiencia Nacional en SAN de 30 de junio de 2021 señala que:

> "*El artículo 28.1 de la Ley 5/2014 exige el cumplimiento de una serie de requisitos para la obtención de la habilitación profesional para el ejercicio de funciones de seguridad privada, entre ellos [...] «e) Carecer de antecedentes penales por delitos dolosos".*
>
> Y añade que: *"el mencionado precepto legal establece en su apartado 3 que «La pérdida de alguno de los requisitos establecidos en este artículo producirá la extinción de la habilitación y la cancelación de oficio de la inscripción en el Registro Nacional (...) En este sentido, reiteradamente se viene advirtiendo que la extinción de la habilitaciones de seguridad privada "procede siempre que existan antecedentes penales, sin que tal circunstancia pueda hacerse depender de la cancelación de dichos antecedentes, pues lo cierto es que tales antecedentes comportan aquel efecto, sin perjuicio de que luego puedan o deban haberse cancelado, ya que los efectos se originan por la misma constatación de los antecedentes, reflejo de una conducta que inhabilita para el desempeño de las funciones atribuidas a los vigilantes de seguridad, al margen de cuándo la Administración tenga conocimiento de la concurrencia de dicha circunstancia" (por todas, sentencia de 2 de diciembre de 2015 -recurso 235/2014-), lo que es aplicable a las habilitaciones de detective privado".*

DOCUMENTACIÓN

Para obtener la habilitación como detective privado deberá aportarse la siguiente documentación:

- Instancia[16] de la persona interesada.
- Documentación[17] y Certificado de antecedentes penales por delitos dolosos, expedido por el Registro Central de Penados para los

---

16 Recuperado en https://sede.policia.gob.es/portalCiudadano/_es/tramites_seguridadprivada_tramite_habilitacionpersonal.php#

17 Dos fotografías recientes en formato DNI, en color, del rostro del solicitante, tamaño 32 por 26 milímetros, con fondo uniforme blanco y liso, tomadas de frente

españoles y extranjeros residentes en España, y documento original y equivalente que surta los mismos efectos para los solicitantes extranjeros no residentes. Estarán exentos de presentar este certificado los/as españoles/as y extranjeros/as residentes en España que en su instancia hayan autorizado expresamente a la Unidad Central de Seguridad Privada de la Comisaría General de Seguridad Ciudadana de la Dirección General de la Policía su petición de oficio al Registro Central de Penados.

- Declaración jurada a que se refiere los apartados f), g) y h) del *artículo 28.1 de la Ley 5/2014, de 4 de abril, de Seguridad Privada,* esto es, f) No haber sido sancionado en los dos o cuatro años anteriores por infracción grave o muy grave, respectivamente, en materia de seguridad privada; g) No haber sido separado del servicio en las Fuerzas y Cuerpos de Seguridad o en las Fuerzas Armadas españolas o del país de su nacionalidad o procedencia en los dos años anteriores; h) No haber sido condenado por intromisión ilegítima en el ámbito de protección del derecho al honor, a la intimidad personal y familiar o a la propia imagen, vulneración del secreto de las comunicaciones o de otros derechos fundamentales en los cinco años anteriores a la solicitud.
- Fotocopia compulsada del título de Bachiller Superior, equivalente o superior.
- Fotocopia compulsada del diploma de detective privado, expedido por un instituto de criminología, reconocido por el Ministerio del Interior o por otros centros oficiales adecuados y habilitados por el Ministerio de Educación.
- Justificante acreditativo de haber realizado el ingreso de una tasa[18].

---

con la cabeza totalmente descubierta y sin gafas de cristales oscuros o cualquier otra prenda que pueda impedir o dificultar la identificación de la persona; Certificado médico de poseer aptitud física y capacidad psíquica necesarias para prestar servicios de Seguridad Privada, excepto para el personal en activo que ejerza funciones de seguridad privada.

18 Recuperado en https://www.interior.gob.es/opencms/es/servicios-al-ciudadano/tramites-y-gestiones/tasas/seguridad-privada

LOS CONTROLES ADMINISTRATIVOS SOBRE LA PROFESIÓN DE DETECTIVE PRIVADO

La tarjeta de identidad profesional: las licencias administrativas

La tarjeta de identidad profesional (TIP) es el documento que acredita la habilitación del detective privado para ejercer su actividad. Esta tarjeta es emitida por la Dirección General de la Policía y debe ser renovada periódicamente. Según la jurisprudencia del Tribunal Supremo, la licencia administrativa no confiere un derecho absoluto sino condicionado a la legalidad vigente y al cumplimiento de los requisitos establecidos.

La licencia administrativa consiste en una autorización que otorga la Administración Pública competente a una persona física o jurídica que quiere ejecutar una actividad sobre la que la Administración ostenta facultad[19]. Por regla general en nuestro ordenamiento jurídico se refleja que la mayoría de las actividades no tendrán que solicitar una licencia administrativa ni otro medio de control preventivo, por lo que en principio existe libertad para ejercer cualquier actividad siempre que se actúe dentro del marco de la legalidad vigente. No obstante, existen una serie de excepciones respecto a determinadas actividades cuyo ejercicio queda sometido a la obtención previa de licencia administrativa o permiso de actuación, como en el caso de los detectives privados. Así lo explica la STS 19 de febrero de 2008:

> *"Como aclara la propia Exposición, lo que el legislador lleva a cabo es "integrar funcionalmente la seguridad privada en el monopolio de la seguridad que corresponde al Estado", añadiendo que "en este marco se inscribe la presente Ley, en su consideración de los servicios privados de seguridad como servicios complementarios y subordinados respecto a los de la seguridad pública". En consecuencia, "a partir de ahí se establece un conjunto de controles e intervenciones administrativas que condicionan el ejercicio de las actividades de seguridad por los particulares. Lo que se busca con estas normas es articular las facultades que puedan tener los ciudadanos de crear o utilizar los servicios privados de seguridad con las razones profundas sobre las que se asienta el servicio público de la seguridad". Derivada de tal concepción, la misma Exposición de Motivos continúa señalando que "ello significa que las Fuerzas y Cuerpos de Seguridad del Estado han de estar permanentemente presentes en el desarrollo de las actividades privadas de seguridad, conociendo la información trascendente para la seguridad públi-*

---

[19] Sobre las licencias administrativas, véase Martín Mateo, silencio administrativo, silencio positivo y actividad autorizante, Madrid, 1965.

ca que en las mismas se genera y actuando con protagonismo indiscutible, siempre que tales actividades detectan el acaecimiento de hechos delictivos graves, perseguibles de oficio", pues es evidente que "en este sector se produce el hecho sustancial de que el ámbito de actuación es parcialmente común con el de los Cuerpos y Fuerzas de Seguridad, lo que permite y aconseja que sean, asimismo, idénticos los mecanismos de coordinación subordinada y de intervención de los servicios policiales".

La obligación de identificarse ante las Fuerzas y Cuerpos de Seguridad del Estado

El artículo 27 de la LSP establece la obligatoriedad de que los detectives privados porten su tarjeta de identidad profesional mientras ejercen sus funciones. Además, deben exhibirla siempre que sean requeridos por la autoridad policial, facilitando así el control sobre su actividad. Sin embargo, la norma no obliga a los detectives privados a identificarse ante particulares, garantizando la confidencialidad de sus investigaciones.

Como se verá en el capítulo dedicado a los datos de carácter personal, el detective no está obligado a informar al investigado que está realizando una investigación y la propia jurisprudencia permite que los detectives no "*revelen su identidad como tales detectives, lo que parece elemental, porque frustraría la razón de ser de su actuación*" (STSJ Cantabria 482/2021, 25 de Junio de 2021).

La memoria anual

Uno de los principales mecanismos de control administrativo sobre los detectives privados es la obligación de presentar una memoria anual de actividades. Según el artículo 25 de la LSP, este informe debe contener:

a) La relación de los servicios efectuados. b) La identidad de las personas físicas o jurídicas con las que se concertaron los servicios. c) La naturaleza de los servicios prestados. d) La comunicación de hechos delictivos perseguibles de oficio a las autoridades competentes.

Este requisito tiene como objetivo garantizar la transparencia y el correcto ejercicio de la actividad profesional, evitando que los detectives privados actúen fuera del marco legal.

El libro registro de detectives privados

La LSP establece, también, la obligatoriedad de que los detectives privados lleven un libro registro de sus investigaciones. Este documento debe incluir[20]:

a) Número de orden de encargo. b) Nombre y apellidos o razón social del cliente. c) Nombre de la persona investigada. d) Descripción de la investigación. e) Fecha de finalización del encargo.

---

[20] En cada despacho y sucursales, los detectives llevarán un Libro-Registro, según el modelo aprobado por Orden INT/318/2011, de 1 de febrero, concebido de forma que su tratamiento y archivo pueda ser mecanizado e informatizado, en el que constarán:

- Número de orden del encargo de la investigación, con su fecha de inicio y de finalización
- Indicación del asunto
- Nombre y apellidos o razón social y domicilio del cliente contratante, así como de la persona o personas investigadas
- Delitos perseguibles de oficio conocidos
- Órgano al que se comunicaron

La obligación de llevanza del libro-registro del apartado anterior también corresponderá a los nacionales de Estados miembros de la Unión Europea o de Estados parte en el Acuerdo sobre el Espacio Económico Europeo habilitados como detectives privados en cualquiera de dichos Estados y que pretendan ejercer su profesión en España sin disponer de despacho o sucursal en nuestro país.

En el caso de que sea informatizado, deberá atenerse a lo dispuesto en la legislación vigente sobre protección de datos personales.

Las hojas del Libro-Registro de detectives o, en su caso, las hojas o soportes que se utilicen para la formación posterior de aquél, deberán ser foliadas y selladas con carácter previo al inicio de las anotaciones.

En su primera hoja, la Jefatura Superior de Policía, la Comisaría Provincial o Local, o la Policía Autónoma correspondiente a la demarcación territorial del despacho o de sus delegaciones, asentará la diligencia de habilitación del Libro. En la citada diligencia constarán los siguientes extremos:

- Fin a que se destina el Libro
- Nombre del detective titular del despacho
- Número de orden de inscripción en el Registro de Detectives
- Número de folios de que consta el Libro
- Precepto que cumplimenta la diligencia
- Lugar y fecha de la misma, debiendo estar firmada por el responsable de la respectiva dependencia policial o persona en quien delegue.

Este libro está sometido a inspección por parte de las Fuerzas y Cuerpos de Seguridad, garantizando así que las investigaciones se realicen dentro del marco legal, sin que deban acceder al contenido del informe, por motivos de confidencialidad[21].

El deber de colaboración con la Administración

El artículo 8.3 de la LSP establece la obligación de los detectives privados de colaborar con las Fuerzas y Cuerpos de Seguridad del Estado[22]. Esta colaboración se limita a la comunicación de información relevante sobre delitos perseguibles de oficio. Sin embargo, los detectives privados están sujetos al deber de secreto profesional, lo que significa que no pueden revelar información sobre sus clientes salvo en los casos previstos por la ley.

REGISTRO Y FUNCIONAMIENTO DE LOS DESPACHOS DE DETECTIVES

Los detectives pueden ejercer de manera independiente o dentro de despachos de detectives, los cuales deben cumplir con requisitos específicos:

1. Inscripción en el Registro Nacional de Seguridad Privada[23].

---

21 En este sentido, el artículo 54.5 LSP indica: "5. Cuando las actuaciones de inspección recaigan sobre los servicios de investigación privada se tendrá especial cuidado en su ejecución, extremándose las cautelas en relación con las imágenes, sonidos o datos personales obtenidos que obren en el expediente de investigación. Las actuaciones se limitarán a la comprobación de su existencia, sin entrar en su contenido, salvo que se encuentre relacionado con una investigación judicial o policial o con un expediente sancionador".

22 3. De conformidad con lo dispuesto en la legislación de fuerzas y cuerpos de seguridad, las empresas de seguridad, los despachos de detectives y el personal de seguridad privada tendrán especial obligación de auxiliar y colaborar, en todo momento, con aquéllas en el ejercicio de sus funciones, de prestarles su colaboración y de seguir sus instrucciones, en relación con los servicios que presten que afecten a la seguridad pública o al ámbito de sus competencias.

23 Por la Dirección General de la Policía se lleva un Registro de detectives privados con despacho abierto, en el que, con el número de orden de inscripción. Bajo dicho número figura su nombre y apellidos, domicilio social y, en su caso, detectives asociados o dependientes y delegaciones o sucursales que de aquellos dependan, así como el nombre comercial que utilicen.

2. Disponer de una sede física.
3. Cumplir con la normativa fiscal y laboral aplicable.
4. Mantener un libro de registro de casos.
5. Contratar un seguro de responsabilidad civil.

RAZONAMIENTO ACADÉMICO SOBRE LA NECESIDAD DE LICENCIA Y CONTROL ADMINISTRATIVO EN LA ACTIVIDAD DE DETECTIVE, CON REFERENCIAS JURISPRUDENCIALES

El constitucionalismo moderno y, concretamente, la Constitución Española (CE) de 1978, garantizan derechos fundamentales como la intimidad, el honor o la protección de datos (arts. 18.1 y 18.4 CE). La actividad de investigación privada incide directamente en estos bienes jurídicos protegidos, lo que justifica al legislador, tanto la exigencia de control administrativo como la necesidad de sujeción a garantías legales.

Para el comienzo del desarrollo de las funciones del detective privado y de sus detectives asociados, la apertura del despacho deberá estar reseñada en el registro y hallarse en posesión el titular y los asociados de las correspondientes tarjetas de identidad profesional. No se podrá hacer publicidad de las actividades propias de los detectives privados sin estar inscrito en el Registro.
La inscripción del despacho en dicho Registro se practicará previa instrucción de procedimiento, iniciado a solicitud de persona interesada, en el que habrá de acreditarse, si ya no lo estuviere en el órgano encargado del Registro, el cumplimiento de los requisitos generales que se determinan en el artículo 53 del Real Decreto 2364/1994, de 9 de diciembre, por el que se aprueba el Reglamento de Seguridad Privada, y de los específicos señalados en el artículo 54.5 del mismo, así como el de haber causado alta en el Impuesto de Actividades Económicas.
La inscripción de detectives dependientes o asociados se acordará previa solicitud del detective titular del despacho de que dependan, adjuntando, en caso de vinculación laboral, documento acreditativo del alta de aquéllos en la Seguridad Social.
El número de orden de inscripción y la fecha en que se hubiere acordado se comunicará al interesado, que deberá hacer constar dicho número en su publicidad, documentos e informes.
Cualquier variación de los datos registrales, así como de los relativos a detectives dependientes o asociados y a delegaciones o sucursales, se comunicará, en el plazo de los quince días siguientes a la fecha en que se produzca, a efectos de su posible incorporación al Registro especial.

Desde una perspectiva doctrinal y académica, la exigencia de una habilitación profesional y el sometimiento a supervisión estatal para los detectives privados descansan en varios pilares:

- **Protección de derechos fundamentales**: El legislador impone controles para evitar la obtención y manejo ilegítimo de información personal que pudiera vulnerar la intimidad, honor o propia imagen. La licencia funciona como un filtro que garantiza la formación en deontología profesional y las limitaciones legales (p. ej., límites de la investigación, respeto al principio de proporcionalidad).
- **Garantía de profesionalidad y formación**: La actividad de investigación requiere conocimientos específicos en materia de derecho penal, procesal, civil, laboral, así como en protección de datos (RGPD y Ley Orgánica 3/2018, de Protección de Datos Personales y garantía de los derechos digitales). El rigor formativo, acreditado mediante titulación universitaria o estudios oficiales reconocidos, legitima la intervención del detective en procesos legales y administrativos.
- **Responsabilidad y deontología**: La actuación del detective no puede extralimitarse en funciones que corresponden a los Cuerpos y Fuerzas de Seguridad del Estado. El régimen disciplinario establecido en la LSP, así como la posibilidad de sanciones (administrativas e incluso penales), actúa como freno a posibles conductas que atenten contra derechos fundamentales.
- **Eficacia procesal**: La información obtenida por detectives puede ser empleada como medio de prueba en procedimientos judiciales. Su admisión exige que se cumplan los criterios de licitud y proporcionalidad establecidos por la jurisprudencia (control judicial de admisibilidad y validez de la prueba). El control administrativo y la licencia contribuyen a la fiabilidad de dicha prueba ante los tribunales.

Tal y como acabamos de indicar la actuación de los detectives privados afecta directamente a determinados derechos fundamentales[24]. Además, debemos tener en cuenta que la contratación de un detective privado supone una intromisión en la esfera de la intimidad mucho más intensa, pues,

---

24 Mercader Uguina, J. R. "La protección de datos del informe de detectives privados" en VV.AA: (Dirs. Taléns Visconti, E.; Valls Genovard, Mª.A) La actividad de los detectives privados en el ámbito laboral. Aspectos sustantivos y procesales de la obtención de la prueba. Madrid, 2020, pág. 292.

al fin y al cabo, el detective investigará o realizará, incluso, seguimientos personales y podrá conocer aspectos de la vida privada de los ciudadanos, es decir, "hechos y conductas que pertenecen a su ámbito de intimidad pese a que se desarrollen en espacios no reservados o abiertos al público"[25]. Por ello, la jurisprudencia contempla, tal y como analizaremos a lo largo de toda la obra, para recurrir a los servicios de un detective privado "*no [debe] existir otro medio de control admisible*" (STS 722/1989). Y es por ello que el detective, debe moderar y ponderar la intensidad del seguimiento o de la investigación. Así, podemos afirmar, que el seguimiento por parte del detective debe ajustarse a un espacio de tiempo y lugar adecuados[26] al fin de balancear el derecho de su cliente a conocer o defenderse y el derecho del investigado a su intimidad.

En este sentido, la STSJ Galicia 1448/2025 de 14 de marzo, señala para desestimar una demanda y declarar procedente un despido que el alcance de la vigilancia de la empleadora y el grado de intrusión en la privacidad del empleado debe ser estudiado. Al respecto apunta conforme a la doctrina del TEDH (caso López Ribalda II) que:

> ".. conviene valorar el carácter más o menos privado del lugar donde acontece la videovigilancia, sus límites espaciales y temporales y el número de personas que tienen acceso a sus resultados. Es conveniente, pues, que no se instalen las cámaras en sitios como baños, duchas, aseos, vestuarios, comedores y otros similares en donde los trabajadores confían en contar con una mayor privacidad y, por extensión, que no se les grabe con cualquier dispositivo en tales sitios. Paralelamente lo es apreciar si el sistema de seguridad o control permanecerá en el tiempo (supuesto de la STS de 21 julio 2021) o si se trata de una instalación puntual justamente incorporada por la existencia de sospechas fundadas sobre el comportamiento de ciertos trabajadores (supuesto de la STC 39/2016). En fin, aporta mayor seguridad conocer cuántas personas ha visto las imágenes grabadas o fotografiadas (...)".

Pues bien, en el caso que nos ocupa las fotografías cuestionadas fueron tomadas por el administrador de la empresa y recogen tanto el exterior del inmueble, que no era el domicilio de nadie ni consta que se utilizara como vivienda, como parte de su interior, correspondiente a la zona del marco de la puerta en la que se encontraba el demandante, a la que se tenía acceso visual desde el exterior por encontrarse abierto el hueco de la puerta.

---

25 López Balaguer, M., Taléns Visconti, E. E. "El seguimiento de las bajas por IT y por IP en el ámbito privado en la doctrina de los tribunales", ob. cit., pág. 25

26 López Balaguer, M., Taléns Visconti, E. E. "El seguimiento de las bajas por IT y por IP en el ámbito privado en la doctrina de los tribunales", ob. cit., pág. 29.

En tales circunstancias, no se aprecia la vulneración de ninguno de los derechos fundamentales invocados. Ni afecta al domicilio ni a lugar reservado asimilable (en el sentido del artículo 48.3 de la Ley 5/2014, de 4 de abril, de Seguridad Privada, así, STS/IV de 25.05.2023, rec. 2339/2022), y las fotografías se toman por la empresa en el ámbito de la vigilancia y control que permite el artículo 20.3 ET, en cuando al eventual desarrollo de actividades incompatibles con la situación de incapacidad temporal. Cabe añadir que la sentencia extrae los hechos que reputa acreditados, de los imputados en la carta de despido, a partir de la testifical que reseña".

En suma, la exigencia de licencia y de control administrativo no obedece únicamente a formalidades burocráticas, sino que responde a la necesidad de armonizar el legítimo derecho de investigar (por cuenta de terceros) con la protección de los derechos fundamentales de los ciudadanos. Las doctrinas y la jurisprudencia coinciden en que la figura del detective privado desempeña un papel válido en la obtención de pruebas y en la salvaguarda de intereses legítimos (patrimoniales, laborales, familiares, etc.), siempre que su actuación se ciña a los principios de:

- **Legalidad** (habilitación y normativa sectorial)
- **Proporcionalidad** (métodos de investigación no intrusivos más allá de lo necesario)
- **Finalidad legítima** (investigación ajustada al caso concreto, sin extralimitaciones)
- **Responsabilidad** (sometimiento a códigos deontológicos y sanciones por mala praxis)

De este modo, la licencia y la supervisión de la Administración se erigen en garantías necesarias tanto para el propio profesional—que actúa con mayor seguridad jurídica—como para los ciudadanos, cuyo derecho a la intimidad y demás derechos fundamentales resulta debidamente preservado bajo la vigilancia de los poderes públicos y la jurisdicción competente.

LA LEGALIDAD DE LA CONTRATACIÓN DE UN DETECTIVE PRIVADO

La contratación de un detective privado en España es una práctica plenamente legal y está respaldada por la Ley 5/2014, de Seguridad Privada, que establece que cualquier persona física o jurídica puede recurrir a los servicios de un investigador para la obtención y aportación de información y pruebas sobre conductas o hechos privados.

El Tribunal Supremo, en su sentencia de 6 de noviembre de 1990 (STS 6.11.1990), destacó la importancia del detective privado como actor dentro del sistema judicial, subrayando que su testimonio tiene presunción de veracidad debido a su formación y profesionalidad. Según esta sentencia:

> *"El testimonio emitido por los detectives privados tiene, en favor de su veracidad, no solo la garantía de profesionalidad exigible y, en principio, presumible en una profesión reglamentada legalmente, sino también la que, de modo innegable, proporciona la precisa y continuada dedicación al objeto del ulterior testimonio a emitir y las complementarias acreditaciones, gráficas o sonoras, de que este último suele ir acompañado."*

Además, la Ley de Enjuiciamiento Civil (LEC) reconoce expresamente la figura del detective privado como un sujeto legitimado para aportar pruebas en procedimientos judiciales, siempre que la información haya sido obtenida de manera legal. El artículo 265.1.5 de la LEC otorga a los detectives privados el carácter de testigos cualificados, al establecer que:

> *"A toda demanda o contestación habrá de acompañarse los informes, elaborados por profesionales de la investigación privada legalmente habilitados, sobre hechos relevantes en que aquellas apoyen sus pretensiones. Sobre estos hechos, si no son reconocidos como ciertos por los jueces, se practicará prueba testifical."*

En definitiva, el detective privado es un profesional habilitado cuya labor es esencial en el ámbito judicial y empresarial, asegurando la legitimidad, la ética y la fiabilidad de la información obtenida.

LA CONTRATACIÓN DE DETECTIVES NO HABILITADOS

La contratación de falsos detectives no solo invalida cualquier prueba obtenida, sino que también puede acarrear responsabilidad penal y administrativa tanto para el intruso como para el cliente que lo contrata con conocimiento de la ilegalidad. Por eso, el Tribunal Supremo, deniega a otras profesiones, como los investigadores comerciales y mercantiles, la capacidad para investigar. En ese sentido, la ya citada STS 1/2008, 15 de Octubre estable que la investigación privada debe ejercerse "*con exclusividad*" por "*los Detectives privados ("profesión... de ya larga tradición en España y en general en los países occidentales"), superando su insuficiencia normativa (pues solo estaban regulados por una Orden Ministerial de 20 de enero de 1981, parcialmente anulada por la STC 61/1990, de 29 de marzo); y (3) establecer para quienes, sin estar autorizados como detectives privados, venía actuando como Investigadores, un período de integración en la única figura que legalmente se reconocía (por ello la única mención a los Investigadores es la contenida en la Disposición Transitoria Cuarta de la LSP)*".

El Código Penal, en su artículo 403, tipifica el delito de intrusismo, castigando a quienes ejerzan una profesión sin poseer el título académico correspondiente. El Tribunal Supremo, en su Sentencia de 20 de febrero de 2014, condenó a un individuo que ejerció como detective privado sin habilitación, obteniendo fraudulentamente 68.460 euros de su cliente. En dicha resolución, el Tribunal recordó que el delito de intrusismo es un delito de mera actividad, lo que significa que se consuma con la realización de un solo acto profesional sin habilitación, sin necesidad de habitualidad o reincidencia (SSTS 407/2005 y 934/2006).

Desde el punto de vista administrativo, el Reglamento de Seguridad Privada (RSP) regula las infracciones cometidas tanto por los falsos detectives como por quienes los contratan. En particular, el artículo 154.1.b) del RSP establece que la contratación de un detective sin habilitación, a sabiendas de su situación irregular, es una infracción grave. Esto implica que los clientes que contraten a un falso detective pueden ser sancionados con multas y otras penalizaciones administrativas, además de enfrentar la nulidad absoluta de cualquier informe que estos presenten en un proceso judicial. Asimismo, el artículo 151.1 del RSP tipifica como infracción muy grave la prestación de servicios sin habilitación, incluyendo la apertura de despachos sin inscripción (art. 151.1.c), la actuación sin tarjeta profesional (art. 151.1.a) y la utilización de personal no autorizado para realizar investigaciones (art. 151.1.e).

En este sentido, la ATS 170/2014, de 20 de febrero establece, analizando la derogada Ley de Seguridad Privada de 1992, la actividad realizada por una persona no habilitada para ser detective privado para condenarlo por un delito de intrusismo:

> *"Conforme establece la Ley 23/92 de 30 de julio de Seguridad Privada, para poder ejercer como detective privado, es necesaria una habilitación previa e inscripción en el Registro del Ministerio del Interior, así como la superación de los estudios universitarios que como mínimo se cursan en tres años. Asimismo, en el art. 19 de la ley citada , consta el contenido de los servicios que pueden prestar los detectives privados, como son: obtener y aportar información y pruebas sobre conductas o hechos privados; la investigación de delitos perseguibles sólo a instancia de parte por encargo de los legitimados en el proceso penal; la vigilancia en ferias, hoteles, exposiciones o ámbitos análogos. Además el Reglamento de Seguridad Privada de fecha 9 de diciembre de 1994, señala las funciones anteriormente descritas y añade en el apartado segundo que: "A los efectos del presente artículo, se considerarán conductas o hechos privados los que afecten al ámbito económico, laboral, mercantil, financiero y, en general, a la vida personal, familiar y social, exceptuada la que se desarrolle en los domicilios o lugares reservados.*

Por tanto, de los hechos probados de la sentencia recurrida, se desprende que el recurrente sí realiza funciones propias de un detective privado, sin la titulación académica necesaria para ello, sobre hechos relativos a la vida personal de varios afectados".

CONCLUSIONES

1. **La validez del informe de un detective privado depende de su habilitación legal.** Un informe solo será admitido en un juicio si está firmado por un detective debidamente acreditado.
2. **El marco legal respalda la labor del detective privado.** La LSP y la jurisprudencia del Tribunal Supremo reconocen su papel clave en la obtención de pruebas.
3. **Existen requisitos estrictos para ejercer la profesión.** El detective debe contar con formación universitaria específica y cumplir con condiciones legales para obtener su acreditación.
4. **Los despachos de detectives deben cumplir normativas específicas.** Deben estar inscritos en el Registro Nacional de Seguridad Privada, cumplir regulaciones fiscales y laborales, y contar con un seguro de responsabilidad civil.
5. **El intrusismo profesional está sancionado.** El Código Penal y el Reglamento de Seguridad Privada establecen sanciones para falsos detectives y clientes que los contraten.
6. **La regulación de la profesión garantiza ética y profesionalismo.** El estricto marco normativo asegura que la actividad del detective privado respete los derechos fundamentales de los ciudadanos.

En suma,

La labor del detective privado es esencial en el ámbito judicial y empresarial. Sin embargo, su validez y eficacia dependen del cumplimiento de un estricto marco normativo, que garantiza la legalidad, la ética y la protección de los derechos fundamentales.

Capítulo 3

Los derechos fundamentales habilitadores de la profesión del detective privado: la facultad de investigar y de defender probando

Tal y como se indica en el preámbulo de la Ley de Seguridad Privada, los detectives privados satisfacen las "necesidades de información profesional con la investigación de asuntos de su legítimo interés". Esta afirmación no solo justifica su existencia dentro del ordenamiento jurídico, sino que también enlaza directamente con la tutela de varios derechos fundamentales, cuyo ejercicio efectivo requiere de la obtención de información legítima y verificable.

El detective privado actúa como un garante del derecho a la verdad, proporcionando pruebas y datos que permiten a los ciudadanos y empresas defender sus intereses dentro del marco de la legalidad. En este sentido, su actividad se articula en torno a tres pilares fundamentales del Estado de Derecho:

1. **El derecho a defenderse probando (*principio de prueba*):** Garantiza que toda persona pueda aportar pruebas en su defensa dentro de un procedimiento judicial o administrativo. Sin el acceso a medios de investigación privada, el derecho de defensa quedaría limitado frente a partes con mayores recursos probatorios.
2. **El derecho a la información (*principio de acceso a la verdad*):** Protege el interés legítimo de los individuos y entidades en conocer hechos relevantes que les afecten, ya sea en el ámbito personal, familiar, laboral o patrimonial. La investigación privada permite equilibrar la asimetría informativa en conflictos de interés.
3. **El derecho a la investigación (*principio de autonomía investigadora*):** Reconoce la facultad de los ciudadanos para recabar información sobre hechos que puedan afectar sus derechos e intereses, siempre que se

respeten los límites legales y los derechos de terceros. La existencia de detectives privados habilitados garantiza que estas indagaciones se realicen con profesionalidad y dentro del marco normativo.

Estos tres derechos no solo sustentan la actividad del detective privado, sino que también reflejan su papel esencial en el equilibrio entre seguridad, justicia y privacidad. A lo largo de este capítulo, se analizará cómo la investigación privada se enmarca en estos derechos fundamentales, su evolución jurisprudencial y las garantías que ofrece tanto a los investigados como a quienes requieren sus servicios.

EL DERECHO A DEFENDER PROBANDO (ART. 24.2 CE)

El derecho a la defensa es un pilar esencial del debido proceso, reconocido en la Constitución Española (artículo 24.2 CE), que establece que "todos tienen derecho a utilizar los medios de prueba pertinentes para su defensa".

La labor del detective privado está directamente relacionada con este derecho, ya que su función principal es la obtención de información y pruebas que pueden ser utilizadas en procedimientos judiciales. El Tribunal Supremo, en su sentencia de 6 de noviembre de 1990, afirmó que los informes de los detectives tienen presunción de veracidad, en virtud de su profesionalidad y acreditación legal.

En este sentido el investigador privado se erige como colaborador en la labor de defensa en sede judicial, toda vez que recaba indicios y pruebas (art. 48 LSP). Esta actuación conecta con el derecho fundamental a la prueba (art. 24.2 CE), en su vertiente de posibilidad de defenderse aportando pruebas válidas, y con la mencionada libertad de investigar. En los sistemas de corte acusatorio, la parte legitimada (acusación o defensa) puede contratar detectives para obtener medios probatorios, siempre con escrupuloso respeto a los límites constitucionales (intimidad, inviolabilidad de domicilio, etc.).

En este marco, se considera que la coincidencia entre la libertad de información (en su faceta activa) y el derecho a la prueba (art. 24.2 CE) consolida la figura del detective privado como investigador de hechos privados. Se sujeta, sin embargo, a exigencias de razonabilidad, necesidad y proporcionalidad, de acuerdo con el artículo 48.6 LSP y la doctrina del Tribunal Constitucional aplicable a cualquier restricción de derechos fundamentales.

Se vulnera el derecho fundamental a utilizar los medios de prueba del art. 24.2 CE cuando se inadmiten pruebas relevantes para la resolución del asunto litigioso sin motivación alguna o mediante una interpretación arbitraria e irrazonable, como, por ejemplo, cuando se deniega una prueba oportunamente propuesta por las partes o se deja de practicar la prueba si ésta fue admitida, y luego se fundamenta su decisión en la falta de acreditación de los hechos cuya demostración intentaba obtener con la prueba omitida (SSTC 292/2006, de 10 de octubre, y 80/2011, de 6 de junio de 2011)[27].

El artículo 265.1.5 de la Ley de Enjuiciamiento Civil (LEC) reconoce expresamente los informes de detectives como pruebas admisibles en procesos judiciales. En este mismo sentido, el TEDH (caso Köpke contra Alemania, decisión de inadmisibilidad número 420/07, de 5 de octubre de 2010) indica deben ponderarse los derechos fundamentales a la vida privada con el derecho de la propiedad y a defenderse probando. La demandante, la Sra. Köpke, trabajaba como cajera en un supermercado en Alemania. En septiembre de 2002, el empleador detectó irregularidades en las cuentas del departamento de bebidas y sospechó que la Sra. Köpke y otra empleada estaban implicadas en actividades ilícitas. El empleador contrató a una agencia de detectives para llevar a cabo una vigilancia encubierta mediante cámaras de video en el área de la caja registradora, durante un período de dos semanas. Las grabaciones mostraron a la Sra. Köpke manipulando las cuentas y apropiándose de dinero. Basándose en estas pruebas, fue despedida sin previo aviso. La Sra. Köpke impugnó su despido ante los tribunales laborales alemanes, argumentando que la vigilancia violaba su derecho a la privacidad. Sin embargo, los tribunales alemanes confirmaron la legalidad de la vigilancia y consideraron el despido justificado[28]. La sentencia establece:

> *"Los datos visuales obtenidos fueron procesados por un número limitado de personas que trabajaban para la agencia de detectives y por miembros del personal del empleador de la demandante. Se utilizaron únicamente para los fines de la terminación de la relación laboral con la demandante, incluyendo los*

[27] Goñi Irulegui, A. La prueba electrónica en el entorno digital de la empresa. Barcelona, 2024.

[28] El 18 de mayo de 2004, el Tribunal Laboral de Apelaciones de Mecklemburgo-Pomerania Occidental rechazó la apelación, ratificando que la vigilancia encubierta cumplía la Ley Federal de Protección de Datos (Bundesdatenschutzgesetz, BDSG) y era proporcionada dada la gravedad del caso. Al haberse comprobado que la demandante sacó dinero reiteradamente de la caja, su despido estaba justificado.

procedimientos judiciales iniciados por la propia demandante ante los tribunales laborales. Las interferencias con la vida privada de la demandante se limitaron a lo necesario para lograr los objetivos perseguidos por la vigilancia por video.

Los tribunales nacionales también dieron peso al hecho de que el empleador tenía un interés considerable en la protección de sus derechos de propiedad (...) Debe considerarse esencial para su relación laboral con la demandante, a quien se le había confiado el manejo de una caja registradora, poder contar con la seguridad de que ella no robaría el dinero contenido en esa caja. El Tribunal también está de acuerdo con la conclusión de los tribunales laborales de que el interés del empleador en la protección de sus derechos de propiedad solo podía ser salvaguardado eficazmente si se le permitía recopilar pruebas para demostrar la conducta delictiva de la demandante en los procedimientos ante los tribunales nacionales y si podía conservar los datos recopilados hasta la resolución final de los procedimientos judiciales iniciados por la demandante. Esto también servía al interés público en la adecuada administración de justicia por parte de los tribunales nacionales, que deben ser capaces de establecer la verdad en la mayor medida posible, respetando al mismo tiempo los derechos de la Convención de todas las personas involucradas. Además, la vigilancia por video encubierta de la demandante sirvió para despejar de sospechas a otros empleados que no eran culpables de ningún delito.

En cuanto al equilibrio alcanzado entre los dos intereses en competencia, el Tribunal también observa que los tribunales nacionales consideraron que no había otros medios igualmente efectivos para proteger los derechos de propiedad del empleador que hubieran interferido en menor medida con el derecho de la demandante al respeto de su vida privada. Teniendo en cuenta las circunstancias del caso, el Tribunal está de acuerdo con esta conclusión. El inventario realizado en el departamento de bebidas no pudo vincular claramente las pérdidas descubiertas a un empleado en particular. La vigilancia por parte de superiores o colegas, o la vigilancia por video abierta, no ofrecían las mismas perspectivas de éxito en la detección de un robo encubierto.

El TEDH constata, así, que la vigilancia mediante videocámara sin previo aviso en el lugar de trabajo afecta la vida privada del empleado, según artículo 8 § 1 del Convenio.

Sin embargo, el Tribunal observa que la vigilancia fue breve (2 semanas), limitada espacialmente (zona detrás de la caja), dirigida específicamente a personas bajo sospecha fundada, y con acceso restringido a las grabaciones.

Destaca además el legítimo interés del empleador en proteger sus bienes, la importancia pública en la administración de justicia y que no existían métodos menos intrusivos igual de efectivos.

Aunque reconoce que la vigilancia encubierta supone una interferencia considerable en la privacidad, estima que en este caso concreto el equilibrio realizado por los tribunales nacionales fue razonable y proporcionado.

El Tribunal concluye que Alemania no vulneró sus obligaciones de proteger la privacidad, por lo que declara esta queja manifiestamente infundada e inadmisible.

En este sentido, el TS (STS 652/2016, de 15 de julio) analiza la doctrina jurisprudencial, tanto del TS, como del TC y del TEDH, en materia de grabaciones de audio realizadas por particular que, posteriormente, se utilizan en sede judicial para condenar por un delito continuado de estafa, concluyendo:

> *"1) La utilización en el proceso penal de grabaciones de conversaciones privadas grabadas por uno de los interlocutores, no vulnera en ningún caso el derecho constitucional al secreto de las comunicaciones.) Tampoco vulnera el derecho constitucional a la intimidad, salvo casos excepcionales en que el contenido de la conversación afectase al núcleo íntimo de la intimidad personal o familiar de uno de los interlocutores.) Vulneran el derecho fundamental a no declarar contra si mismo y a no confesarse culpable, y en consecuencia incurren en nulidad probatoria, cuando las grabaciones se han realizado desde una posición de superioridad institucional (agentes de la autoridad o superiores jerárquicos) para obtener una confesión extraprocesal arrancada mediante engaño, salvo los supuestos de grabaciones autorizadas por la autoridad judicial conforme a los art 588 y siguientes de la Lecrim .) No vulneran el derecho fundamental a no declarar contra si mismo y a no confesarse culpable, cuando se han realizado en el ámbito particular.)*
>
> *Pueden vulnerar el derecho a un proceso con todas las garantías, cuando la persona grabada ha sido conducida al encuentro utilizando argucias con la premeditada pretensión de hacerle manifestar hechos que pudieran ser utilizados en su contra, en cuyo caso habrán de ponderarse el conjunto de circunstancias concurrentes.).-*
>
> *La doctrina jurisprudencial prescinde de calificar las manifestaciones realizadas por el inculpado en estas grabaciones como confesión, utilizando las grabaciones como ratificación de las declaraciones de los demás intervinientes en la conversación, que tienen el valor de testimonio de referencia sobre las declaraciones del inculpado"*

EL DERECHO A LA INFORMACIÓN (ART. 20 CE)

Las libertades comunicativas constituyen derechos humanos inalienables y base de las sociedades democráticas modernas. Tienen su origen en el pensamiento liberal del siglo XVIII y alcanzan proyección universal en la Declaración Universal de Derechos Humanos (DUDH) de 1948, que en su artículo 19 consagra la libertad de expresión y el derecho a recibir información. En España, el artículo 20 de la CE[29] protege la libertad

---

29 Se reconocen y protegen los derechos: A expresar y difundir libremente los pensamientos, ideas y opiniones mediante la palabra, el escrito o cualquier otro medio de reproducción. A la producción y creación literaria, artística, científica y técnica. A la libertad de cátedra.

de expresión y el derecho a comunicar y recibir información veraz, adoptando una doble vertiente:

1. **Derecho a informar**: facultad para difundir informaciones de interés general.
2. **Derecho a ser informado**: acceso de la ciudadanía a información relevante para la formación de la opinión pública.

Villaverde Menéndez[30] entiende que lo importante no es tanto garantizar un determinado contenido de la información, como el proteger el proceso de su transmisión-recepción, que sea libre y como consecuencia plural. El objeto de garantía es el proceso mismo de la comunicación pública y es información todo aquello que ingresa en ese proceso como mensaje. Por tanto, el derecho a recibir información del apartado d) del art. 20 es un derecho fundamental autónomo de los restantes del art. 20, como lo es también el derecho a comunicar información respecto de la libertad de expresión de su apartado a). El individuo tiene garantizada por el art. 20.1 CE la posibilidad de acceder al proceso de comunicación pública bien como emisor o como receptor, pero siempre como individuo[31]. Como consecuencia de ese planteamiento el derecho a recibir información del art. 20.1 d) CE también alcanza la recepción de opiniones, pensamientos e ideas, porque la información que se recibe, no sólo es producto del derecho a comunicarla del apartado a) del precepto[32]. En suma, el derecho a recibir información se debe concebir como el derecho del receptor a saber todo lo que esté difundido y, también, lo que deba ser difundido por parte del Estado y por los particulares, sin que lo importante sea el contenido, porque como ha señalado la STC 6/1981 el art. 20 CE garantiza la comunicación pública libre, sea cual sea el contenido, porque sin ésta no hay ni sociedad libre ni soberanía popular.

Así, como se señala por parte de la doctrina[33], el derecho a recibir información del art. 20.1 d) CE cumple, pues, con una doble función: garantizar

---

30 Villaverde Menéndez, I., *Los derechos del público,* Madrid, 1995, p. 39.

31 En este sentido, Villaverde Menédez, I., *Los derechos del público,* op. cit., p. 68.

32 En este sentido, Fernández Miranda Campoamor, A. y García Sanz, R.M., "El art. 20 CE...", op. cit., p. 500 a 507 señala que es posible, por ejemplo, que la publicidad comercial no esté protegida por el derecho a comunicar información, porque no es información cuya emisión protege el art. 20.1 d) CE. Pero sin embargo, en cuanto mensajes hechos públicos, accesibles a cualquiera, su recepción sí que está protegida, porque el receptor es información.

33 En este sentido, Villaverde Menédez, I., *Los derechos del público,* op. cit., p. 41.

al sujeto pasivo el libre acceso a la comunicación y garantizar la relación de causalidad que une la dimensión subjetiva del precepto (sus derechos de libertad) con su dimensión objetiva (la existencia de un proceso libre y plural de comunicación pública). El proceso es libre porque los derechos de libertad lo protegen frente a perturbaciones de terceros, y es plural porque esos mismos derechos de libertad aseguran que el acceso está abierto a cualquiera.

El derecho a recibir información del art. 20.1 d) CE no se reduce a la garantía del derecho a ser informado por los medios de comunicación dado que "también se extiende su tutela al receptor inquieto que despliega su conducta activa de búsqueda y obtención de información"[34]. En este sentido, el Tribunal Constitucional (STC 6/1981; STC 159/1986) ha subrayado que dichos derechos amparan tanto a quienes informan como a la sociedad en su conjunto. Si bien no se trata de derechos absolutos —la Ley 19/2013 de Transparencia contempla restricciones en aras de la seguridad nacional o la protección de datos personales—, el artículo 105 b) CE garantiza el acceso de los ciudadanos a los archivos y registros administrativos, salvo cuando concurran motivos justificados (p. ej., seguridad nacional, defensa del Estado, protección de datos, etc.). Dicho precepto protege "e*l acceso de los ciudadanos a los archivos y registros administrativos, salvo en lo que afecte a la seguridad y defensa del Estado, la averiguación de los delitos y la intimidad de las personas*".

El artículo 4 LSP establece que uno de los fines principales de la seguridad privada es: "Satisfacer las necesidades legítimas de seguridad o de información de los usuarios de seguridad privada" y hace descansar esa función en los detectives privados (artículo 48 LSP).

Para la profesión del detective privado, el derecho a informar y ser informado no equivale a actuar como periodista ni a difundir públicamente los hallazgos de sus investigaciones. La Ley de Seguridad Privada (art. 49) les impone, como comprobaremos en el capítulo destinado a la confidencialidad de las investigaciones que ha realizado, el deber de secreto profesional, impidiéndoles compartir información con terceros ajenos al encargo, lo que marca una nítida diferencia con la actividad periodística y el derecho a la información tampoco ampara la vulneración de otros derechos fundamentales. La doctrina constitucional (p. ej., STC 186/2000) exige que cualquier intromisión en la intimidad supere los

---

34 Villaverde Menédez, I., *Los derechos del público*, op. cit., p. 77 y ss.

principios de idoneidad, necesidad y proporcionalidad, lo que se aplica con la misma fuerza a la labor de los detectives privados.

En la Sentencia del Tribunal Supremo de 20 de noviembre de 2014, se analiza si la grabación realizada por una empleada a su empleador constituye una intromisión ilegítima en el derecho a la intimidad o si, por el contrario, está amparada por el derecho a la información y a la defensa probatoria. El Tribunal concluye que la grabación no vulnera el derecho a la intimidad, ya que no se realizó con la intención de divulgar información privada, sino como un medio de protección y prueba en un conflicto laboral, lo que enlaza con el derecho a la información en su dimensión de acceso a la verdad en situaciones de relevancia jurídica.

> *"La grabación no había sido objeto de difusión y se propuso como prueba en proceso judicial, luego el lugar donde se propuso su escucha lo fue un Tribunal de Justicia en concepto de prueba, como un instrumento y mecanismo probatorio válido y permitido por la Ley."*

La sentencia hace una comparación con el papel de los detectives privados, al citar una resolución previa del Tribunal Supremo (STS de 22 de febrero de 2007), en la que se determinó que no constituye intromisión ilegítima en el derecho a la intimidad la grabación realizada por un detective privado con fines probatorios en un proceso judicial.

> *"Sí más el recogido por el Tribunal Supremo, Sala Primera en su sentencia de 22 de febrero de 2007, que no considera intromisión ilegítima la grabación de una persona por un detective, para su aportación como prueba en un proceso laboral."*

Por tanto, el Alto Tribunal equipara la grabación de una empleada con la actuación de un detective privado, señalando que el fin probatorio en un procedimiento judicial es un elemento clave para determinar la licitud de la obtención de información. Reafirma, además, que los detectives privados pueden obtener pruebas válidas en procedimientos laborales, siempre que se respete el marco legal y no se vulnere la intimidad del investigado. Y, finalmente, refuerza la presunción de licitud de las pruebas obtenidas por detectives, alineándose con el derecho a la información y el derecho a defenderse probando.

La libertad de información y de opinión presentan un diferente contenido y como mantiene la STC 6/1988, «que sean diferentes sus límites y efectos, tanto ad intra como ad extra, en las relaciones jurídicas en que quien ejerce el derecho fundamental se pueda encontrar unido a otras personas». En este sentido, se señala que «la libertad de información y el correspondiente derecho a recibirla es sujeto primario la colectividad y cada uno de sus miembros». Por tanto, en las relaciones de legitimadas para contratar a un detective (relación contractual, familiar, laboral, etc.) el sujeto primario, a pesar de no ser la colectividad, si lo es el sujeto legitimado a contratar a un detective privado.

EL DERECHO A INVESTIGAR Y EL LIBRE ACCESO A LA INFORMACIÓN (ART. 105 B CE)

La libertad de investigar no es otra cosa que la libertad de acceso a la información[35]. En sentido amplio, el derecho a la investigación debe entenderse como la facultad atribuida a los profesionales de la información, los medios de comunicación y al público en general, de acceder directamente a las fuentes de las informaciones y de las opiniones y de obtenerlas sin límite general alguno; facultad que debe considerarse en su doble faceta: como derecho y libertad del ciudadano y como deber de los que manejan las fuentes de información[36].

El derecho al libre acceso a la información es, además, un principio fundamental en las sociedades democráticas, consagrado como un derecho humano en tratados internacionales y en muchas constituciones nacionales. Este derecho garantiza que los ciudadanos puedan obtener información de interés público, promoviendo la transparencia, la rendición de cuentas y la toma de decisiones informadas. Desde la perspectiva constitucional, el acceso a la información es una manifestación del derecho a la libertad de expresión y se encuentra limitado solo por razones de seguridad, privacidad y protección de datos personales. En este sentido, la STC 6/1981, indica:

> *"La libertad de expresión que proclama el art. 20.1 a) es un derecho fundamental del que gozan por igual todos los ciudadanos y que les protege frente a cualquier injerencia de los poderes públicos que no esté apoyada en la Ley, e incluso frente a la propia Ley en cuanto ésta intente fijar otros límites que los que la propia Constitución (arts. 20.4 y 53.1) admite. Otro tanto cabe afirmar respecto del derecho a comunicar y recibir información veraz (art. 20.1 d), fórmula que, como es obvio, incluye dos derechos distintos, pero íntimamente conectados. El derecho a comunicar que, en cierto sentido, puede considerarse como una simple aplicación concreta de la libertad de*

---

35 Puliti, G., "I diritto all'investigazione ed alla racolta della prova", en *L'investigazione privata nell nuovo procceso penale, op. cit.*, p.4.

36 Escobar de la Serna, L, *Manual de derecho de la información*, Madrid, 1996, p. 57.

expresión y cuya explicitación diferenciada sólo se encuentra en textos constitucionales recientes, es derecho del que gozan también; sin duda, todos los ciudadanos, aunque en la práctica sirva, sobre todo, de salvaguardia a quienes hacen de la búsqueda y difusión de la información su profesión específica; el derecho a recibir es en rigor una redundancia (no hay comunicación cuando el mensaje no tiene receptor posible), cuya inclusión en el texto constitucional se justifica, sin embargo, por el propósito de ampliar al máximo el conjunto de los legitimados para impugnar cualquier perturbación de la libre comunicación social."

En el ordenamiento español, como ya se ha dicho, el artículo 20 de la CE y el artículo 105 b) (derecho de acceso a archivos y registros administrativos) refuerzan esta dimensión de búsqueda y documentación. La prohibición de censura previa (art. 20.2 CE) impide la instauración de controles que restrinjan de manera arbitraria esa actividad investigadora. Asimismo, la jurisprudencia advierte que los límites derivados de la intimidad o la seguridad del Estado deben interpretarse de forma restrictiva para no desnaturalizar el derecho a investigar. Del tenor literal del precepto la doctrina[37] señala que la libertad de informarse constituye un componente esencial de la libertad activa de información, en el sentido de que debe reconocerse en el individuo un derecho a buscar y obtener información.

Como ya hemos indicado doctrinalmente se reconoce el derecho a investigar cuando se señala que el derecho a la libertad de información tiene un doble sentido, el derecho a informar y el derecho a informarse. En idéntico sentido la jurisprudencia en la STC 13/1985. Porque el derecho a investigar no se configura, como ya se ha dicho, como un derecho a la noticia[38], sino que el art. 20.1 d) CE no garantiza una obligación general a los sujetos informadores de transmitir y comunicar determinadas noticias.

Por el contrario, el objeto de la libertad de informarse está constituido por un derecho de acceso a las fuentes de información, entendidas éstas desde la mínima, "consistente en la mera recepción de noticias –cuando se utiliza una fuente de información mediata—, hasta actividades de investigación"[39]. Desantes Guanter defiende, asimismo, que el derecho a la documentación se integra en el art. 20.1 d) CE como la facultad de

---

37 Fernández Ramos, S., El derecho de acceso a los documentos administrativos, Madrid, 1997, p. 340.

38 Loiodice, A., "Diritto atto informazione", en *Enciclopedia dei diritto*, XVI, Milán, 1971.

39 Fernández Ramos, S., El derecho de acceso a los documentos administrativos, op. cit., p. 351.

investigación y en el art. 105 b) CE como el derecho de acceso a la documentación administrativa[40]. Fernández-Miranda/García Sanz[41] incluso llegan a señalar que la facultad de investigación se debe entender como "la posibilidad de acceso a las fuentes de información de todo tipo, desde acontecimientos que producen los hechos hasta las fuentes de documentación, privadas o públicas". Y, sin embargo, sólo se tenía garantías jurídicas de acceso a las fuentes informativas, derivadas del art. 105 b) CE y su posterior regulación legal en la Ley 30/1992, de 26 de noviembre, de Régimen Jurídico de las Administraciones Públicas y Procedimiento Administrativo Común que en los arts. 35 h), 37 y 38 regulan el derecho de acceso, aunque "pierde la oportunidad de articular el ejercicio real del acceso al ciudadano"[42].

Por ende, el art. 20.1 d) CE contempla un derecho fundamental de tercera generación[43], que implica un proceso de singularización del derecho a la información que apunta un haz de facultades[44], entre las que se encuentra el derecho (facultad) de investigar cuya verdadero desarrollo legal se identifica en la libertad de investigar e informar de la prensa y en la Ley de Seguridad Privada, por cuanto ésta faculta a los DP para la investigación de delitos perseguibles sólo a instancia de parte y para obtener y aportar información y pruebas sobre conductas o hechos privados (art. 48 LSP).

Pero, además, el derecho a la investigación también se encuentra acogido en el derecho comparado. En Estados Unidos el 4 de julio de 1966, el Presidente Johnson, promulgó la *Freedom of Information Act (FOIA)* que tiene un sustento constitucional en la Primera Enmienda que consagró

---

40 Desantes Guanter, J.M., "Significado jurídico-documental del art. 105 b) CE", en Historia Política y Derecho, Valencia, 1984, pp. 299 a 316; "De la libertad de expresión al derecho a la información", *Persona y Derecho,* número 24, 1991, pp. 23 a 48 y *Teoría y régimen jurídico de la documentación,* Madrid, 1987.

41 Fernández Miranda y Campoamor, A., y García Sanz, R.M., "Libertad de expresión y derecho a la información", en *Comentarios a la CE1978,* Madrid, 1997, t. II, p. 529.

42 Posición mayoritaria de la doctrina que ha defendido principalmente Cordero Saavedra, L., "El derecho de acceso a los archivos y registros administrativos y su tutela administrativa y jurisdiccional", en *La Ley,* número 3918, Madrid, 1995.

43 Castells Arteche, J.M., "El derecho de acceso a la documentación de la Administración Pública", en *RVAP,* número 10, 1984, pp. 135 y ss.

44 Pomed Sánchez, L.A., El derecho de acceso de los ciudadanos a los archivos y registros administrativos, Madrid, 1989, p. 110.

el derecho a la libertad de expresión a la que la jurisprudencia y la doctrina le añaden el *right to know* o derecho a saber[45].

Ciertamente, cualquier acomodación constitucional de la profesión de detective privado se debe realizar sobre la base del derecho a informar y a investigar y el derecho a la investigación a favor de un sujeto privado se concreta en "el derecho a la libertad de acceder a cualquier fuente de información"[46].

El derecho a investigar como derecho autónomo o integrado en el derecho a informar se encuentra, además, contemplado expresamente en el art. 19 de la Declaración Universal de Derechos Humanos que establece que "*todo individuo tiene derecho a la libertad de opinión y de expresión; este derecho*

---

45 Partsch, K.J., "Freedom od Concience and Expression, an Political Freedoms", en *The International Bill of Rights,* Columbia University Press, New York, 1981, p. 210. La principal característica de la FOIA es que abandona la exigencia de un interés directo y legítimo para el acceso a la información consagrando, incluso, un derecho a la curiosidad que, también, ha reconocido la doctrina italiana y que en este trabajo se ha negado con respecto a los detectives privados porque éstos sólo podrán investigar cuando estén legitimados para ello.
En Estados Unidos se ha considerado que el derecho a la información constituye un elemento tan capital en el control democrático que se ha trasladado la carga de la prueba de los ciudadanos a la Administración, la cual debe indicar la razón por la cual las informaciones solicitadas no pueden ser difundidas. La misma postura ha mantenido el legislador sueco que desde 1974 promulgó una ley, que goza de rango constitucional por disposición expresa del art. 2 del Instrumento de Gobierno, en cuyo capítulo segundo se dedica a establecer un derecho al acceso a la información y una facultad de investigación amplísima, tanto en sus contenidos como en los sujetos pasivos obligados a facilitar dicha información.
Tampoco la Constitución italiana contiene un reconocimiento explícito del derecho a investigar y, en este sentido, el art. 21 de su norma constitucional se limita a señalar que todos tienen derecho a la libre expresión. Y, sin embargo, la doctrina autorizada ha reconocido en la libertad de expresión, la libertad de informarse, tanto en una vertiente negativa (adquirir informaciones mediante una actitud pasiva) como en la positiva (acceso a la información y libertad de investigación).
La doctrina italiana, asimismo, entiende que del derecho a la información se desprende un derecho a descubrir información mediante el acceso a las fuentes más dispares y heterogéneas. Y el detective privado es una fuente más.
Además, como señala la Corte Constitucional italiana "los principales representantes del derecho a investigar son los detectives privados" (Corte de Cass. 61/1985) cuya actuación es, absolutamente, legal "siempre y cuando no supere el fin informativo para el que se le contrató" (Corte Css. 11, 10, 1978), por que el legislador al reconocer al DP como una profesión legítima, legitima su derecho constitucional a investigar.

46 Puliti, G., "I diritto all'investigazione ed alla racolta…", *op. cit.*, p. 4.

incluye al de (...) investigar y recibir informaciones...". El art. 19 del Pacto Internacional de Derechos Civiles y Políticos (PIDH) declara, también, en su apartado segundo que "*toda persona tiene derecho a la libertad de expresión; este derecho comprende a la libertad de buscar, recibir y difundir informaciones...*".

Para cierta doctrina resulta paradigmático, dado que su pretensión esencial es traducir las obligaciones jurídicas los derechos civiles y políticos de la Declaración, que el Pacto Internacional de los Derechos Civiles y, en concreto el art. 19, no incluya el derecho a investigar. Sin embargo, la misma doctrina se contesta que "no parece desprenderse una diferencia sustancial por el empleo del término buscar para sustituir investigar, pues entre otras cosas ambos traducen el mismo término francés (*rassembler*) e inglés (*seek*)[47].

Pero es obvio que, la faceta activa de la libertad de expresión, reconocida en el artículo 19 de la DUDH y en el artículo 19 del Pacto Internacional de Derechos Civiles y Políticos, engloba la posibilidad de buscar e investigar informaciones y opiniones. Sin esta capacidad, la facultad de difundir o recibir información quedaría vacía de contenido. El Comité de Derechos Humanos de la ONU, en su Observación General número 34, recalca que la libertad de expresión abarca la facultad de investigar, recibir y difundir informaciones o ideas por cualquier medio.

En suma, además de las demandas doctrinales y de las declaraciones jurisprudenciales tendentes a interpretar el derecho a la investigación como encuadrado en el derecho a informar del art. 20.1 d) CE, la Declaración Universal de Derechos Humanos y otras normas de Derecho Internacional, ratificadas por España, tienen plena eficacia en nuestro ordenamiento jurídico por cuanto el propio el art. 10.2 CE establece que las normas relativas a los derechos fundamentales y a las libertades públicas que la constitución reconoce se interpretarán de conformidad a la Declaración Universal de Derechos Humanos y a los tratados y acuerdos internacionales sobre las mismas materias ratificadas en España[48].

Investigar es, por ende, el derecho de acceder a las fuentes de información como un derecho generalizado del público a acceder a cualquier

---

47 Bonet Pérez, J., "Comentario al art. 19 DUDH", en *La Declaración Universal de los Derechos Humanos*, Asociación de las Naciones Unidas en España, Barcelona, 1998, pp. 329-330.

48 En este sentido, véase Saraza Jimena, R., Libertad de expresión e información frente a honor, intimidad y propia imagen, Pamplona, 1997, pp. 39 y ss.

fuente informativa, ya sea público o privada[49] debiéndose interpretar, conforme a la DUDH y PIDH, evolutivamente el art. 20.1 d) CE. Por lo que, como señala Morales Prats[50], citando a De Cupis[51], las agencias de investigación privada pueden centrar sus investigaciones y, por ende, investigar, siempre y cuando no vulneren la *privacy* de terceros.

Tal y como advierte la mencionada doctrina, el derecho a investigar se concibe como elemento esencial de la democracia, la transparencia y la participación ciudadana, trascendiendo el ámbito periodístico y alcanzando a toda persona que precise obtener información, entre ellos los detectives privados. En este sentido, la Ley 19/2013, de 9 de diciembre, de transparencia, acceso a la información pública y buen gobierno, establece que todas las personas tienen derecho a acceder a la información pública, en los términos previstos en el artículo 105.b) de la Constitución Española, desarrollados por esta Ley.

Igualmente, se debe recordar lo establecido en el artículo 332.3 del Reglamento Hipotecario: «*Quien desee obtener información de los asientos deberá acreditar ante el registrador que tiene interés legítimo en ello. Cuando el que solicite la información no sea directamente interesado, sino encargado para ello, deberá acreditar a satisfacción del registrador el encargo recibido y la identificación de la persona o entidad en cuyo nombre actúa. Se presumen acreditadas las personas o entidades que desempeñen una actividad profesional o empresarial relacionada con el tráfico jurídico de bienes inmuebles tales como entidades financieras, abogados, procuradores, graduados sociales, auditores de cuentas, gestores administrativos, agentes de la propiedad inmobiliaria y demás profesionales que desempeñen actividades similares, así como las Entidades y Organismos públicos y los detectives, siempre que expresen la causa de la consulta y ésta sea acorde con la finalidad del Registro*». En este sentido, el Tribunal Supremo en STS de 20 de abril de 1988 estudia la negativa de un registrador a facilitar información registral a un detective e indica:

> *"Sin pretender establecer un juicio de intenciones, nos atrevemos a pronosticar que la negativa del auxiliar del detective privado accionante a revelar el nombre de la persona o entidad interesada en conocer la información registral por él solicitada, ha podido ser la causa principal para la reacción negativa a facilitarle los datos pedidos por el mismo. Más ello no ha debido ser interpretado como una conducta sospechosa de encubrimiento de*

49 Bonet Pérez, J., "Comentario al art. 19 DUDH", en *La Declaración Universal de los Derechos Humanos*, Asociación de las Naciones Unidas en España, Barcelona, 1998, p. 325.

50 Morales Prats, F., La tutela penal de la intimidad…, op. cit., pp. 224 a 228.

51 De Cupis, A., "I diritti…", *op. cit.*, pp. 391-392.

propósitos inconfensables, sino de fiel acatamiento a las obligaciones de observar y guardar «riguroso secreto de las investigaciones que realicen», como dispone el artículo 9 de la Orden del Ministerio del Interior, de 20 de enero de 1981, secreto que se refuerza al disponerse en el mismo artículo que «no podrán facilitar datos sobre éstas más que a las personas que se las encomienden y a las autoridades policiales, juzgados y tribunales para el ejercicio de sus funciones...». Orden ministerial que ha sido la reguladora del status de esta profesión.

Si como hemos dicho antes en la práctica, el principio de publicidad registral se viene aplicando con mucha liberalidad, no existe razón para que este criterio hermenéutico se quiebre por el hecho de que quien solicite la manifestación de los libros del registro sea un detective privado en el ejercicio de su profesión, cuando precisamente estos detectives están incluidos entre aquellos profesionales y entidades a las que el registrador podrá dispensar la justificación del interés de quienes realmente estén deseosos de conocer el contenido de determinados asientos regístrales"

Para los detectives privados, este derecho es esencial en su labor de investigación, ya que les permite acceder a fuentes de información públicas y a determinados registros administrativos bajo ciertas condiciones legales. Sin embargo, su ejercicio debe respetar el marco normativo vigente para evitar colisiones con derechos fundamentales como la intimidad y la protección de datos personales.

En Europa, el Tribunal Europeo de Derechos Humanos (TEDH) ha sostenido que el acceso a la información es un componente esencial del derecho a la libertad de expresión y del funcionamiento de la democracia. Así, el artículo 48 LSP al establecer que los detectives privados son los únicos profesionales habilitados para realizar investigaciones sobre personas y hechos en el ámbito privado, empresarial y financiero, se configura como la normativa habilitadora para que los detectives puedan obtener información de fuentes públicas y acceder a ciertos registros administrativos bajo condiciones específicas. Algunas de las fuentes a las que pueden acceder incluyen:

- Registros mercantiles y de la propiedad.
- Boletines oficiales del Estado y de comunidades autónomas.
- Bases de datos públicas, como listados de empresas y registros de morosidad.
- Expedientes administrativos cuando la ley lo permita.

Este acceso es esencial para investigaciones sobre fraude, competencia desleal, bajas laborales fraudulentas y otros casos en los que los detectives actúan en interés legítimo de sus clientes. En este sentido, el TEDH en sentencia, de fecha 27 de mayo de 2014 (asunto de la Flor Cabrera) estableció que la grabación videográfica de una persona en una vía pública realizada por una agencia de detectives en el ejercicio legítimo de su actividad, y aportada como prueba en el proceso instado por aquél, no constituye una injerencia ilegítima en sus derechos a la intimidad, honor o a la propia imagen, según el art. 8 del Convenio Europeo de Derechos Humanos por cuanto se realiza para fundamentar una posición jurisdiccional, esto es, al amparo del derecho a investigar (por parte del detective) y a probar (por parte de su cliente). Así señala:

> *"En cuanto al objetivo perseguido por la utilización del videocassette, el TEDH juzga razonable considerar que las imágenes grabadas tenían la intención de contribuir de manera legítima al debate judicial, con el fin de permitir a la aseguradora poner a disposición del Juez el conjunto de los elementos pertinentes. En efecto, las imágenes litigiosas contradecían las afirmaciones del demandante según las cuales había quedado incapacitado, a raíz de su accidente, para conducir vehículos a motor. En la medida en que su solicitud de indemnización estaba fundada en esta incapacidad, era necesario, en opinión del TEDH, que todo elemento que probara lo contrario pudiera ser sometido al Juez. Y va en ello el interés público de garantizar a todo justiciable un proceso equitativo".*

Por último, se debe señalar que el derecho de acceso a la información no es absoluto y debe equilibrarse con otros derechos, como el de protección de Datos Personales: La Ley Orgánica 3/2018, de Protección de Datos Personales y Garantía de los Derechos Digitales, impone restricciones al tratamiento de datos personales sin consentimiento[52]. En este sentido, el STC 6/1981 reconoce el acceso a la información como una dimensión del derecho a la libertad de expresión y lo protege frente a restricciones injustificadas. Por otro lado, la STC 219/1992 afirma que el acceso a información pública es un derecho fundamental, pero que debe

---

[52] El alcance del derecho comprendido en el artículo 18.4 CE ha sido expuesto quien lo ha entendido como «el control que a cada uno de nosotros nos corresponde sobre la información que nos concierne personalmente, sea íntima o no, para preservar de este modo y en último extremo la propia iden tidad, nuestra dignidad y libertad.». La protección de datos (artículo 18.4) es un derecho que excede el ámbito propio del derecho a la intimidad (artículo 18.1) y que se traduce en un derecho de control sobre los datos relativos a la propia per sona. La llamada libertad informática es así el derecho a controlar el uso de los datos insertos en un programa informático (habeas data) y comprende, entre otros, la oposición del ciudadano a que determinados datos personales sean utilizados para fines distintos de aquel que justificó su obtención (STC 292/2000, de 30 de noviembre).

equilibrarse con la protección de datos personales y la seguridad del Estado ("la libertad de información, «en cuanto medio de formación de la opinión pública en asuntos de interés general», es un derecho prevalente sobre otros derechos fundamentales al ser garantía de la opinión pública, elemento que el Estado democrático debe proteger; alcanzando su máximo nivel cuando dicha libertad es ejercitada «por los profesionales de la información a través del vehículo institucional de formación de la opinión pública que es la prensa»).

A pesar de la falta de doctrina constitucional sobre el acceso a la información por parte de los detectives privados[53], la Sentencia del TJUE IPI (C-473/12) se plantea *"si dicha información puede obtenerse, ya que los datos recabados constituyen datos personales, al corresponderse con personas físicas identificadas o identificables; o bien puede entenderse como una de las excepciones permitidas a los Estados para recabar ciertos datos, aún sin el conocimiento del interesado. Y concluyendo que la actividad de detective privado que actúa para un organismo profesional a fin de investigar infracciones de la deontología de una profesión regulada —en el presente caso, la de agente inmobiliario estaba regulada en la vigente entonces Directiva 95/46. Pero, siempre y cuando un Estado miembro hubiera decidido trasponer esta excepción relativa a un organismo profesional y los detectives privados que actúan para él pueden invocarla; no quedando sujetos a la obligación de informar al interesado. En caso contrario, los interesados debían ser informados del tratamiento de sus datos personales"*[54].

Por tanto, el derecho al libre acceso a la información como derecho humano fundamental permite a los detectives privados acceder a información relevante en el marco de sus investigaciones. Sin embargo, este acceso debe realizarse respetando los límites legales, en particular la protección de datos personales y el derecho a la intimidad.

En suma, el derecho a investigar habilita al detective a acceder a los registros públicos sin demostrar el interés legítimo, porque se le presume.

---

53 Pascual Medrano, A.: «Detectives privados y protección de derechos fundamentales: una delicada relación», Diario La Ley, n.º 8193, 18 noviembre, de 2013. Ridaura Martinez, M.ª J.: Seguridad Privada y Derechos Fundamentales (La nueva Ley 5/2014, de 4 de abril, de Seguridad Privada), Tirant lo Blanch, Valencia, 2015.

54 Ridaura Martínez, MJ, Los derechos fundamentales como límites en el marco de la investigación privada, Teoría y Realidad Constitucional, núm. 47, 2021, ISSN 1139-5583, pp. 129-159

LA LEGALIDAD CONSTITUCIONAL DE LA PROFESIÓN DEL DETECTIVE PRIVADO: EL CONTRATO COMO FUENTE HABILITADORA DE LA FACULTAD INVESTIGADA

La LSP proporciona el marco legal para la profesión de detective privado, regulando la investigación y búsqueda de pruebas y estableciendo determinadas obligaciones y límites (arts. 48 y ss. LSP). En el plano constitucional, puede encontrarse una base habilitadora de la investigación privada en el artículo 105 b) de la Constitución Española (CE), que ordena regular el acceso de los ciudadanos a archivos y registros administrativos, y en el artículo 20 CE, que reconoce el derecho a comunicar y recibir información. La combinación de ambos preceptos permite sostener que existe un derecho a investigar y a documentarse con libertad, salvo cuando concurran limitaciones justificadas (p. ej., la seguridad del Estado o la intimidad de las personas).

El Tribunal Constitucional no se ha pronunciado de manera exhaustiva sobre la figura del detective privado, pero su jurisprudencia reconoce que la Administración no puede denegar de forma arbitraria el acceso a la información de la que dispone. El derecho fundamental a la información (art. 20.1 d) CE) y el principio de publicidad (arts. 9.2 y 105 b) CE) refuerzan la transparencia de la actividad pública. Aun así, la doctrina mayoritaria subraya que el detective privado, al actuar como confidente necesario[55] para investigaciones a instancia de parte legitimada, debe respetar otros derechos fundamentales, como la intimidad o el honor.

El contrato entre el cliente y el detective privado actúa como fuente habilitadora de la facultad investigadora, en virtud del artículo 48 en relación con el art. 25 LSP, que establece que los detectives privados solo pueden realizar investigaciones a solicitud de un tercero legitimado, ya sea una persona física o jurídica, mediando un contrato por escrito. Este contrato, como se comprueba en los capítulos posteriores de este manual, configura una relación de mandato profesional, en la que el detective se compromete a obtener y aportar información y pruebas sobre hechos privados dentro del marco legal.

Desde un punto de vista jurídico y doctrinal, este contrato no es solo un acuerdo entre partes, sino un acto que legitima el ejercicio de la investigación privada, delimitando su alcance y asegurando que el detective opere bajo un interés legítimo. En el capítulo sobre la contratación y la relación

---

55 Sobre la figura del confidente necesario y el detective privado, véase el capítulo de esta obra sobre el deber de confidencialidad.

del detective con el cliente, comprobaremos que se trata de una relación condicionada por la propia capacidad del cliente (legitimación) para poder conocer datos relativos a la persona investigada. Es decir, no cualquier persona puede ser objeto de investigación, sino únicamente aquellas situaciones en las que exista una causa justificada y un cliente con un interés legítimo en la información que se busca obtener. Esta exigencia evita la instrumentalización de los detectives para fines ilícitos, como la invasión de la privacidad sin justificación o el espionaje con fines personales ajenos a la legalidad.

Asimismo, este contrato debe respetar los límites impuestos por la legislación y la jurisprudencia, evitando vulnerar derechos fundamentales como la intimidad, el honor y la protección de datos personales. La doctrina establece que, si bien el detective puede llevar a cabo seguimientos y observaciones, no puede emplear medios desproporcionados o ilícitos, como el acceso a comunicaciones privadas, el uso de cámaras en espacios privados sin consentimiento o la recopilación de datos personales sin legitimación legal. En consecuencia, el contrato con un detective privado no solo es un instrumento de encargo profesional, sino un mecanismo de control y garantía para que la investigación se lleve a cabo dentro del Estado de Derecho, asegurando que la información obtenida pueda ser utilizada legalmente, incluso en sede judicial.

En este sentido, la STSJ de Madrid 3460/2025, de 10 de marzo, subraya que la empresa actuó sin legitimación alguna al encargar la vigilancia de un extrabajador, ya desvinculado de la relación laboral y, por tanto, ajeno al ámbito de control del empleador. La Sala concluye que someterlo a seguimiento mediante detectives vulnera de manera "absolutamente flagrante" su derecho fundamental a la intimidad, al no estar justificada la medida en hechos propios del afectado, sino en meras sospechas sobre un tercero. Además, resalta que todos los requisitos del denominado test Barbulescu, fijado por la Gran Sala del TEDH en su sentencia de 5 de septiembre de 2017 (asunto Barbulescu c. Rumanía, nº 61496/08), fueron ignorados: no hubo información previa, no existieron motivos legítimos acreditados, no se valoraron métodos menos invasivos y el grado de intromisión fue claramente desproporcionado. La finalidad de la investigación, concluye el tribunal, fue ilegítima al pretender comprobar extremos ajenos al demandante, esto es, al no contar con la legitimación para investigarle.

Por último, la Agencia Española de Protección de Datos también ha reconocido en múltiples ocasiones la habilitación legal de los detectives para tratar datos personales obtenidos de fuentes de acceso público. En sus resoluciones, la Agencia ha señalado que los detectives privados, por imperativo de la Ley de Seguridad Privada, no necesitan el consentimiento del investigado para recabar información personal cuando exista un encargo legítimo. Por ejemplo, en el Informe Jurídico 0178/2012 de la AEPD se aclara que una empresa de seguridad privada (detectives) puede investigar a una persona utilizando datos de fuentes abiertas sin infringir la LOPD, puesto que el art. 19.1 de la Ley 23/1992 (entonces vigente) "les habilita" para ello y su art. 23.c) "les legitima para obtener información de personas, siempre que no se utilicen para ello medios [...] que atenten contra el derecho al honor, la intimidad personal o familiar". En la práctica, esto supone que un detective puede acceder a registros públicos oficiales (por ejemplo, consultar el Registro Mercantil, Registros de la Propiedad, bases de datos públicas administrativas, boletines oficiales, etc.) para obtener datos relevantes de su investigado. La AEPD ha llegado a afirmar que el encargo de investigación privada crea una "relación negocial" (Expediente Nº E/01285/2009) entre el cliente y el detective, amparada por la Ley, de modo que "no será necesario contar con el consentimiento del investigado" para el tratamiento de esos datos.

A MODO DE CONCLUSIÓN

1. La Ley de Seguridad Privada habilita legalmente el ejercicio profesional del detective privado, mientras que los artículos 105 b) y 20 de la Constitución Española, interpretados de forma sistemática, legitiman constitucionalmente su actividad de investigación.
2. El derecho de acceso a archivos y registros (art. 105 b) CE) y la libertad de comunicar y recibir información (art. 20.1 d) CE) se conjugan para conformar un auténtico derecho a investigar, cuyo ejercicio no puede ser objeto de censura previa.
3. Los límites a esta libertad (intimidad, seguridad nacional, prevención de delitos, etc.) deben ajustarse a los principios de proporcionalidad y necesidad, evitando que se conviertan en mecanismos de ocultación injustificada.
4. El derecho a defenderse probando (art. 24.2 CE) conecta estrechamente con la labor del detective privado, pues este se configura como un auxiliar de la parte legitimada en la búsqueda de evidencias que luego podrán presentarse en juicio.
5. En definitiva, la Constitución de 1978 propicia un Estado transparente, en el que la libre formación de la opinión pública se sustenta en la posibilidad de investigar y acceder a documentos oficiales. Dentro de este marco, el detective privado cumple una función legítima y necesaria, siempre sujeta al respeto de los derechos fundamentales y a las garantías propias de un Estado de Derecho.

Así la STS 851/2021 es paradigmática cuando indica que acudir a un informe de investigación privada sirve en la doble vertiente: probar y defenderse.

> *"Son hechos probados que los informes se realizaron por un profesional legalmente habilitado; que fueron encargados por la codemandada Sra. Juliana previa acreditación ante dicho profesional del interés legítimo que ostentaba, consistente en su derecho a exigir del investigado el pago de las cantidades que adeudaba en concepto de pensiones fijadas a su cargo en el proceso de divorcio; que, por tanto, la finalidad exclusiva de los informes fue servir como prueba en los juicios que pendían entre los excónyuges, relacionados con la negativa del exmarido a hacerse cargo de dichas obligaciones familiares; que efectivamente se aportaron como prueba en diferentes procedimientos, "principalmente de carácter civil", y fueron admitidos sin que por el hoy recurrente se impugnara su ilicitud ni esta se apreciara de oficio; y, en fin, que no tuvieron otra divulgación fuera de esos procesos.*
>
> *En estas circunstancias, la realización de los informes y su posterior aportación como prueba en los juicios pendientes entre las partes contaba con la habilitación resultante de lo previsto en arts. 265.5 LEC y 48 a 50 LSP porque, a diferencia del caso de la sentencia 278/2021, en el presente los informes eran medios de prueba de los que la codemandada pretendía valerse en ejercicio de su derecho de defensa, de los que objetivamente podía resultar datos de interés para conseguir la efectividad de las obligaciones pecuniarias impuestas al hoy recurrente -en esencia, que continuaba desempeñando su actividad profesional como letrado-, en la medida en que este dato podía coadyuvar a desvirtuar alegaciones del hoy recurrente sobre su falta de recursos económicos o sobre la insuficiencia de sus ingresos.*
>
> *Desde la perspectiva de la proporcionalidad, el juicio de ponderación de la sentencia recurrida consistente en priorizar el derecho de defensa es conforme con la normativa y la jurisprudencia expuestas.*
>
> *Esta conclusión se funda, en primer lugar, en la idoneidad y necesidad de la investigación, pues los hechos probados indican una situación previa de incumplimientos reiterados, incluso con previa sentencia penal condenatoria por impago de pensiones cuando se encargó el segundo informe, de intentos infructuosos de trabar embargos sobre los honorarios del hoy recurrente (folio 45 de las actuaciones de primera instancia) y de la imposibilidad o gran dificultad para la codemandada de obtener por otros medios los datos sobre la situación económica del hoy recurrente que sí podían averiguarse mediante la investigación privada de un detective, en la medida en que la legislación vigente (art. 48. 1 a) LSP) permite acudir a estas averiguaciones para la obtención y aportación, por cuenta de terceros legitimados -en este caso la Sra. Juliana-, de información y "pruebas" sobre "conductas o hechos privados" relacionados, entre otros aspectos, con el ámbito laboral del investigado, y la investigación consistió en una entrevista con el hoy recurrente en su despacho profesional en la que el detective, haciéndose pasar por cliente, consiguió que el investigado mostrara que él personalmente se encargaba de prestar los servicios profesionales.*

Se funda, en segundo lugar, en que constituye un límite legal que las pesquisas no tengan lugar en domicilios o lugares reservados, limites que fueron respetados en la elaboración de ambos informes porque para el primero se concertó una entrevista con el hoy recurrente en su despacho profesional y para el segundo se le hizo un breve seguimiento durante unas pocas horas y en plena calle, razones estas últimas por las que el caso no es similar al de la sentencia 278/2021 que sí apreció intromisión ilegítima en la intimidad.

En tercer lugar, por lo que se refiere al derecho a la propia imagen, a pesar de no discutirse la captación de las imágenes mediante un dispositivo oculto, y por tanto sin consentimiento del hoy recurrente, ni su reproducción igualmente inconsentida en ambos informes, la sentencia recurrida pondera correctamente el factor (que también menciona el Ministerio Fiscal) consistente en su carácter meramente accesorio, orientado a dotar de mayor certidumbre a los informes, a lo que cabe añadir, también en línea con el Ministerio Fiscal y con la sentencia 196/2007, que no se difundieron para el conocimiento general y que tampoco se desprende de las mismas "ningún elemento de desdoro para el interesado", ya que en el informe de 2015 aparece de medio cuerpo en la mesa de su despacho y en el de 2017 en la vía pública, realizando actividades cotidianas como conducir un vehículo o acceder a un domicilio.

Finalmente, respecto del derecho a la intimidad, del informe de 2015 no resulta que se invadiera el ámbito reservado, personal y familiar del hoy recurrente, ya que el despacho era el lugar de trabajo donde recibía a los clientes, su comportamiento con la detective no sería distinto del que había tenido con cualquier otro cliente y los datos incorporados al informe o bien eran públicos, como la ubicación del despacho, o bien habrían sido voluntariamente divulgados a cualquier otro cliente, como el importe de sus honorarios. Y del informe de 2017, a pesar de que la hoja de encargo aludiera a la relación del hoy recurrente con su secretaria, resulta, como razona el tribunal sentenciador, que también el interés de la demandada en este segundo informe fue recabar datos económicos para garantizar la efectividad de las pensiones impagadas, máxime cuando ya constaba una condena penal de su exmarido, en la medida en que la convivencia de su exmarido con otra persona pudiera tener alguna relación con la reiterada desatención de sus obligaciones familiares de carácter económico.

En definitiva, la investigación cuestionada se sirvió de medios no desproporcionados para probar en juicio la actividad profesional del hoy recurrente y desvirtuar así la carencia de ingresos en que se escudaba para justificar una conducta tan reprobable que llegó a ser constitutiva de delito. Sería un contrasentido reconocer una indemnización por daño moral, fundada en la vulneración de sus derechos a la intimidad y a la propia imagen, a quien, como el recurrente, se resistió durante años a cumplir sus deberes familiares, fue penalmente condenado por ese incumplimiento y, en fin, dio lugar a que su exesposa tuviera que apuntar todos los medios legales a su alcance para intentar la efectividad de los derechos que ella y los hijos habidos de su matrimonio con el recurrente tenían reconocidos por sentencia firme."

Capítulo 4

Ámbito funcional de los detectives privados

Este capítulo abordará la normativa que regula la profesión de investigador privado, los principios que guían su actuación, sus competencias y limitaciones, así como su relación con los órganos judiciales y las fuerzas de seguridad.

EL DETECTIVE PRIVADO EN EL SISTEMA NORMATIVO

El detective privado es una figura clave dentro del sistema judicial, cuya función principal es la obtención de información y pruebas con plena validez legal. Sus competencias están definidas en el artículo 48.1 de la LSP, que establece:

1. Los servicios de investigación privada, a cargo de detectives privados, consistirán en la realización de averiguaciones necesarias para la obtención y aportación, por cuenta de terceros legitimados, de información y pruebas sobre conductas o hechos privados relacionados con los siguientes aspectos:

    a) Ámbito económico, laboral, mercantil y financiero, así como la vida personal, familiar o social, exceptuando la que se desarrolle en domicilios o lugares reservados. b) Obtención de información para garantizar el normal desarrollo de actividades en ferias, hoteles, exposiciones, espectáculos, certámenes, convenciones, grandes superficies comerciales, locales públicos de gran concurrencia o ámbitos similares. c) Investigación y obtención de información y pruebas sobre delitos perseguibles únicamente a instancia de parte, siempre que el encargo provenga de sujetos legitimados dentro del proceso penal.

OBLIGACIONES DEL DETECTIVE PRIVADO

En el ejercicio de sus funciones, los detectives privados están obligados, conforme al artículo 37 de la LSP, a:

1. Elaborar informes de investigación sobre los asuntos encomendados.
2. Colaborar con las Fuerzas y Cuerpos de Seguridad cuando sus actuaciones estén relacionadas con hechos delictivos o puedan afectar a la seguridad ciudadana.
3. Ratificar el contenido de sus informes de investigación ante las autoridades judiciales o policiales cuando sean requeridos.

El Tribunal Supremo (STS de 20 de septiembre de 2010) ha establecido que los detectives no ejercen funciones protectoras, por lo que su actuación debe ser discreta y regirse por el principio de "buen sentido", evitando situaciones de riesgo. Según el alto tribunal:

> *"Su actuación debe estar presidida por el concepto de buen sentido, evitando situaciones de riesgo específico y claro. Su función es la de empleados privilegiados o supervisores de incógnito, con el objetivo de conocer y, en su caso, informar sobre lo que no debiera haber sucedido y ocurrió"-*

FUNCIONES DE LOS DETECTIVES PRIVADOS

El artículo 48 de la LSP y el artículo 101 del Reglamento de Seguridad Privada (RSP) establecen las funciones de los detectives privados, determinando que sus investigaciones deben ceñirse a:

- Ámbito económico, laboral, mercantil y financiero, así como la vida personal, familiar o social, exceptuando la que se desarrolle en domicilios o lugares reservados.
- Investigación y obtención de pruebas relativas a delitos solo perseguibles a instancia de parte, por encargo de sujetos legitimados en el proceso penal.
- Obtención de información para garantizar el normal desarrollo de actividades en ferias, hoteles, exposiciones, espectáculos, certámenes, convenciones, grandes superficies comerciales, locales públicos de gran concurrencia o ámbitos análogos.

Dentro de estas competencias, la labor del detective privado es especialmente útil en casos civiles, laborales y mercantiles, donde su trabajo contribuye a la recopilación y análisis de pruebas relevantes. En procedimientos como incumplimientos contractuales o fraudes, la intervención de un detective puede aportar elementos determinantes para la resolución de litigios.

CONCEPTO DE "OBTENER Y APORTAR INFORMACIÓN Y PRUEBAS"

La obtención de información en el ámbito de la investigación privada puede definirse como el proceso sistemático de recopilación, análisis y verificación de datos sobre hechos o situaciones de interés legítimo, con el propósito de generar conocimiento útil y aplicable dentro de un marco normativo determinado.

Desde una perspectiva epistemológica, este concepto implica la aplicación de técnicas de recolección, análisis y validación de información, asegurando su fiabilidad y pertinencia dentro del marco normativo vigente. En el ámbito jurídico y probatorio, se relaciona con el derecho a la prueba y el principio de contradicción, dado que la información obtenida puede ser utilizada como elemento probatorio en procesos judiciales o administrativos.

Desde una perspectiva doctrinal, la obtención de información involucra diversos aspectos jurídicos, metodológicos y epistemológicos que deben considerarse para garantizar su legalidad, fiabilidad y utilidad probatoria.

Así, los elementos clave son:

1. **Obtención de información y pruebas**
   - Consiste en la recopilación de datos sobre hechos de interés legítimo para un cliente, siempre dentro de los límites legales.
   - Implica el uso de técnicas de investigación como vigilancia, seguimiento, toma de imágenes, consulta de registros públicos y entrevistas con fuentes humanas.
   - Se vincula con el derecho fundamental a la investigación, los límites impuestos por la normativa de seguridad privada, la protección de datos personales y los derechos fundamentales, como el derecho a la intimidad y la propia imagen.

2. **Aportación de información y pruebas**
   - Se refiere a la presentación de los hallazgos en un informe detallado, que puede ser utilizado por el cliente o en sede judicial como proyección de su derecho de defensa.
   - Doctrinalmente, esto implica el reconocimiento del informe del detective como medio de prueba en juicio, conforme a la doctrina del Tribunal Supremo, que ha reiterado su validez siempre que se respete la legalidad en su obtención.
   - Existen debates doctrinales sobre el alcance probatorio de estos informes y su valoración judicial en comparación con otros medios de prueba, como el testimonio pericial o documental.
3. **Límites y principios jurídicos aplicables**
   - Se debe garantizar el equilibrio entre la libertad de investigación y los derechos fundamentales.
   - La obtención de pruebas no puede vulnerar el derecho a la intimidad, al honor, a la propia imagen, al secreto de las comunicaciones o a la protección de datos.
   - La información obtenida debe tener una finalidad legítima y respetar el principio de proporcionalidad, asegurando que la investigación no sea más intrusiva de lo necesario.

En síntesis, doctrinalmente, el concepto "obtener y aportar información y pruebas" se sitúa en la intersección entre el derecho a la investigación privada, la protección de derechos fundamentales y la validez probatoria de los informes en el ámbito judicial y extrajudicial. Nadie que no esté habilitado puede realizar este trabajo, tal y como señala el Tribunal Supremo (ATS 170/2014, 20 de febrero de 2014) para condenar por un delito de intrusismo, tras analizar la LSP:

> *"El contenido de los servicios que pueden prestar los detectives privados, como son: obtener y aportar información y pruebas sobre conductas o hechos privados; la investigación de delitos perseguibles sólo a instancia de parte por encargo de los legitimados en el proceso penal; la vigilancia en ferias, hoteles, exposiciones o ámbitos análogos. Además el Reglamento de Seguridad Privada de fecha 9 de diciembre de 1994, señala las funciones anteriormente descritas y añade en el apartado segundo que: "A los efectos del presente artículo, se considerarán conductas o hechos privados los que afecten al ámbito económico, laboral, mercantil, financiero y, en general, a la vida personal, familiar y social, exceptuada la que se desarrolle en los domicilios o lugares reservados (...) Por tanto, de los hechos probados de la sentencia recurrida,*

se desprende que el recurrente sí realiza funciones propias de un detective privado, sin la titulación académica necesaria para ello, sobre hechos relativos a la vida personal de varios afectados".

OBLIGACIONES

El régimen jurídico de las obligaciones que asumen los detectives está determinado por dos elementos esenciales: la confección de los informes de investigación (art. 37.2, apartado a) de la LSP) y la ratificación de su contenido ante las autoridades judiciales (art. 37.2, apartado c) de la LSP).

La elaboración del informe no es una obligación genérica, sino específica, ya que toda investigación iniciada por un detective debe concluir con un informe que quedará registrado y estará sujeto a inspección por parte de las autoridades competentes en su labor de supervisión. En este sentido, el legislador ha establecido que dichos informes no solo constituyen un derecho del cliente, sino también un deber inherente al ejercicio profesional. Así, uno de los rasgos fundamentales de la actividad del detective es que sus informes pueden ser aportados como prueba en un proceso judicial, con el propósito de contribuir a la convicción del juez sobre la existencia de un hecho o dato relevante para la resolución de un litigio [56]. Por la relevancia de esta cuestión, dedicaremos un capítulo completo al informe de investigación.

En el ámbito empresarial y corporativo, los detectives privados desempeñan un papel clave en la protección de activos y en la prevención del fraude. Su trabajo incluye la investigación de competencia desleal, espionaje industrial, uso indebido de marcas y patentes, así como el control de la actividad de empleados en casos de absentismo laboral o uso fraudulento de información confidencial. Gracias a su labor, las empresas pueden prevenir pérdidas económicas, reforzar su seguridad interna y actuar con pruebas en posibles litigios.

Por otro lado, los detectives privados también colaboran con abogados y en procesos judiciales, aportando pruebas en casos de derecho civil, penal, mercantil y laboral. Sus informes pueden ser presentados en juicio como prueba documental válida, siempre que hayan sido obtenidos respetando

---

56 Moreno García, J. A.: «Informes de los detectives privados y prueba en el proceso», Revista de Jurisprudencia El Derecho, núm. 1, 2007, pág. 1.

la legalidad vigente. Además, pueden realizar reconstrucciones de hechos, verificar la veracidad de testimonios o aportar evidencias en casos de herencias, custodias o fraudes. Su papel es esencial para garantizar la objetividad en la recopilación de pruebas y fortalecer las estrategias jurídicas de sus clientes.

Pero como señala Serrano Butragueño, la LSP actúa "desde una doble perspectiva: positiva y negativa. Positiva, indicando cuáles son las actividades que pueden encomendárseles. Y negativa, señalando las tareas que de ningún modo podrán llevar a cabo"[57].

LÍMITES DE SU ESTATUTO JURÍDICO

Las investigaciones realizadas por detectives privados deben ajustarse estrictamente a los límites establecidos por la ley. Existen tres grandes restricciones en su actuación:

1. Prohibición de investigar delitos perseguibles de oficio

De acuerdo con el artículo 10.2 y el artículo 48.1.c) de la Ley de Seguridad Privada (LSP), los detectives privados no pueden investigar delitos cuya persecución corresponda exclusivamente a las fuerzas y cuerpos de seguridad del Estado, como homicidios, terrorismo o tráfico de drogas.

2. Prohibición de realizar investigaciones en domicilios y lugares reservados

Según el artículo 48.1.a) de la LSP, los detectives privados no pueden acceder ni recopilar datos en espacios privados sin la correspondiente autorización judicial.

3. Prohibición del uso de métodos que vulneren derechos fundamentales

El artículo 48.3 de la LSP establece que los detectives no pueden emplear medios que atenten contra la intimidad, el honor, la propia imagen, el secreto de las comunicaciones o la protección de datos personales. La ley es clara al respecto:

> *"En ningún caso se podrá investigar la vida íntima de las personas que transcurra en sus domicilios u otros lugares reservados, ni podrán utilizarse en este*

---

57 Serrano Butragüeño, I., «Los servicios de los detectives privados: licitud y valor de sus investigaciones», Revista general del Derecho, número 620, 1996, p.2208

> *tipo de servicios medios personales, materiales o técnicos de tal forma que atenten contra el derecho al honor, a la intimidad personal o familiar, a la propia imagen, al secreto de las comunicaciones o a la protección de datos".*

Los tres límites fundamentales de la actividad del detective privado

A partir de estas disposiciones legales, la LSP establece tres tipos de límites que rigen la actividad del detective privado:

1. **Límite funcional y restricciones en la contratación**
   - Se prohíbe la investigación de delitos perseguibles de oficio.
   - Si un detective obtiene conocimiento de un delito de este tipo en el ejercicio de su actividad, está obligado a informar inmediatamente a las autoridades.
2. **Límite espacial**
   - No puede investigar en el interior de domicilios ni en lugares reservados sin autorización judicial.
3. **Límite en los medios de investigación o límite operativo**
   - Se prohíbe el uso de herramientas o técnicas que vulneren derechos fundamentales.

El límite espacial será analizado en profundidad en el capítulo dedicado al derecho a la intimidad, mientras que el límite en los medios será tratado en el apartado sobre el derecho al honor y la propia imagen. En cuanto al límite funcional, se examinará en el capítulo donde se analizará si el detective privado puede o no llevar a cabo investigaciones relacionadas con delitos públicos.

Análisis jurisprudencial: SAP Madrid 268/2009, de 21 de abril de 2009

En la Sentencia de la Audiencia Provincial de Madrid 268/2009, de 21 de abril de 2009, se analiza el alcance de la LSP y las funciones atribuidas a los detectives privados. La sentencia establece que la labor del detective se circunscribe a:

> *"Obtener y aportar información y pruebas sobre conductas o hechos privados, considerándose conductas o hechos privados aquellos que afectan al ámbito económico, laboral, mercantil, financiero y, en general, a la vida personal,*

familiar o social, exceptuada la que se desarrolle en los domicilios o lugares reservados (art. 101.2 del Reglamento), y siempre con el límite previsto en la ley referido a la utilización para sus investigaciones de medios materiales o técnicos que atenten contra el derecho al honor, a la intimidad personal o familiar, a la propia imagen o al secreto de las comunicaciones".

La sentencia analizó un caso en el que un detective privado presentó en un procedimiento de familia un informe que incluía fotografías de la denunciante y sus hijas en lugares públicos. Se planteó la cuestión de si esta actuación podía constituir un delito de descubrimiento y revelación de secretos (artículo 197 del Código Penal). La resolución concluyó que:

"El bien jurídico más vulnerable con tales actividades consiste en la intimidad, objeto de tutela penal en el Capítulo Primero del Título X del Código Penal y, en lo que aquí interesa, en el artículo 197, que contiene el tipo básico del descubrimiento y revelación de secretos. Sin embargo, es evidente que la conducta denunciada no encaja en dicho delito, uno de cuyos elementos radica en el propósito del sujeto activo de descubrir los secretos o vulnerar la intimidad de una persona. Las operaciones de observación e incluso la filmación del recurrente en actos intranscendentes y realizados en la vía pública, como el simple hecho de caminar por la calle o salir o regresar a su domicilio, no consisten en un secreto ni pertenecen al ámbito estrictamente privado o íntimo de la persona. Además, revestían un indudable interés para el contratante de los servicios, pues estaban destinadas a comprobar la realidad o no de unos hechos concretos en un juicio de divorcio".

El Tribunal, tras analizar el límite funcional, examinó si la actuación del detective vulneró los límites espaciales y operativos. La sentencia resolvió que:

"No puede sostenerse, como pretende el recurrente, que toda fotografía tomada en un hospital invada la intimidad de la persona investigada. Podría sostenerse si las imágenes se tomaran en habitaciones de pacientes o en consultas hospitalarias, pero no si se captan en espacios de acceso público, como la puerta de acceso, el hall o la cafetería. En la denuncia objeto del presente procedimiento no se hace referencia a que las fotografías del informe elaborado por el detective denunciado fueran tomadas en lugares que afectan de forma indudable a la intimidad del paciente".

De igual manera, en el caso de la investigación realizada en un colegio, el tribunal distingue entre áreas privadas (aulas y despachos de profesores) y áreas de acceso público (hall, patios y portería), concluyendo que:

"En ningún momento se ha acreditado que el reportaje fotográfico se realizara en dependencias privadas".

Por otro lado, la sentencia aclara que las fotografías de la esposa y de las hijas no constituyen un secreto para el marido y padre de ellas, quien tenía derecho a conocer su contenido en el marco del proceso judicial. Además, resalta que la denuncia carecía de legitimación activa, ya que el artículo 201.1 del Código Penal establece que:

> *"Para proceder por los delitos previstos en este capítulo será necesaria denuncia de la persona agraviada o de su representante legal. Cuando aquélla sea menor de edad, incapaz o una persona desvalida, también podrá denunciar el Ministerio Fiscal".*

Finalmente, el tribunal destaca que la investigación se mantuvo en el ámbito privado y que el informe fue presentado en un procedimiento judicial, cumpliendo así con la función establecida en el artículo 48 de la LSP y el artículo 103 del Reglamento, que regulan la aportación de datos por parte de los detectives a los órganos judiciales y policiales competentes.

La AAP Cuenca 57/2024, 27 de marzo de 2024 establece los límites al trabajo de un detective al que acusaban de un delito contra la intimidad y revelación de secretos (art. 197 CP), por haber grabado a una persona en un bar con cámara oculta, sin su consentimiento. Y de un delito de coacciones (art. 172 ter CP), por haberlo vigilado de forma supuestamente insistente y reiterada sin legitimación, alterando su vida cotidiana. En resumen: lo acusaban de "espiar" y grabar conversaciones privadas y de acosar a un ciudadano mientras estaba de baja laboral. La Audiencia Provincial establece:

> "Por lo que respecta a los hechos que indiciariamente pudieran incardinarse en el art. 172 Ter del CP, considera la Sala que no concurren los presupuestos legales dado que no existe, en puridad, una situación de acoso al haberse realizado una actividad de vigilancia/seguimiento en el contexto/marco de un servicio de investigación privado al estará legitimado por los arts. 37, 48 y 49 de la Ley de Seguridad Privada. En otro orden de cosas, no se ha acreditado que el investigado sufriese alteración en el desarrollo de su vida cotidiana, de hecho no tuvo conocimiento del seguimiento ni de la captación de imágenes por parte del detective privado hasta un momento posterior, de modo que no se cumplen los presupuestos exigidos por el tipo penal. (...)
>
> Y, por lo que respecta al Delito de Revelación de Secretos, igualmente compartimos los alegatos del Ministerio Fiscal. Ciertamente el detective manifestó que se encargó el informe con la finalidad de comprobar si el investigado -quién se encontraba de baja en la empresa- realizaba trabajos profesionales como Abogado".

Capítulo 5

Contratación y relación con el cliente

El proceso de contratación de un detective privado es un aspecto fundamental en el ejercicio de la profesión, ya que define los límites legales y operativos de la investigación. En este sentido, la norma obliga a que antes de iniciar cualquier servicio, el detective debe asegurarse de que el encargo cumple con los requisitos establecidos en la LSP, especialmente en lo que respecta a la legitimidad del solicitante, el interés legítimo de la investigación y la documentación que debe formalizarse. Porque como hemos dicho en el capítulo sobre los derechos fundamentales habilitantes de dicha profesión, el contrato se convierte en el elemento que sustenta el derecho a investigar y el derecho a probar.

La citada Audiencia Provincial de Cuenca en sentencia 57/2024, 27 de marzo de 2024 cuando analiza si un detective ha cometido un delito de revelación de secretos o de acoso al seguir a un investigado, establece para absolver: "es de resaltar, como se expone (...) el Ministerio Fiscal, que el investigado prestaba servicios laborales para el cliente de modo que, al entender de este Tribunal, si existía interés legítimo de la entidad que encargó el informe para acreditar, en su caso, la realización de una actividad profesional encontrándose, supuestamente, de baja laboral".

La relación entre el detective y el cliente debe basarse en la confianza mutua, la confidencialidad y el respeto a los principios éticos y legales. Además, el detective debe informar al cliente sobre las limitaciones legales de su labor, evitando generar falsas expectativas sobre lo que puede o no investigar.

En este capítulo se analizarán los procedimientos para la contratación de un detective privado, los requisitos del encargo, la relación con el cliente, las garantías legales de confidencialidad y las limitaciones en la ejecución de la investigación, garantizando que la actividad del detective se mantenga dentro del marco legal y deontológico.

EL ENCARGO: UN REQUISITO PREVIO Y FUNDAMENTAL

Antes de iniciar cualquier investigación, el detective privado debe recibir un encargo formal del cliente, tal como establece el artículo 48 de la LSP. En este sentido, el artículo 48.2 de la LSP dispone que:

> *"La aceptación del encargo de estos servicios por los despachos de detectives privados requerirá, en todo caso, la acreditación, por el solicitante de los mismos, del interés legítimo alegado, de lo que se dejará constancia en el expediente de contratación e investigación que se abra."*

El encargo es un requisito imprescindible para garantizar la legalidad del proceso y debe cumplir con tres condiciones fundamentales:

1. Prohibición de investigar sin contrato previo

El detective solo puede actuar tras la solicitud expresa del cliente. Está terminantemente prohibido recopilar información de manera autónoma para luego ofrecerla al cliente. Además, el expediente de contratación debe incluir:

- La fecha del encargo.
- La identidad de las partes involucradas.

2. Interés legítimo del solicitante

El cliente debe justificar la necesidad de la investigación alegando un interés legítimo. Es responsabilidad del detective evaluar si dicho interés es válido y rechazar cualquier petición que sea:

- Arbitraria.
- Caprichosa.
- Contraria a derechos fundamentales.

3. Acreditación del interés legítimo

Además de alegar un interés legítimo, el cliente debe acreditarlo documentalmente, y el detective debe dejar constancia de ello en el expediente de contratación.

El artículo 25 de la LSP establece que cada investigación debe formalizarse por escrito mediante un contrato. En este sentido, la ley obliga a los detectives a:

a) Formalizar por escrito un contrato por cada servicio de investigación que les sea encargado. b) Llevar un libro-registro (con el formato que se determine reglamentariamente), en el que se anotará cada servicio de investigación contratado o subcontratado.

Por tanto, el detective debe cumplimentar un contrato con el cliente en el que consten:

- El tipo de investigación que se llevará a cabo.
- El interés legítimo del cliente.
- Los datos generales que sustenten la relación entre el detective y el cliente.

Si bien la ley no exige un registro público del contrato, el detective debe llevar un libro de registro privado en su despacho, en cumplimiento del artículo 48 de la LSP.

LOS LEGITIMADOS EN LA CONTRATACIÓN

Para acreditar la legitimidad del encargo, el borrador del Reglamento de Seguridad Privada[58] establece que el interés legítimo se justifica en los siguientes casos:

- Cuando la ley otorga al solicitante el derecho a verificar los hechos objeto de la investigación.
- Cuando la investigación tiene por objeto obtener información sobre obligaciones legales o contractuales del solicitante.
- Cuando la finalidad del encargo es obtener pruebas para fundamentar una acción judicial o defenderse de ella.
- Cuando el propósito de la investigación es verificar la veracidad de información facilitada por el investigado.
- Cuando el propio investigado o su representante legal consiente expresamente la contratación del servicio.
- Cuando el encargo responde a intereses lícitos del solicitante.

---

58 Recuperado en https://www.interior.gob.es/opencms/pdf/servicios-al-ciudadano/participacion-ciudadana/Participacion-publica-en-proyectos-normativos/Audiencia-e-informacion-publica/Proyecto-de-Real-Decreto-desarrollo-Reglamento-Seguridad-Privada.pdf

En suma, el detective podrá actuar siempre que exista[59]:

a) relevancia pública de la investigación.

b) relación contractual, familiar en sentido laxo, laboral o negocial entre el cliente del DP y la persona a investigar.

c) reclamación económica o de cualquier otro tipo.

d) Cualquier legitimado en un procedimiento judicial que no sea penal[60].

e) Para demostrar cualquier aspecto material o formal de un procedimiento judicial.

Análisis jurisprudencial: STS 851/2021

La Sentencia del Tribunal Supremo 851/2021 analizó la contratación de un detective privado en el contexto de una disputa por pensiones alimenticias. En este caso, la exmujer del demandante contrató a un detective para emitir dos informes que sirvieran como prueba en juicio y demostrar el impago de las pensiones por parte del exmarido.

El Tribunal Supremo concluyó que esta investigación no constituye una intromisión ilegítima en la propia imagen ni en la intimidad del investigado. En su argumentación, el TS subrayó lo siguiente:

> *"Los informes fueron elaborados por un profesional legalmente habilitado y encargados por la Sra. Juliana, quien acreditó ante dicho profesional su interés legítimo, consistente en su derecho a exigir del investigado el pago de las cantidades adeudadas en concepto de pensiones fijadas en el proceso de*

---

59 Marco Fernández, F y Morales Prats, F, Comentarios a la legislación de Seguridad Privada, op. at.

60 Como se ha indicado en multitud de ocasiones a lo largo de este trabajo de investigación, España es el único país que prohíbe la investigación de delitos perseguibles de oficio a los detectives privados. Además, se debe señalar que la existencia de servicios de seguridad privada únicamente está vetados en los países no democráticos. Las democracias más avanzadas como la inglesa, la norteamericana, la francesa, la alemana o la italiana no sólo permiten la investigación de estos delitos, sino que además, integran a los detectives privados en sus sistemas jurisdiccionales. Así, la norma procesal penal italiana autoriza a la investigación de los delitos perseguibles de oficio cuando el procedimiento penal ya se ha instaurado como cuando el Ministerio Fiscal está investigando la posibilidad de imputación (art. 391 CPP italiano introducido por el art. 11 de la Ley 397/2000 de indagine difensive). Para todo ello, el DP estará legitimado para investigar cuando exista una autorización del imputado o en fase de investigación judicial penal.

> *divorcio. Por tanto, la finalidad exclusiva de los informes fue servir como prueba en los procedimientos judiciales entre los excónyuges, relacionados con la negativa del exmarido a asumir sus obligaciones familiares. Dichos informes fueron aportados como prueba en diferentes procedimientos, principalmente de carácter civil, sin que su ilicitud fuera impugnada ni apreciada de oficio. Además, no tuvieron otra divulgación fuera de esos procesos."*

Este fallo reafirma el papel del detective privado en la obtención de pruebas dentro de los límites legales y su reconocimiento como una figura clave en la investigación privada con fines judiciales. En este sentido, la STSJ Canarias 17 de enero de 2018, recurso 584/2017 señala que el "*interés legítimo*" para contratar los servicios del detective "*es simplemente la finalidad lícita perseguida por quien contrata al detective y que guarda relación directa con derechos de los que se es titular*". La citada sentencia indica:

> *"Los recurrentes confunden el "interés legítimo" alegado para la contratación del detective privado -al cual se refiere el artículo 49.2 de la Ley de Seguridad Privada–con la existencia de indicios o sospechas fundadas que sirven de presupuesto para una eventual medida de investigación que puede entrar en conflicto con derechos fundamentales. El "interés legítimo" para contratar los servicios del detective a que se refiere la citada ley es simplemente la finalidad lícita perseguida por quien contrata al detective y que guarda relación directa con derechos de los que se es titular. En el presente caso, es simplemente el deseo de la empresa de comprobar el cumplimiento por parte de sus empleados de sus obligaciones laborales, en concreto -para los informes de seguimiento- si en el horario de trabajo prestaban servicios de forma efectiva para ella, deber de los trabajadores que se desprende de los apartados a) y c) del artículo 5 del Estatuto de los Trabajadores, y la facultad de control del cumplimiento de tal obligación por parte del empresario se recoge en el artículo 20.3 del mismo Estatuto; y para el caso de comprobarse incumplimientos contar con medios de prueba a efectos de su eventual presentación en juicio -lo que, como señala la recurrida con cita de la sentencia del Tribunal Europeo de Derechos Humanos de 27 de mayo de 2014, guarda relación con su derecho a la tutela judicial efectiva en su vertiente de derecho a proponer pruebas-, sin que conste, ni se alegue, que los datos obtenidos por el detective hayan sido empleados para otra finalidad distinta."*

EL ENCARGO COMO ELEMENTO DE JUSTIFICACIÓN DE LA INVESTIGACIÓN

El encargo es el elemento que justifica la realización de una investigación. Como ya se ha dicho los servicios de investigación privada se justifican en aras a sustentar el derecho a la información, el derecho a la investigación y el derecho de defensa del contratante, en relación con los fines de la seguridad privada establecidos en el artículo 4 LSP[61]. Son esos derechos constitucionales los que habilitan la contratación del detective privado y la realización de la investigación porque en España no existe un supuesto derecho a "cotillear"[62] o a saber sin causa legítima. Toda investigación debe sustentarse en alguno de los procesos habilitadores indicados.

Por lo tanto, el momento del encargo y la firma del contrato son instancias clave, en las que se concreta y formaliza la justificación de la investigación. Lo que posteriormente se reflejará en el informe de investigación tiene su origen en este proceso. Este principio queda reflejado en la SAP León 36/2024, donde se analiza un caso en el que una clienta contrató a un detective privado en el marco de una disputa legal prolongada con su exmarido por el impago de la pensión alimenticia de su hija. La sentencia deja claro que la clienta no recurrió a un detective por simple curiosidad ni con la intención de acosar a su expareja, sino con un propósito legítimo y claro: descubrir si su exmarido tenía ingresos ocultos con los que eludía cumplir con su obligación legal.

La Audiencia Provincial de León absuelve al detective del delito de acoso, estableciendo que su actuación estuvo justificada y amparada por el derecho a la investigación y de defensa.

> *"Por lo que se refiera al recurso del detective hay que concluir que, admite y reconoce que fue contratado por la Sra. Encarnacion con la finalidad de investigar temas económicos, en particular si el Sr. Patricio pudiese tener algún tipo de actividad económica, opaca u oculta, bajo una apariencia de insolvencia como forma de justificar el -supuesto- impago de los alimentos para la hija menor común que tenía con la Sra. Encarnacion . Por lo tanto, su actividad–legítima- de su profesión estaba amparada por ese contrato o encomienda de investigación".*

---

[61] Artículo 4. Fines.

La seguridad privada tiene como fines:

a) Satisfacer las necesidades legítimas de seguridad o de información de los usuarios de seguridad privada, velando por la indemnidad o privacidad de las personas o bienes cuya seguridad o investigación se le encomiende frente a posibles vulneraciones de derechos, amenazas deliberadas y riesgos accidentales o derivados de la naturaleza.
b) Contribuir a garantizar la seguridad pública, a prevenir infracciones y a aportar información a los procedimientos relacionados con sus actuaciones e investigaciones.
c) Complementar el monopolio de la seguridad que corresponde al Estado, integrando funcionalmente sus medios y capacidades como un recurso externo de la seguridad pública.

[62] El cliente no tiene derecho a conocer todos y cada uno de los datos que ha investigado el detective ni un derecho a saber abstracto.

En cuanto a la proporcionalidad de este tipo de actuaciones, la sentencia 278/2021 consideró que la actuación del detective, además de no contar con habilitación legal, tampoco era proporcionada. Para ello, el tribunal razonó, en lo que aquí interesa, que la actuación del detective no estuvo amparada por el derecho de defensa de quien hizo el encargo (la exmujer, quien pretendía utilizar el informe como prueba en un proceso de familia).

El tribunal fundamentó su decisión en los siguientes puntos:

- El detective fue el único responsable de colocar un dispositivo GPS en el vehículo del demandante, aunque la colocación fuera conocida por la persona que hizo el encargo, lo que no implica que hubiera consentimiento.
- Los datos que se pretendían obtener para el procedimiento de modificación de medidas (específicamente, si el investigado mantenía una relación laboral o de convivencia con su exmujer, lo que podría influir en la extinción o limitación de la pensión compensatoria) se podían haber obtenido mediante otros métodos distintos al seguimiento permanente con GPS.

En contraposición, la STS 851/2021, de 9 de diciembre de 2021, llegó a una conclusión diferente, ya que en este caso el detective sí estaba habilitado para realizar la investigación. En dicha resolución, el TS determinó que la investigación encargada por la exmujer del demandante, con el objetivo de obtener pruebas para reclamar pensiones alimenticias adeudadas, no constituía una intromisión ilegítima en la propia imagen ni en la intimidad. El Tribunal Supremo argumentó que:

- Existía habilitación legal para la actuación del detective.
- Las medidas adoptadas fueron proporcionales y estaban destinadas a salvaguardar el derecho de defensa de la exmujer.

La sentencia expone lo siguiente:

> *"Esta conclusión se funda, en primer lugar, en la idoneidad y necesidad de la investigación, pues los hechos probados indican una situación previa de incumplimientos reiterados, incluso con una sentencia penal condenatoria por impago de pensiones cuando se encargó el segundo informe. También existieron intentos infructuosos de trabar embargos sobre los honorarios del hoy recurrente (folio 45 de las actuaciones de primera instancia), así como la imposibilidad o gran dificultad para la codemandada de obtener por otros medios los datos sobre la situación económica del hoy recurrente, los cuales sí podían averiguarse mediante la investigación privada de un detective".*

Asimismo, la sentencia resalta que:

> *"La legislación vigente (art. 48.1 a) LSP) permite acudir a estas averiguaciones para la obtención y aportación, por cuenta de terceros legitimados –en este caso, la Sra. Juliana–, de información y pruebas sobre conductas o hechos privados, incluyendo el ámbito laboral del investigado. En este caso, la investigación consistió en una entrevista con el hoy recurrente en su despacho profesional, en la que el detective, haciéndose pasar por cliente, logró que el investigado revelara que él personalmente se encargaba de prestar los servicios profesionales".*

En conclusión, la diferencia clave entre ambas sentencias radica en:

- En la Sentencia 278/2021, la actuación del detective no fue proporcionada, ya que utilizó un GPS sin habilitación legal y sin consentimiento expreso del investigado.
- En la Sentencia 851/2021, el detective sí actuó conforme a la ley, utilizando medios legítimos y proporcionados para obtener información relevante para un proceso judicial.

RELACIÓN CON EL CLIENTE Y CONFIDENCIALIDAD

La relación entre el detective privado y el cliente debe basarse en la transparencia, profesionalidad y cumplimiento de la normativa legal. Durante el proceso de investigación, el detective tiene la obligación de informar al cliente sobre:

- Las incidencias relativas a los asuntos encargados. Conforme al 25.1.c) de la LSP que señala que el detective debe: *"c) Informar a sus clientes sobre las incidencias relativas a los asuntos que les hubieren encargado, con entrega, en su caso, del informe de investigación elaborado".*
- La entrega del informe de investigación elaborado.

Además, el detective privado está sujeto a estrictas normas de confidencialidad. El artículo 49.5 de la LSP establece que la información obtenida solo puede ser comunicada a:

- El cliente que contrató la investigación.
- Las autoridades judiciales o policiales, si así lo requiere la ley.

El artículo 50 de la LSP prohíbe terminantemente la divulgación de información a terceros, reforzando así la protección de datos personales y el derecho a la privacidad de los investigados. En este sentido, establece que:

> *"Los detectives privados están obligados a guardar reserva sobre las investigaciones que realicen y no podrán facilitar datos o informaciones sobre estas más que a las personas que se las encomendaron y a los órganos judiciales y policiales competentes para el ejercicio de sus funciones".*

Además, añade que:

> *"Solo mediante requerimiento judicial o solicitud policial relacionada con el ejercicio de sus funciones en el curso de una investigación criminal o de un procedimiento sancionador se podrá acceder al contenido de las investigaciones realizadas por los detectives privados".*

De esta forma se otorga contenido a lo que el legislador quiso y así reflejó en la exposición de motivos de la LSP:

> *"En el título V se recogen, también por vez primera en sede legal, las actuaciones de control e inspección sobre las entidades, el personal y las medidas de seguridad, así como la obligación de colaboración por parte de los afectados. Especialmente relevante es la incorporación de un precepto que regula las medidas provisionales que pueden adoptar los funcionarios policiales, cuando en el marco de una inspección lo consideren absolutamente necesario, quedando en todo caso sujetas a ratificación por la autoridad competente. Igualmente, se limita, por razón de la intimidad de los datos, el acceso al contenido de los informes de investigación privada en las inspecciones policiales a la mera constatación de su existencia, salvo que medien investigaciones policiales o judiciales o procedimientos sancionadores".*

Esto es que para proteger al cliente y a los investigados la labor inspectora de la policía se debe limitar a constatar que existe el informe de investigación sin poder acceder a su contenido, salvo en investigaciones policiales o mediando un procedimiento sancionador.

EL DETECTIVE PRIVADO COMO "CONFIDENTE NECESARIO" Y LOS LÍMITES DEL SECRETO PROFESIONAL

Según la mejor doctrina, el detective privado actúa como "confidente necesario"[63] (Morales Prats, entre otros señala que los "detectives sólo

---

63 Las características que configuran la categoría del profesional: 1. Carácter necesario de la prestación de servicios profesionales para hacer uso de su oficio que, además, conlleve la necesidad de confiarle datos personales que lo convierte en lo que la doctrina mayoritaria ha venido a denominar, confidente necesario. 2. Debe existir un deber de sigilo jurídico instituido por normas legales o reglamentarias de carácter estatal. No siendo válidas las meras infracciones de deberes ético-profesionales o ético-morales.

podrán facilitar los datos de sus investigaciones a las personas que se las encomendaron"[64 65]), lo que implica que los clientes deben compartir con él información sensible para que pueda llevar a cabo su trabajo con solvencia. Esto refuerza la importancia del secreto profesional, el cual impide al detective revelar información incluso una vez finalizada la investigación.

La STS de 11 de diciembre de 2017 analiza la violación del secreto profesional, considerándola una conducta lesiva del derecho a la intimidad personal. En este sentido, el delito de revelación de secretos consiste en divulgar información reservada de otra persona, es decir, hacerla conocer a terceros sin autorización. De acuerdo con esta doctrina el fundamento de este delito radica en que, para recibir determinados servicios, una persona debe compartir información sensible con un profesional, lo que genera en este último la obligación de guardar reserva. En este contexto, el detective privado debería ser considerado "confidente necesario", ya que la información que recibe no se le confía de manera espontánea, sino que el acceso a ella es inherente a la prestación de sus servicios. En este sentido, la existencia de un deber de secreto profesional del detective se contextualiza claramente en STSJ Cataluña 3460/2017 al señalar:

---

64 Morales Prats, F., "Comentario al art. 199 CP", en *Comentarios... op. cit.*, p. 975. Véase, además, del mismo autor los siguientes trabajos relativos a la intimidad y con referencias al secreto profesional: *La tutela penal de la intimidad: privacy e informática*, Barcelona, 1984; "*Privacy* y reforma penal: la propuesta de anteproyecto de nuevo Código Penal", en *Documentación Jurídica*, 37/40, v. 1, Madrid, 1983; "Presupposti politico-criminali per una tutela penale de la risservatezza informatica", *Rev. Il Diritto dell'informazione e dell'informatica*, 2, 1986; "Problemático jurídico penal de las libertades informáticas en España, tras 10 años de vigencia de la CE", en *Estudios Penales y Criminológicos*, T. XII, Santiago de Compostela, 1989; "Confidencialidad, intimidad e informática: la protección de los datos del paciente. Perspectiva jurídico-penal", en *Jornadas sobre los derechos de los pacientes*, INSALUD, Madrid, 1992, además del ya citado, "Justicia e información: aspectos penales del secreto periodístico", op. cit., y los Comentarios a los diferentes preceptos del nuevo Código penal, en *Comentarios al Código Penal*, Pamplona, 1996.

65 En el mismo sentido, Jorge Barreiro, A., "El delito de revelación de secretos (profesionales y laborales)", en *La Ley*, número 4038, 1996. Véase, también, del mismo autor "Descubrimiento y revelación de secretos. Un estudio de Derecho Penal Español", en *RDP*, 1982.

> *"En estas condiciones creemos que es desproporcionado afirmar que la grabación viola los derechos fundamentales a la intimidad y a la propia imagen del actor o de terceros que puedan aparecer en las grabaciones o imágenes captadas, más cuando la presencia en éstas de terceros sería meramente accesoria o secundaria y sus derechos quedarían en todo caso suficientemente protegidos con el deber de secreto profesional de los detectives, cuyos informes son absolutamente confidenciales y no constituyen fuentes de acceso público a efectos del tratamiento de sus datos personales, ni pueden cederse a terceros, lo que constituiría una infracción a la Ley Orgánica 15/1999, de Protección de Datos Personales, fuertemente sancionable por la Agencia de Protección de Datos, y que, además, podría originar daños a los afectados que serían susceptibles de reclamación por vía de responsabilidad civil".*

En idéntico sentido, SJS número 7 378/2021, 2 de Diciembre de 2021, de Murcia; STSJ Cataluña 2322/2015, 30 de Marzo de 2015 ; STSJ Comunidad Valenciana 1857/2020, 26 de Mayo de 2020; o la STSJ Canarias 983/2024, 28 de Junio de 2024 que indica: "*Naturalmente, exigir a un detective privado que obtenga autorización del propietario del establecimiento para investigar en su interior podría obstaculizar la investigación de posibles incumplimientos contractuales graves por parte del trabajador, y en todo caso cualquier presencia de terceros en las grabaciones es secundaria y sus derechos estarían protegidos por el secreto profesional de los detectives, siendo sus informes confidenciales y no accesibles públicamente, su divulgación a terceros constituiría una infracción de la Ley de Protección de Datos, sancionable por la Agencia de Protección de Datos. En consecuencia, se desestima el motivo*".

Sin embargo, el Tribunal Supremo, en su sentencia de 19 de febrero de 2008, matizó esta consideración, señalando que el detective no ostenta un secreto profesional equiparable al de los abogados contemplado en la Ley de Enjuiciamiento Criminal (LECrim). En este sentido, indicó:

> *"Desde dicha perspectiva —única constitucionalmente viable—, la 'debida reserva' no puede concebirse como el fundamento de un supuesto secreto profesional, sino como una de las obligaciones y servidumbres profesionales que el legislador impone a su actuación, complementaria y subordinada a la de las Fuerzas y Cuerpos de Seguridad del Estado."*

El Tribunal Supremo enfatizó que ni la LSP ni la LECrim reconocen un secreto profesional absoluto para los detectives privados, ya que su deber de reserva no puede servir como un límite al control de las Fuerzas y Cuerpos de Seguridad del Estado. La Ley de Enjuiciamiento Criminal en las excepciones al deber de declarar no contempla a los detectives privados

–a diferencia de otras legislaciones[66]—, pero tampoco, por ejemplo, al periodista para que no revele sus fuentes. Por tanto, el secreto profesional del detective se presenta como una de las modalidades del secreto profesional, cualificado por la naturaleza de la actividad; no se trata en sí mismo de un derecho fundamental, sino de una medida consecuente con la prohibición de interferir en forma ilegítima en el ámbito protegido por la LO 1/1982 de 5 May. (protección del derecho al honor, a la intimidad personal y familiar y a la propia imagen)[67] y de la protección de la confidencialidad de las informaciones recibidas por parte de un cliente.

Sin embargo, si se aborda el aspecto procesal del secreto profesional del detective se configura como eje de la problemática del mismo, porque el peligro de la revelación de las informaciones nace, realmente, en el momento que es llamado a revelar su información ante un tercero que no sea el cliente contratante. En pro del reconocimiento del secreto profesional, en el marco de las causas de exención a la obligación de testificar sobre los canales o fuentes de noticias del periodista, se ha alegado un argumento de peso: la valoración de los bienes jurídicos en tensión no debe circunscribirse al derecho al anonimato del confidente, que acude libremente a informar al periodista, y a los intereses de la justicia penal. La ponderación deviene más compleja, si la situación del periodista la conectamos con el derecho constitucional a la información, en lugar de reducirla a la mera relación periodista-fuente de información. De esta forma, el conjunto de intereses a sopesar frente a los de la justicia penal no se reduce sólo al deber de fidelidad para el confidente. Existen, pues, otros derechos que entran en conflicto con los fines del proceso penal, en este caso concretados en la realización de la prueba para el esclarecimiento de responsabilidades criminales. Con ello manifiesta la dimensión constitucional del problema, especificada en la determinación de si el testimonio en el proceso penal es una causa justificativa de la limitación a las libertades informativas. En este sentido, se alegaría que el artículo 20-4 de la Constitución no establece el deber de deposición como límite al manifestado derecho constitucional, cuya inviolabilidad tendría en este caso como presupuesto el derecho al secreto profesional del periodista (Morales Prats[68]).

---

66 Los arts. 197 y 200 CPP italiano extiende la incompatibilidad de testimoniar a los DP, además, de los ministros de confesiones religiosas, abogados, etc.

67 Véase, en este mismo sentido, para los médicos, el tenor de la STS 2 Jul. 1991.

68 Morales Prats, F., Morales Prats, F., "Comentario al art. 199 CP1995" en *Comentarios al Nuevo Código Penal*, Aranzadi, 1996

En conclusión, el detective privado, en su labor investigativa, asume la condición de "confidente necesario", ya que accede a información reservada de sus clientes para desempeñar eficazmente su función. Esta circunstancia justifica la existencia de un deber de secreto profesional, reconocido tanto por la doctrina como por la jurisprudencia, el cual impide la divulgación de los datos obtenidos en el curso de sus investigaciones. No obstante, este secreto profesional no es absoluto ni equiparable al que rige en otras profesiones como la abogacía, dado que la Ley de Enjuiciamiento Criminal y la normativa específica que regula la profesión de detective privado no le confieren un carácter inquebrantable.

La jurisprudencia ha reafirmado que los informes elaborados por detectives son confidenciales y su divulgación no autorizada puede constituir una infracción a la normativa de protección de datos. Sin embargo, el Tribunal Supremo ha establecido que el deber de reserva de estos profesionales no puede ser invocado para eludir requerimientos de la autoridad judicial o de las Fuerzas y Cuerpos de Seguridad del Estado, ya que su actividad está subordinada a estos organismos en el marco del cumplimiento de la legalidad.

Por lo tanto, el secreto profesional del detective privado debe entenderse como una garantía de la confidencialidad de la información obtenida en el ejercicio de su función, pero dentro de los límites que impone el ordenamiento jurídico. Su ejercicio implica un equilibrio entre la protección de la privacidad de los investigados y el cumplimiento de los deberes legales, asegurando que la obtención y tratamiento de la información se realicen con respeto a los derechos fundamentales y en observancia del principio de proporcionalidad.

OBLIGACIONES LEGALES DEL DETECTIVE PRIVADO RESPECTO A LA RESERVA Y LA COLABORACIÓN CON LAS AUTORIDADES

La Ley de Seguridad Privada establece que los detectives no pueden ampararse en el secreto profesional para evitar responder a preguntas de un magistrado. De hecho, el artículo 10.2 de la LSP les impone la obligación de:

> *"Denunciar inmediatamente ante la autoridad competente cualquier hecho de esta naturaleza que llegara a su conocimiento, y poner a su disposición toda la información y los instrumentos que pudieran haber obtenido hasta ese momento, relacionado con dichos delitos."*

No obstante, la propia LSP también reconoce la importancia de la reserva profesional en determinadas circunstancias. En este sentido, el artículo 14 dispone que:

> *"La especial obligación de colaboración de las empresas de seguridad, los despachos de detectives y el personal de seguridad privada con las Fuerzas y Cuerpos de Seguridad se desarrollará con sujeción al principio de legalidad y se basará exclusivamente en la necesidad de asegurar el buen fin de las actuaciones tendentes a preservar la seguridad pública, garantizándose la debida reserva y confidencialidad cuando sea necesario."*

Asimismo, el artículo 30 apartado g) de la LSP establece como principio rector de la actuación de los detectives privados la "reserva profesional sobre los hechos que conozcan en el ejercicio de sus funciones".

El artículo 50 de la LSP refuerza esta idea al señalar que:

> *"Los detectives privados están obligados a guardar reserva sobre las investigaciones que realicen y no podrán facilitar datos o informaciones sobre éstas más que a las personas que se las encomendaron y a los órganos judiciales y policiales competentes para el ejercicio de sus funciones."*
>
> *"Solo mediante requerimiento judicial o solicitud policial relacionada con el ejercicio de sus funciones en el curso de una investigación criminal o de un procedimiento sancionador se podrá acceder al contenido de las investigaciones realizadas por los detectives privados."*

En términos penales, el artículo 199 del Código Penal establece que:

> *"El que revelare secretos ajenos, de los que tenga conocimiento por razón de su oficio o sus relaciones laborales, será castigado con la pena de prisión de uno a tres años y multa de seis a doce meses."*

De manera similar, el Reglamento de Seguridad Privada (RSP) dispone en su artículo 103 que:

> *"Los detectives privados están obligados a guardar riguroso secreto de las investigaciones que realicen y no podrán facilitar datos sobre éstas más que a las personas que se las encomienden y a los órganos judiciales y policiales competentes para el ejercicio de sus funciones."*

El artículo 109 del RSP establece además que:

> *"Los detectives titulares y los asociados o dependientes, cuando sean requeridos para ello por los órganos competentes de la Administración de Justicia y de las Fuerzas y Cuerpos de Seguridad, deberán facilitar las informaciones de que tuvieran conocimiento en relación con las investigaciones que tales organismos se encontraran llevando a cabo."*

A su vez, el artículo 151 del RSP tipifica como infracción muy grave:

> *"No facilitar a la Administración de Justicia o a las Fuerzas y Cuerpos de Seguridad las informaciones de que dispusiesen y que les fueren requeridas en relación con las investigaciones que estuviesen realizando."*

PROTECCIÓN DE DATOS Y RESERVA PROFESIONAL EN LA ACTIVIDAD DEL DETECTIVE PRIVADO

La Agencia Española de Protección de Datos (AEPD), en su Informe sobre la LSP, ha considerado lícito el tratamiento de datos personales en el marco de la investigación privada, siempre que:

- Se ajuste a los principios de proporcionalidad y finalidad.
- Quede circunscrito al ámbito del encargo en el que se desarrolla la actividad investigadora.

En este sentido, la Audiencia Nacional (SAN 20 de mayo de 2010) desestima el recurso de una empresa, confirmando las dos sanciones impuestas por la Agencia Española de Protección de Datos por tratamiento y cesión indebida de datos personales al no acreditar consentimiento. Esa empresa pretendía hacer valer el tratamiento de datos sin consentimiento argumentando que: “viene actualizando los datos de los particulares contenidos en sus bases de datos mediante una mercantil dedicada a la seguridad privada y ningún detective privado tiene obligación de desvelar sus fuentes de información amparándose en el secreto profesional que asiste a su labor profesional". El Tribunal señala: "Argumentación que podría justificar, en su caso, la exención de la necesidad de consentimiento para la inclusión de los datos personales en los ficheros de tal empresa de detectives, pero no para la inclusión de los datos en los propios ficheros de la entidad sancionada, precisamente por tratamiento inconsentido de datos en sus ficheros, que es y no la empresa de detectives”.

Asimismo, la Sentencia de la Audiencia Nacional de 8 de mayo de 2012 concluyó que:

> *"No procede iniciar un procedimiento sancionador por infracción de la Ley de Protección de Datos cuando una agencia de detectives privados incorpora como prueba en un procedimiento judicial un video grabado en la vía pública, aun cuando en dicho video aparezcan familiares del investigado."*

En suma, a pesar de que la jurisprudencia del Tribunal Supremo no considera al detective privado como un "confidente necesario" en el sentido estricto de la LECrim, la doctrina y la propia Ley de Seguridad Privada reconocen que el detective sí debe actuar bajo un deber de reserva profesional. Sin embargo, este deber no es absoluto y está supeditado a la obligación de colaboración con las autoridades en la investigación de delitos. Es decir, el detective no puede utilizar el secreto profesional para negarse a informar sobre delitos graves, pero tampoco está obligado a revelar información sobre sus investigaciones o clientes fuera de los supuestos legalmente establecidos.

Un caso ilustrativo es el de la Sentencia de la Audiencia Provincial de Barcelona 489/2018, de 18 de julio de 2018, que impidió a dos detectives publicar un libro sobre sus investigaciones, al considerar que:

> *"Pesaba sobre ellos el deber de reserva, que hubiera sido vulnerado con la publicación del libro en sus términos originales, conforme a lo regulado en el artículo 50 de la Ley de Seguridad Privada."*

CONCLUSIONES

El proceso de contratación de un detective privado es un elemento clave dentro del ejercicio de la investigación privada, ya que establece los límites legales y operativos que rigen su actividad. Para garantizar la legitimidad del encargo, es imprescindible que este cumpla con los requisitos previstos en la Ley de Seguridad Privada, siendo la formalización de un contrato por escrito un aspecto ineludible. Este contrato, además de dejar constancia de la identidad de las partes, debe acreditar el interés legítimo del solicitante, evitando así cualquier tipo de actividad arbitraria o invasiva que pudiera vulnerar derechos fundamentales.

Desde un punto de vista jurídico, la legitimidad del encargo se sustenta en diversas circunstancias previstas tanto en la legislación como en la doctrina jurisprudencial. Se reconoce que la labor del detective privado es válida cuando la investigación persigue una finalidad lícita, como la recopilación de pruebas para un proceso judicial, la verificación de obligaciones contractuales o el esclarecimiento de hechos con relevancia jurídica. En este sentido, tanto la doctrina como la jurisprudencia han destacado la importancia de la proporcionalidad en las actuaciones de los detectives, señalando que las técnicas empleadas deben respetar la legalidad y no exceder los límites que impone el derecho a la intimidad.

Asimismo, la relación entre el detective y el cliente debe estar marcada por la confianza, la transparencia y el respeto a la confidencialidad. El detective tiene la obligación de informar al cliente sobre el desarrollo de la investigación, así como de entregarle el informe correspondiente al finalizar el proceso. No obstante, la información obtenida en el curso de la investigación solo puede ser compartida con el cliente o con las autoridades judiciales y policiales en los casos en que así lo exija la ley. Esta reserva profesional es un principio fundamental que busca proteger tanto a los clientes como a los investigados, garantizando un equilibrio entre la necesidad de obtener información y el respeto a los derechos fundamentales.

En relación con el secreto profesional, la doctrina ha reconocido que el detective privado actúa como un "confidente necesario", ya que accede a información sensible en el ejercicio de su profesión. Sin embargo, la jurisprudencia ha matizado esta consideración, señalando que el detective no goza del mismo nivel de secreto profesional que los abogados. En consecuencia, si bien está obligado a guardar confidencialidad sobre las investigaciones que realiza, también debe colaborar con las autoridades en el esclarecimiento de delitos cuando así lo requiera la ley. Esta dualidad implica que el detective no puede negarse a proporcionar información en sede judicial si esta es solicitada por los órganos competentes.

Por otro lado, en el ámbito de la protección de datos, tanto la normativa como la jurisprudencia han reconocido la licitud del tratamiento de información personal en el contexto de la investigación privada, siempre que se respete el principio de proporcionalidad. Se ha establecido que la recopilación de pruebas en espacios públicos no vulnera la normativa de protección de datos, siempre y cuando la finalidad de la investigación se ajuste a los parámetros legales. De este modo, la actividad del detective privado se consolida como un instrumento legítimo dentro del marco jurídico, contribuyendo a la obtención de pruebas y a la protección de derechos en el ámbito judicial y extrajudicial.

En conclusión, la labor del detective privado está sujeta a un marco regulador estricto que busca garantizar su adecuación a los principios de legalidad, proporcionalidad y confidencialidad. La formalización del encargo y la acreditación del interés legítimo son elementos esenciales para la validez de la investigación, al tiempo que la obligación de reserva profesional se erige como un pilar fundamental en la relación con el cliente. No obstante, esta reserva no es absoluta, ya que el detective tiene el deber de colaborar con la justicia en casos de delitos. En definitiva, la actividad del detective privado se configura como un recurso legítimo dentro del ordenamiento jurídico, siempre que su ejercicio se desarrolle dentro de los límites establecidos por la ley y en estricto respeto a los derechos fundamentales.

Capítulo 6

El monopolio estatal de la investigación penal. La investigación de delitos por investigadores privados

LA INVESTIGACIÓN PRIVADA EN EL CONTEXTO DE LA SEGURIDAD PRIVADA

La investigación privada es una disciplina que se inscribe dentro del ámbito de la seguridad privada y que presenta características distintivas respecto a la seguridad pública. En términos normativos, la Ley de Seguridad Privada establece un marco regulador que delimita las competencias de los profesionales de la investigación privada, particularmente en lo relativo a la obtención de información en el ámbito privado y mercantil.

El preámbulo de la LSP señala que la seguridad privada opera como un instrumento de prevención ante eventuales riesgos y amenazas, complementando la seguridad pública, pero sin sustituirla. Así, el artículo 4 de la LSP establece tres finalidades esenciales de la seguridad privada:

1. **Garantizar la protección de los intereses privados** mediante la recopilación de información que salvaguarde la privacidad y la seguridad patrimonial de los ciudadanos.
2. **Contribuir subsidiariamente a la seguridad pública**, previniendo infracciones y proporcionando información relevante en el marco de procedimientos administrativos y judiciales.
3. **Actuar como un recurso auxiliar a la seguridad del Estado**, integrándose funcionalmente en un esquema subordinado a las Fuerzas y Cuerpos de Seguridad del Estado.

Esta regulación deja en claro que la actividad de los detectives privados se encuentra restringida a la obtención de información sobre hechos y conductas privadas, sin perjuicio de su deber de cooperación con las autoridades en aquellos casos en los que su labor los ponga en contacto con hechos de relevancia penal.

Sin embargo, "la función del investigador privado está dirigida a obtener información, no a contribuir a la seguridad; de ahí el error de la Ley al incluirlos en un mismo texto y equipararlos. Además, los derechos sobre los que pueden incidir las funciones de unos y otros son, también, distintos; por tanto, su cabal tratamiento requeriría una norma individualizada"[69].

El marco normativo de la seguridad privada distingue entre la función de protección general que ejercen diversas figuras del sector y la labor específica de los detectives privados, cuyo objeto es la investigación de conductas en el ámbito privado. Según Ridaura Martínez[70] la seguridad privada, en su acepción más amplia, tiene un carácter preventivo y disuasorio, mientras que la investigación privada se orienta exclusivamente a la obtención de información, tal y como, además, preceptúan las diversas sentencias que impiden a los detectives a portar armas (por todas, STSJ Comunidad de Madrid, 27 de enero de 2003 que estudia la regulación siguiendo los preceptos de la antigua LSP) cuando señala:

> *"Toda la filosofía del Reglamento de Seguridad Privada se sustenta, como actividad monopolizada del Estado según la Exposición de Motivos de la Ley 23/92 de 30 de julio que cede parcelas de actuación a sectores mercantiles y por tanto ha de ser interpretado restrictivamente, decimos que toda esa filosofía no abona la existencia de un derecho a portar armas que sea predicable de los detectives privados. El citado Reglamento contempla expresamente el régimen de armas para vigilantes de seguridad (arts. 61 y 86), escoltas privados (art. 90) y guardas particulares de campo (art. 93), pero a pesar de integrarse los detectives en el concepto de personal de seguridad (art. 1-2 de la Ley 23/92) en ningún momento del desarrollo reglamentario se hace una previsión respecto de las armas (art. 101 y siguientes), de manera que han de quedar sometidos al régimen general y buen síntoma de ello es que se pide licencia tipo B y no tipo C que es la de personal de seguridad en su estricto sentido. A ello no obsta esa función de vigilancia a que se refiere el art. 101-3 del Reglamento de Seguridad porque en el fondo no se trata más que de "vigilancia", con deber de denuncia en su caso porque no está en su cometido, antes al contrario se excluye, la intervención profesional en delitos perseguibles de oficio (art. 102). Incluso al personal autorizado cual es el vigilante la norma limita su actuación extrema a "poner a disposición" de las Fuerzas de Seguridad a los infractores".*

---

69 Así se ha venido advirtiendo por los integrantes del sector, postulando una norma propia, vid. Gutiérrez Gutiérrez, A.: «Aspectos jurídicos de la investigación privada», cuadernos de Criminología: Revista de criminología y ciencias forenses, n.º 7, 2009, pp. 14-21 citado en Ridaura Martínez, M. J. (2021). Los derechos fundamentales como límites en el marco de la investigación privada. *Teoría y Realidad Constitucional,* (47), 129–159.

70 Ridaura Martínez, M. J. (2021). Los derechos fundamentales como límites en el marco de la investigación privada. *Teoría y Realidad Constitucional,* (47), 129–159.

El artículo 5.1.h de la LSP circunscribe la investigación privada a la obtención de información sobre "personas, hechos o delitos solo perseguibles a instancia de parte", lo que, aparentemente, excluye la posibilidad de que los detectives privados intervengan en la investigación de delitos públicos, cuya persecución corresponde en exclusiva a las autoridades estatales.

Dicha delimitación funcional tiene como finalidad evitar la privatización de la persecución penal y garantizar que la investigación de hechos de relevancia criminal se realice con las debidas garantías procesales, conforme al principio de legalidad y al derecho a un juicio justo.

EL MONOPOLIO ESTATAL SOBRE LA INVESTIGACIÓN PENAL

Más allá del dislate que comporta esta prohibición[71], el ordenamiento jurídico español reserva a las instituciones del Estado la competencia exclusiva en la investigación y persecución de los delitos públicos[72]. El Tribunal Supremo, en su Sentencia 908/2016, lo confirma de manera expresa:

---

71 Se argumenta por la doctrina (por todos, Lafont Nicuesa, L, La investigación física y tecnológica por el detective privado y su valor probatorio, Madrid, 2023, p. 56 y ss) que vulnera el derecho de las partes a utilizar medios de prueba para alcanzar una respuesta justa. En el mismo sentido, Mapelli Caffarena y Estévez Benito, citados por el autor.

72 Desde la primera regulación sobre la profesión de detective privado que se regulaba por la Orden del Ministerio del Interior de 20 de enero de 1986 y la Resolución de la Dirección de la Seguridad del Estado de 11 de mayo de 1981 tienen vetado este ámbito. En virtud de dicha normativa, los detectives privados solamente podían investigar los delitos perseguibles a instancia de parte con autorización de la persona agraviada y, asimismo, con permiso judicial, en caso de que el asunto estuviese siendo conocido por la Autoridad judicial. La Ley 23/1992 exime la obligación de obtener el permiso judicial en caso de que los hechos se encuentren sub iudice. (sobre la regulación de la profesión de detective privado antes de la Ley 23/1992, v. M. Serra Foraster, "Regulación legal de la profesión de detective privado", REDA, julio-septiembre 1989, número 63, pp.449-455). Sin embargo, tanto bajo la actual como en la Ley 23/1992 se prohíbe a los detectives privados investigar delitos perseguibles de oficio, "teniendo obligación de denunciar inmediatamente ante la autoridad competente cualquier hecho de esta naturaleza que llegara a su conocimiento y poniendo a su disposición toda la información y los instrumentos que pudieran haber obtenido, relacionados con dichos delitos." (arts. 19.3 Ley 23/1992 y 102 RD 2364/1994). Se entiende que la investigación de los delitos perseguibles de oficio constituye, por tanto, una prerrogativa exclusiva de las Fuerzas y Cuerpos de Seguridad del Estado y, en su caso, autonómicas.

"El Estado mantiene el monopolio en la investigación de los delitos públicos y se descarta la posibilidad de indagaciones paralelas a las que puedan estar realizando la Autoridad Judicial o las Fuerzas de Seguridad del Estado en relación con los mismos."

Este principio se encuentra positivizado en la LSP, que establece limitaciones estrictas a la actuación de los detectives privados:

Artículo 10.2: Prohíbe la contratación de servicios de investigación privada para delitos perseguibles de oficio e impone la obligación de denuncia inmediata en caso de que un detective obtenga información sobre un delito de esta naturaleza[73]

Artículo 37.4: Refuerza la prohibición anterior, exigiendo a los detectives la inmediata puesta en conocimiento de las autoridades de cualquier delito público del que tengan conocimiento en el ejercicio de sus funciones[74].

Artículo 48.1.c): Limita la actuación de los detectives a la obtención de información sobre delitos perseguibles a instancia de parte, siempre que el encargo provenga de un sujeto legitimado en el proceso penal[75].

Si bien los detectives no pueden investigar delitos de oficio en sentido estricto, sí pueden actuar en la fase de sospecha hasta que existan indicios claros del delito. La jurisprudencia ha interpretado la obligación de denuncia como una restricción que entra en vigor una vez que la infracción ha sido constatada con certeza, lo que deja un margen para la investigación preliminar antes de la intervención de las autoridades.

En este sentido, el Proyecto Red Azul, impulsado por la Policía Nacional, establece un marco de colaboración entre los profesionales de la seguridad privada y las Fuerzas y Cuerpos de Seguridad del Estado (FFCCS), permitiendo, como india la norma, el intercambio de información "inmediata" en

---

73 Los despachos de detectives y los detectives privados no podrán celebrar contratos que tengan por objeto la investigación de delitos perseguibles de oficio ni, en general, investigar delitos de esta naturaleza, debiendo denunciar inmediatamente ante la autoridad competente cualquier hecho de esta naturaleza que llegara a su conocimiento, y poniendo a su disposición toda la información y los instrumentos que pudieran haber obtenido hasta ese momento, relacionados con dichos delitos".

74 "Los detectives privados no podrán investigar delitos perseguibles de oficio, debiendo denunciar inmediatamente ante la autoridad competente cualquier hecho de esta naturaleza que llegara a su conocimiento, y poniendo a su disposición toda la información y los instrumentos que pudieran haber obtenido hasta ese momento."

75 "La realización de averiguaciones y la obtención de información y pruebas relativas a delitos solo perseguibles a instancia de parte, por encargo de los sujetos legitimados en el proceso penal."

casos de interés público. A través de esta iniciativa, se optimiza la detección de delitos en los que los detectives puedan haber obtenido información relevante, garantizando que las actuaciones se realicen bajo la supervisión de las autoridades y evitando cualquier interferencia en la función investigadora del Estado. Pues bien, si la propia Administración establece un sistema de intercambio de información para "poner a disposición de la Policía Nacional cuanta información posea sobre hechos delictivos o susceptibles de afectar a la seguridad ciudadana, correspondiente a su ámbito de competencias" resulta cuando menos inexplicable la prohibición anterior.

En este sentido, la regla de que "nadie puede ir contra sus propios actos", ha sido aceptada por la Jurisprudencia, al estimar que "lo fundamental que hay que proteger es la confianza, ya que el no hacerlo es atacar a la buena fe que, ciertamente, se basa en una coherencia de comportamiento en las relaciones humanas y negociales"» (STC 27/1981).

El adverbio "inmediatamente", presente en el artículo 10.2 de la Ley de Seguridad Privada (LSP), ha sido objeto de interpretación jurisprudencial. La Sentencia del Tribunal Supremo 908/2016 y la SAP Guadalajara 448/2023 han señalado que la prohibición de investigar delitos perseguibles de oficio opera ex post, no ex ante, es decir, no desde el momento en que se recibe el encargo, sino desde que se adquiere certeza de la existencia del delito. Además la SAP Sevilla, 5 de diciembre de 2018, aclaró que:

> *"La prohibición solo es eficaz desde que se comete el delito y no antes"*

Por lo tanto, el detective privado puede recabar información en la fase de sospecha, con el fin de constatar si existen indicios sólidos de la comisión de un delito. Sin embargo, una vez que se alcanza certeza sobre la naturaleza del hecho como delito público, el detective está obligado a cesar su investigación y comunicar los hallazgos a las autoridades de manera inmediata.

LOS LEGITIMADOS EN EL PROCESO PENAL

Ramos Méndez[76] señala que la existencia de partes es algo ínsito a la propia naturaleza del proceso jurisdiccional que, en el ámbito penal, se estructura bilateralmente con el binomio partes acusadoras y partes acusadas[77]. Sin

---

[76] Ramos Méndez, F., *El proceso penal: lectura constitucional*, Barcelona, 1993, p. 115.

[77] Sin embargo, la doctrina procesal penal ha discutido la existencia misma de las partes, tal y como señala Montero Aroca (Montero Aroca y otros, *Derecho Jurisdic-*

embargo, respecto al concepto de legitimación existen posiciones muy diversas, que no serán objeto de tratamiento unitario en este trabajo de investigación. Únicamente se dirá, siguiendo a Font Serra[78], que la "legitimación es el derecho a conducir un proceso concreto –realizando eficazmente actos en el mismo—que, si bien tiene trascendencia procesal, en términos absolutos no es independiente de la titularidad, pues deriva de afirmarse titular de un derecho frente a otro sujeto, al que se le afirma titular del deber u obligación correlativos". Por ende, legitimado pasivamente, en el proceso penal, lo está, simplemente, aquél "que adquiere la condición de imputado-acusado", tal y como señala Montero Aroca[79] y activamente, si nos limitamos a la búsqueda de un concepto de legitimación procesal y no material, será aquel que puede actuar en un proceso pidiendo al órgano jurisdiccional una resolución judicial, a saber, si esa potencialidad se activa se convertirá en parte activa del proceso y si no lo hace, únicamente, se le debe considerar legitimado.

En suma, los legitimados en el proceso serán cualesquiera que pueda convertirse en parte del propio proceso, a saber, acusación popular y particular, acusación privada y acusados.

DELITOS PERSEGUIBLES A INSTANCIA DE PARTE

De acuerdo con esta normativa, es fundamental analizar qué delitos son perseguibles a instancia de parte y cuáles entran dentro de la competencia del investigador privado. Porque los detectives privados pueden investigar acerca de hechos con carácter privado, y en el ámbito penal solo podrán indagar sobre hechos o delitos perseguibles a instancia de parte.

En España, se distinguen tres grupos de delitos según su perseguibilidad: los delitos públicos, los delitos semipúblicos o semiprivados y los delitos privados. También es habitual realizar una clasificación bipartita, delitos perseguibles de oficio y delitos perseguibles a instancia de parte. La diferencia fundamental entre delitos públicos y delitos privados radica en quién puede iniciar la persecución penal y cómo se lleva a cabo el procedimiento.

---

cional, Valencia, 1998, t.III., p. 56), porque nuestro sistema procesal penal no es acusatorio puro (donde sin duda hay partes) ni inquisitivo estricto (donde no hay partes).

78 Font Serra, E., "Legitimación" en *Enciclopedia Jurídica Básica,* Madrid, 1995, p. 3963.

79 Montero Aroca y otros, *Derecho Jurisdiccional,* Valencia, 1998, t.III., p. 78.

Delitos públicos

Son aquellos que el Ministerio Fiscal está obligado a perseguir de oficio, sin necesidad de que la víctima interponga denuncia. También cualquier ciudadano puede denunciarlos.

Normativa aplicable:

- Código Penal (principalmente desde el art. 138 en adelante).
- Ley de Enjuiciamiento Criminal (LECrim), especialmente:
  - Artículo 101: "La acción penal es pública y podrá ser ejercitada por cualquier ciudadano español..."
  - Artículo 105: "Los delitos perseguibles a instancia de parte solo pueden ser perseguidos mediante denuncia del agraviado..."

Delito	Artículo CP
Homicidio y asesinato	138-140
Lesiones graves	147.1, 149, 150
Detención ilegal y secuestro	163-166
Torturas y delitos contra la integridad moral	173-177
Agresión sexual con violencia o intimidación	178-180
Acoso sexual a menores o con abuso de situación de superioridad	184.2-184.4
Explotación sexual y prostitución de menores	187
Pornografía infantil	189
Tráfico de drogas	368-372
Terrorismo	572-578
Delitos contra la Administración Pública (prevaricación, cohecho, malversación, tráfico de influencias, fraude)	404-438
Falsedad documental	390-399
Blanqueo de capitales	301
Fraude a la Seguridad Social o Hacienda	305-310
Delitos contra la Seguridad Vial	379-385
Incendios forestales	352-358

Delitos privados

Son aquellos en los que la persecución penal solo puede iniciarse mediante una querella del ofendido o de sus herederos. En estos casos, ni el Ministerio Fiscal ni la policía pueden actuar de oficio, salvo en supuestos excepcionales (por ejemplo, cuando la víctima es menor de edad).

- Calumnias (art. 205 CP): Atribuir falsamente un delito con conocimiento de su falsedad.
- Injurias graves (art. 208 CP): Expresiones o acciones que lesionan la dignidad de una persona cuando sean especialmente graves.

En estos delitos, la reconciliación entre las partes puede extinguir la acción penal. En este sentido, el artículo 215 LECrim señala que "la acción penal en los delitos de calumnia e injuria no se iniciará de oficio, sino mediante querella de la persona ofendida."

Delitos semipúblicos en España

Los delitos semipúblicos son aquellos que solo pueden ser perseguidos penalmente si la víctima o su representante legal presenta denuncia, pero una vez interpuesta, el procedimiento sigue de oficio y no puede ser retirado. Es decir, el Ministerio Fiscal no puede actuar de oficio, salvo en ciertos casos excepcionales (por ejemplo, cuando la víctima es menor de edad o una persona vulnerable).

Delito	Artículo CP
Abuso sexual sin violencia ni intimidación (si la víctima es mayor de edad)	181
Acoso sexual sin abuso de superioridad	184.1
Prostitución de adultos (explotación sin violencia)	187.1
Descubrimiento y revelación de secretos	197
Intercepción de comunicaciones privadas sin autorización	197.1-197.2
Difusión de imágenes íntimas sin consentimiento	197.7
Impago de pensiones (abandono de familia)	227
Sustracción de menores sin riesgo para su vida o integridad	225 bis
Daños dolosos cuando afectan a un particular	263
Daños por imprudencia grave que superen 80.000 €	267

Delito	Artículo CP
Delitos contra la propiedad intelectual	270
Delitos contra la propiedad industrial	273
Delitos societarios (excepto si afectan a intereses generales o una pluralidad de personas)	290-297
Amenazas leves con armas u objetos peligrosos	171.4
Coacciones leves	172.2
Lesiones por imprudencia grave	152
Lesiones por imprudencia leve	142-152
Reproducción asistida en una mujer	161
Acciones insistentes y reiterados, varios	173 ter
Agresiones sexuales	191
	201
	226
	287

Por tanto, se debe considerar que el legislador pretendió que los detectives no entren en colisión con aquellos hechos que investigan las Fuerzas y Cuerpos de Seguridad del Estado. Así, la exposición de motivos señala que el modelo de seguridad privada es "complementaria, subordinada, colaboradora y controlada por la seguridad pública" y añade que el legislador apuesta "por su papel preventivo en beneficio de la seguridad general, y lo hace aprovechando e integrando funcionalmente todo su potencial informativo, de recursos humanos y de medios materiales, al servicio de la protección y seguridad del conjunto de la ciudadanía, de forma compatible con el legítimo interés que persiguen las entidades privadas de seguridad". Y concluye: "Este mismo enfoque inspira los preceptos que se dedican a la investigación privada. En este punto, el legislador, como en las restantes actividades contempladas en la ley, tiene que hacer compatible ese enfoque positivo con una serie de prevenciones indispensables para garantizar los derechos de los ciudadanos, especialmente los del artículo 18 de la Constitución".

En este sentido, el legislador apuesta por prohibir la investigación de los delitos cuyo monopolio parte del Estado (delitos públicos), dejando el resto (privados y semipúblicos) en manos de la seguridad privada (previo a la denuncia por el perjudicado) y a la pública (cuando ya ha entrado en el sistema judicial).

En suma:

- **Delitos públicos:** Son aquellos cuya persecución corresponde exclusivamente a las autoridades (homicidios, terrorismo, tráfico de drogas, corrupción). Los detectives no pueden investigar estos delitos salvo para comprobar una sospecha. Sin embargo, en el momento en que, como se explicará, tengan pleno conocimiento de la existencia de estos debe dejar la investigación.
- **Delitos privados:** Son aquellos que solo pueden ser perseguidos a instancia de parte, como las calumnias o injurias. En estos casos, los detectives pueden obtener pruebas para apoyar la denuncia de la víctima.
- **Delitos semipúblicos:** Son aquellos que requieren una denuncia previa del afectado para ser perseguidos, como el acoso sexual, la revelación de secretos o las lesiones leves. Los detectives privados sí pueden intervenir en la obtención de pruebas para estos casos.

INTERPRETACIÓN JURISPRUDENCIAL

La doctrina jurisprudencial del Tribunal Supremo ha venido a matizar o mejor dicho interpretar el alcance de esta limitación funcional. Por ejemplo, el Auto del Tribunal Supremo 1395/2017, de 19 de octubre de 2017 (recurso 1213/2017), resolvió una investigación iniciada por un detective sobre un delito perseguible de oficio. Se desestimó la petición al considerar que la actuación del detective privado se inició con meras sospechas de una eventual infracción, sin evidencias ni indicios claros de que se estuviera ante un delito.

> *"Efectivamente, tanto la Ley de Seguridad Privada vigente a la fecha de los hechos, Ley 23/1992, de 30 de junio, como la actual, Ley 5/2014 de 4 de abril, prohibían y prohíben a los detectives privados investigar delitos perseguibles de oficio, debiendo denunciar inmediatamente ante la autoridad competente cualquier hecho de esta naturaleza que llegara a su conocimiento y poner a su disposición toda la información y los instrumentos que pudieran haber obtenido hasta ese momento, relacionado con dichos delitos".*

El Estado mantiene el monopolio de la investigación de los delitos públicos, descartando indagaciones paralelas de detectives en relación con estos

(STS 419/1992, de 13 de julio). Sin embargo, la STS 908/2016 de 30 de noviembre aclara que los detectives pueden investigar determinados casos:

> *"En este caso, el encargo que recibieron los detectives privados perseguía constatar el cumplimiento de las jornadas que integraban la pena de trabajos en beneficio de la comunidad, lo que en sentido estricto no puede interpretarse como investigación de un delito de quebrantamiento de condena, que solo se produciría a partir del incumplimiento de aquéllas, que además debe ser valorado por el Juez de Vigilancia como tal (artículo 49 CP). De ahí que la mera constatación de desajustes horarios en el desarrollo de las jornadas marcadas o incluso que en algún día no se lleven a efecto, tal y como en este caso recoge el relato de hechos, no permiten hablar de quebrantamiento de condena prescindiendo de la correspondiente ponderación del juez encargado de su ejecución"*

El ATS 1396/2017 clarificó que los detectives pueden investigar sospechas de delito siempre que su labor se limite a la constatación de hechos y no a la determinación de responsabilidades penales. El Alto Tribunal consideró que:

> *"...en constatar las sospechas de la empresa respecto a la posible infracción del acusado al existir descuadre de caja, lo que en sentido estricto no puede interpretarse como investigación de un delito de apropiación indebida..."*

Así, la jurisprudencia establece que una investigación privada no centrada en un delito puede iniciarse sin inconvenientes, pero si durante su desarrollo se descubre la existencia de un delito, el detective debe cesar la investigación y denunciarlo conforme al artículo 10.2 LSP. En este sentido, el artículo 25 LSP establece que los detectives están obligados a:

> *"Facilitar de forma inmediata a la autoridad judicial o a las Fuerzas y Cuerpos de Seguridad competentes las informaciones sobre hechos delictivos de que tuvieren conocimiento en relación con su trabajo o con las investigaciones que éstos estén llevando a cabo."*

En suma, la jurisprudencia también indica que la prohibición de investigar delitos perseguibles de oficio es una obligación ex post, no ex ante, es decir, que la obligación de detener la investigación surge cuando el detective tiene conocimiento real y claro del delito. Así lo indica la SAP de Sevilla de 5 de diciembre de 2018 (669/2018), remitiéndose a la STS 908/2016, al afirmar que "*la prohibición sólo es eficaz desde que se comete el delito y no antes*". Así lo recoge también la SAP Barcelona, 6 de abril de 2017:

> *"lo es posterior [la obligación] a que llegue a su conocimiento, lo que hay que entender acaso como un conocimiento que supere la mera sospecha para contar, al menos, con alguna evidencia o indicio que rebase la mera sospecha que el detective haya constatado, que no es otro que proscribir*

investigaciones sobre delitos perseguibles de oficio , en todo caso, cuando no hay duda, desde el minuto uno, de la recepción de su encargo de que se está frente a un delito hay evidencias, y no sólo sospechas, de ello, no siendo el caso cuando lo que se tiene es una sospecha de una eventual posible infracción y por el empleador se emplea al detective privado para, siquiera, confirmar la sospecha, momento en el que, constatados de forma indudable los elementos propios de un de delito perseguible oficio , y podría entenderse de aplicación la norma, pero no antes, es lo cierto que la cuestión no ha sido pacífica en todo caso".

Por tanto, el detective privado podrá intervenir en cualquier investigación sobre sospechas de posibles actos delictivos, al menos hasta la constatación de estos. En la SAP Guadalajara 448/2023, se interpretó el adverbio "inmediatamente" del artículo 10.2 LSP para determinar si la prohibición de investigar delitos perseguibles de oficio es ex ante o ex post. La sentencia señaló que:

"Meras sospechas débiles y genéricas podrían no bastar para provocar una investigación policial si se denunciara el hecho, siendo necesario aportar indicios sólidos. En ese marco pueden actuar los detectives, buscando indicios fundados, pero una vez hallados, deben cesar su investigación y comunicar los resultados a la autoridad."

En la SAP Barcelona 584/2022, 29 de septiembre de 2022 se aduce que los detectives, tras concluir su informe, no lo entregaron a la policía el informe que contenía posibles delitos perseguibles de oficio. Indica la Audiencia de Barcelona que *"podría ser cierto, pero no lo es menos que fue entregado a quien los contrató y, éste, procedió a denunciar los hechos, acompañando el informe en cuestión, junto con otro informe y otros elementos, poniéndose en marcha la causa que ha dado paso al presente juicio. El representante de la empresa que lo encargó una vez tuvo en su poder los datos necesarios que le permitían constatar sus sospechas, hizo lo único que podía y debía hacer, ponerlo en conocimiento y a disposición de la policía".* Y añade sobre el concepto de inmediatez:

"Podríamos discutir si una vez que un investigado ofrece y se le compra droga ya no era necesario esperar a que ello sucediera una vez más y en ese momento debió concluirse ese aspecto de la investigación y poner en conocimiento del cliente y la autoridad esos hechos, lo que devendría aplicable a uno y otro apelante.

Sin embargo entendemos que la búsqueda de indicios serios, el hecho de que el encargo incorporaba otras elementos a investigar, los desajustes de almacén, el hecho de que no anunciara con una venta que habría otras de bolsitas de droga, permite justificar que el informe se cierre y la actividad investigadora se cierre cuando se consideran la presencia de los elementos indiciarios con las notas señaladas para todos los objetos de investigación, que no eran ni siquiera esencialmente la posibilidad de tráfico de drogas sino de fraudes a la empresa en la gestión del almacén. En todo caso transcurren apenas unos días entre los hechos. Apenas transcurren trece días desde la primera venta de droga hasta el diere de la investigación y solo dos más hasta la entrega a la policía de los informes por parte de la empresa recibidos de la agencia de investigación. Si ello no es entregar " inmediatamente" no sería procesalmente relevante, no hay una demora relevante ni nada indica que se hiciera para ocultar a las autoridades información o por otros fines (el mismo día que se entrega a la policía se entregan las cartas de despido) y esa, en su caso demora, no pasaría de encuadrarse, a lo más como una infracción leve de la ley de seguridad privada art 57.e cuando como tal se tipifica ,"en general, el incumplimiento de los trámites, condiciones o formalidades establecidos por esta ley, siempre que no constituya infracción grave o muy grave".

Asimismo, la STS 908/2016 concluye que la prohibición de los detectives de investigar delitos de oficio opera desde el momento en que tienen constancia real del delito, no cuando solo existen sospechas. Incluso se ha dado el caso de detectives que, tras denunciar un delito, han sido conminados o autorizados por la autoridad judicial o policial para continuar con la investigación, debido a su acceso privilegiado a entornos de actividad criminal.

"la prohibición opera desde el momento en que se tiene constancia o prueba de la existencia del delito, no frente a las sospechas del mismo. Por tanto, el detective privado podrá intervenir en cualquier investigación sobre sospechas de posibles actos delictivos, al menos hasta la constatación de los mismos, teniendo, eso sí, la obligación legal de comunicar sus actuaciones y resultado de su investigación una vez sea conocedor de la existencia concreta y real del delito. Es más, se ha dado la circunstancia de que, después de haberlo comunicado, ha sido conminado o autorizado por la autoridad judicial o policial para continuar con la investigación, por resultar esta de interés público, y dado que los detectives ya se encontraban con acceso directo a entornos o grupos que estaban, presuntamente, ejerciendo actividad criminal"

La citada sentencia de la Audiencia Provincial de Guadalajara (SAP GU 448/2023) indica:

"No hay duda de que meras sospechas débiles y genéricas podrían no bastar para provocar una investigación policial si se denunciara el hecho, siendo necesario aportar indicios sólidos para obtener una respuesta de los investigadores públicos, por lo que ese sería el marco en el que podrían actuar las agencias de detectives, buscando indicios fundados, si bien, una vez que estos fueran hallados, debería cesarse la investigación privada y comunicarse sus resultados a la correspondiente autoridad" (...) "Así pues, estimamos, conforme a la jurisprudencia anteriormente expuesta, que la actuación de la empresa de encargar la investigación a una agencia de detectives, al disponer de meras sospechas que no de indicios o pruebas de la realización de actividades irregulares en relación con el camión conducido por el recurrente, por la información que recibe del personal que lleva la contabilidad, se encuadra

en el marco que la ley permite al detective iniciar sus averiguaciones hasta el hallazgo de indicios serios, en este caso, de extracción de gasoil. Y ello aunque un día antes la empresa hubiera interpuesto denuncia ante la Guardia civil, a diferencia de lo que se dice en el recurso, pues en la misma se limitó a poner de manifiesto esas sospechas, no pudiendo aportar ningún indicio serio al respecto, sin que por la Guardia civil se iniciara ninguna actuación.

Casos Concretos y Aplicación de la Jurisprudencia

La Audiencia Provincial de Valencia (SAP Valencia 194/2017, 22 de marzo de 2017) resolvió un caso en el que un detective fue contratado por el Colegio Oficial de Odontólogos y Estomatólogos de Valencia para confirmar que un protésico dental realizaba actos reservados a odontólogos sin la titulación correspondiente. La defensa alegó que la actuación del detective vulneraba derechos fundamentales, pero la Audiencia sostuvo que, aunque el detective no debió investigar un delito de intrusismo profesional, ello no invalidaba la prueba obtenida, ya que su testimonio en juicio fue considerado válido. Indica:

"No cabe duda que la actuación del detective privado no se ha ajustado tasativamente a lo dispuesto en dicha normativa, pero la presunta infracción que pudiera haberse cometido no invalida la prueba obtenida por aquél, sin perjuicio de la responsabilidad que pudiera exigírsele en ámbito jurídico no penal. De hecho la Jurisprudencia tanto del Tribunal Supremo como de las diferentes Audiencias Provinciales es ilustrativa de que la actividad del detective se tiene en cuenta como prueba de cargo. Así la STS de 12 de marzo de 1990 (Pte: Delgado García, Joaquín) afirmó que "... los resultados de una investigación privada que pudiera realizar detectives contratados al respecto por alguna de las partes, cuando, como es frecuente, aparecen en el sumario como si de una prueba documental se tratara, es claro que no pueden servir al juzgador de fundamento para estimar acreditados los hechos correspondientes, pues no es propiamente una prueba documental, ya que simplemente recoge lo que una o varias personas han percibido en relación con el trabajo desempeñado en su oficio. Pero si, como ha ocurrido en el caso presente, el detective que practicó la investigación privada acude a juicio oral y allí declara con las formalidades propias de tal acto solemne y cumpliendo, por tanto, con las exigencias correspondientes a los principios de inmediación, publicidad, oralidad y contradicción, es evidente que nos encontramos ante una verdadera prueba testifical que puede ser tenida en cuenta por el Tribunal para formar su convicción en orden a la determinación de los hechos probados conforme a lo dispuesto en el art. 741 de la Ley de Enjuiciamiento Criminal".

Sin embargo, la Audiencia Provincial de Barcelona (SAP 6 de abril de 2017) indica sobre una investigación de apropiación indebida en la que el detective privado manifestó en el plenario que la empresa vio un problema contable y se sospechó que se producía desfalco sin que le señalaran a nadie como responsable, "ni siquiera sabían quién podía ser". En la causa consta el encargo como una "investigación sobre el posible fraude en los cuadres de caja y contabilidad de la recaudación diaria". Indica la sentencia:

> *"En todo caso, cuando no hay duda, desde el minuto uno, de la recepción de su encargo de que se está frente a un delito, y hay evidencias, y no sólo sospechas, de ello, no siendo el caso cuando lo que se tiene es una sospecha de una eventual posible infracción y por el empleador se emplea al detective privado para, siquiera, confirmar la sospecha, momento en el que, constatados de forma indudable los elementos propios de un delito perseguible de oficio podría entenderse de aplicación la norma, pero no antes, es lo cierto que la cuestión no ha sido pacifica en todo caso".*

La Audiencia estudia la sentencia de la Audiencia Provincial de Murcia (SAP 137/14) para determinar si el detective actuó, o no, conforme a la ley:

> *"insubsanable, es que un detective privado sea el que haya de realizar funciones de investigación de un delito público. El art. 19 de la Ley 23/1992, de 30 de julio, de Seguridad Privada, dispone claramente que los detectives privados " no podrán realizar investigaciones sobre delitos perseguibles de oficio debiendo denunciar inmediatamente ante la autoridad competente cualquier hecho de esta naturaleza que llegara a su conocimiento y poniendo a su disposición toda la información y los instrumentos que pudieran haber obtenido", estando no obstante autorizados a "obtener y aportar información y pruebas sobre conductas o hechos privados, de la investigación de delitos perseguibles sólo a instancia de parte por encargo de los legitimados en el proceso penal, y de la vigilancia en ferias, hoteles, exposiciones o ámbitos análogos" (apartado primero de dicho artículo antes citado) (...) Y desde luego, la investigación de un posible delito doloso de daños, que es perfectamente perseguible de oficio por el Estado, no puede quedar en manos de un detective privado; la prohibición legal es clara y contundente; no estamos ante una cuestión privada o ante un delito perseguible exclusivamente a instancia de parte sino ante un hipotético delito público perseguible de oficio".*

Sin embargo, asume el informe y condena al acusado, confirmándose la misma por el Tribunal Supremo (ATS 1395/2017) que indica:

> *La Sala desestimó la petición al considerar que la actuación de los detectives privados se inició al existir meras sospechas de una eventual infracción con el fin de confirmar tales sospechas, pero sin evidencias ni indicios claros de encontrarse ante un delito. Efectivamente, tanto la Ley de Seguridad Privada vigente a la fecha de los hechos, Ley 23/1992, de 30 de junio, como la actual, Ley 5/2014 de 4 de abril, prohibían y prohíben a los detectives privados investigar delitos perseguibles de oficio, debiendo denunciar inmediatamente ante la autoridad competente cualquier hecho de esta naturaleza que llegara a su conocimiento y poner a su disposición toda la información y los instrumentos que pudieran haber obtenido hasta ese momento, relacionado*

> *con dichos delitos. El estado mantiene el monopolio en la investigación de los delitos públicos, y se descarta la posibilidad de indagaciones paralelas a las que puedan estar realizando la Autoridad Judicial o las Fuerzas de Seguridad del Estado en relación a los mismos (en este sentido STS 419/1992 de 13 de julio).*
>
> *En este caso, tal como acertadamente establece la Sala, el encargo que recibió el detective privado perseguía constatar sospechas sobre una posible infracción del acusado al existir descuadres en la caja, lo que en sentido estricto no puede interpretarse como investigación de un delito de apropiación indebida. De ahí que la mera constatación de desajustes en la contabilidad y en el número de abonos realizados no permiten hablar de que se encargara al detective la investigación de un delito de apropiación indebida (en este sentido la STS 908/2016, de 30 de noviembre).*

En un análisis de Valls Genovard[80], en referencia a la SAP de Sevilla 669/2018, de 15 de diciembre (sentencia condenatoria en primera instancia, a un trabajador de una empresa como autor de un delito continuado de apropiación indebida) los detectives están capacitados para investigar delitos perseguibles de oficio en su vertiente ex ante. Así, la citada SAP de Sevilla confirma la investigación privada, remitiéndose a la doctrina del TS (STS 908/2016, de 30 de noviembre), y analiza cual es el alcance del precepto, manteniendo que tiene un doble elemento:

- Material: el hecho investigado tiene que ser clara o razonablemente constitutivo de un delito perseguible de oficio.
- Cronológico: este elemento es doble:
  A. Intrínseco: la prohibición sólo es eficaz desde que se comete el delito y no antes; y así la STS 908/2016, de 30/11, considera que no hubo infracción de los preceptos comentados porque el encargo que reciben los detectives privados consiste en constatar respecto de una persona el cumplimiento de las jornadas que integraban la pena de trabajos en beneficio de la comunidad que le fue impuesta;

  B. Extrínseco: como establece la citada ATS 1396/2017, de 19/10, debe desestimarse cualquier alegación de infracción si lo que se investigan son meras sospechas a fin de confirmarlas, pero sin evidencias ni indicios claros de encontrarse ante un delito. Así considera legítimo el encargo recibido por un detective privado

---

80 Recuperado en https://www.cvca.es/wp-content/uploads/2024/11/MATERIAL-Ma-ANGELES-VALLS.pdf

que perseguía constatar sospechas sobre una posible infracción del acusado al existir descuadres en la caja, lo que en sentido estricto no puede interpretarse como investigación de un delito de apropiación indebida. Este punto de vista es inevitable pues, de lo contrario, no tendría sentido el mandato de la ley de "*poner a disposición de las autoridades toda la información y los instrumentos que pudieran haber obtenido hasta ese momento", pues ello supone un lapso de tiempo durante el cual se ha obtenido legítimamente esa información e instrumentos.*

EL OBJETO DEL CONTRATO DE INVESTIGACIÓN

Para que no vulnere la prohibición normativa es preciso que el objeto del contrato no sea investigar un delito, sino otro, como señala Lafont[81], como el de "vigilar con fines preventivos". El autor pone diversos ejemplos jurisprudenciales como son la SAP Madrid 290/2022, la SAP Valladolid 112/21018 o la SAP Baleares 40/2022 donde existen indicios de conductas delictivas (delito de hurto, delito de daños y delito de ocupación), donde los detectives no realizan investigaciones tendentes a descubrir los delitos sino actividades paralelas. En la SAP Madrid 290/2022 el detective se hace pasar por un comprador de un disco duro previamente sustraído a una empresa; en la SAP Valladolid instala una cámara para controlar un vehículo vandalizado y en la SAP Baleares negocia con que abandonen una vivienda. En todos esos casos el objeto del contrato no era la investigación de delito alguno sino de actividades circunstantes al mismo.

Es importante señalar que en el momento en que se constata el delito el detective debe denunciar siempre y cuando tuviese conocimiento de la existencia de este. En este sentido, la AAP Madrid 1128/2021, 12 de Julio de 2021 indica:

> *"No obstante, debe excluirse de dicha práctica las que se refieran al incumplimiento que pudiera haberse producido el día 5 de diciembre de 2020, pues la única fuente de conocimiento es el informe realizado por una detective privado, a la que expresamente se encargó realizar una observación sobre el investigado para comprobar su residencia en un determinado lugar, por haberse tenido constancia de que lo había visto en la zona aledaña a su domicilio, pero ocultándose en el encargo la existencia de una resolución judicial que prohibía la aproximación del investigado al domicilio de la clienta, circunstancia*

---

81 Lafont Nicuesa, L, La investigación física y tecnológica por el detective privado y su valor probatorio, Madrid, 2023, p. 63.

> *que, de haber sido conocida por la detective privado, hubiera determinado la inadmisión del encargo dado que el delito de quebrantamiento de medida cautelar previsto en el art.468.2 del Código penal es un delito perseguible de oficio, y conforme al art.10.2 "Los despachos de detectives y los detectives privados no podrán celebrar contratos que tengan por objeto la investigación de delitos perseguibles de oficio ni, en general, investigar delitos de esta naturaleza, debiendo denunciar inmediatamente ante la autoridad competente cualquier hecho de esta naturaleza que llegara a su conocimiento, y poniendo a su disposición toda la información y los instrumentos que pudieran haber obtenido hasta ese momento, relacionado con dichos delitos", constituyendo un falta muy grave conforme al art.58.1.f f) de la misma ley "la realización de investigaciones sobre delitos perseguibles de oficio o la falta de denuncia a la autoridad competente de los delitos que conozcan los detectives privados en el ejercicio de sus funciones". Y aunque no se trate de una prueba obtenida violentando los derechos o libertades fundamentales, si lo es contraviniendo expresamente lo establecido en una disposición legal, por lo que ninguna eficacia podría reconocérsele. Como se recoge en la cita que el propio Ministerio Fiscal efectúa de la STS 908/2016, de 20 de noviembre, "el Estado mantiene el monopolio en la investigación de los delitos públicos, y se descarta la posibilidad de indagaciones paralelas a las que puedan estar realizando la Autoridad Judicial o las Fuerzas de Seguridad del Estado en relación a los mismos".*

Sin embargo, se debe tener cuidado en no disfrazar la prohibición con un encabezamiento ambiguo en el informe. Así, la SAP Murcia 389/2014 indica "*obviamente no se salva la prohibición taxativa de la Ley, que el detective privado conoce perfectamente por razones obvias de su propia profesión y de la que debió informar en su día a la persona que lo contrató, mediante la confección de un encabezamiento de su informe más bien ambiguo o inconcreto tendente racionalmente a solapar aquella prohibición legal para permitirle de este modo intervenir como auténtico investigador de un posible delito perseguible de oficio cuando no tiene ni podía tener esa competencia legal. El cumplimiento estricto de la Ley de Seguridad Privada no puede quedar al arbitrio del detective privado de turno, ni siquiera mediante la utilización de técnicas semánticas más o menos hábiles en la exposición de su informe, mucho menos cuando en este caso concreto existían suficientes elementos objetivos previos que le permitían conocer con claridad que lo que iba a investigar era un posible delito de daños dolosos perseguible e investigable por las Fuerzas y Cuerpos de Seguridad y por las autoridades policiales y judiciales competentes, condición que obviamente él no tenía ni podía tener en ese momento*".

La STS 288/2020 resuelve el recurso de casación interpuesto por los condenados en el Procedimiento Abreviado 66/2017 de la Audiencia Provincial de León. El caso involucra un fraude a aseguradoras mediante la simulación de un accidente de tráfico con la finalidad de obtener indemnizaciones. Los acusados fueron condenados por delitos de estafa, estafa procesal en grado de tentativa y responsabilidad civil derivada del delito.

En los hechos probados se constata que los acusados, de común acuerdo, simularon un accidente de tráfico entre dos vehículos. Se presentó una denuncia ante la Guardia Civil, que levantó un atestado dando credibilidad a la versión de los acusados. Los acusados acudieron a hospitales y consultas médicas para simular lesiones, generando gastos y reclamaciones a las aseguradoras que indemnizaron a los acusados.

Uno de los puntos clave de la sentencia se refiere al rol del detective privado en la investigación de los hechos. El Tribunal Supremo establece que la actuación del detective excedió los límites legales de su profesión, ya que investigó un delito perseguible de oficio, lo cual está expresamente prohibido por la legislación española. Según el artículo 37.4 de la LSP, los detectives privados tienen vedada la investigación de delitos que no sean de carácter privado, debiendo en su caso denunciar ante las autoridades cualquier hecho delictivo del que tengan conocimiento.

La sentencia considera que la intervención del detective privado en este caso fue "irregular", pero no declaró nula la prueba obtenida por él tal y como comprobaremos en el capítulo de este libro destinado a tal efecto, ya que no se vulneró ningún derecho fundamental. Sin embargo, sí se excluyó del acervo probatorio la documentación obtenida por este, así como el escrito del coimputado donde reconocía la simulación del accidente, al haber sido recogido fuera del marco legal.

El Tribunal dejó claro que los detectives privados pueden actuar dentro de los límites de la investigación privada en asuntos de interés particular, pero no pueden sustituir a las fuerzas de seguridad ni a la policía judicial en la investigación de delitos. Su papel debe circunscribirse a la obtención de información para litigios privados y no puede extralimitarse a cuestiones que son competencia exclusiva del Estado.

CONCLUSIONES

El análisis realizado pone de manifiesto una contradicción fundamental en el marco normativo que regula la actividad de los detectives privados en España. Mientras que el Estado ostenta el monopolio absoluto de la investigación penal, se priva a los detectives privados de la posibilidad de investigar delitos, incluso en aquellos casos en los que su labor podría resultar determinante para la defensa de los derechos de las víctimas o la aportación de pruebas que faciliten la administración de justicia. Esta exclusión resulta no solo absurda desde un punto de vista práctico, sino también contraria al principio de colaboración entre los distintos operadores jurídicos en la búsqueda de la verdad.

La jurisprudencia ha tratado de matizar esta prohibición absoluta, estableciendo ciertos supuestos en los que la actuación de los detectives privados en la investigación de delitos resulta legítima. En primer lugar, se reconoce que los detectives pueden investigar hechos que eventualmente podrían constituir un delito, siempre y cuando su objetivo inicial no sea la determinación de una conducta penal, sino la obtención de información para un cliente en el marco de una controversia privada. Este matiz es esencial, ya que permite a los detectives actuar en la fase de sospecha sin que ello implique una infracción normativa.

En segundo lugar, los detectives privados pueden intervenir en la investigación de delitos perseguibles a instancia de parte, como injurias, calumnias, ciertos delitos de fraude y algunos ilícitos en el ámbito del derecho laboral. En estos casos, su labor se enmarca en la defensa de los derechos del particular que los contrata y no interfiere con el monopolio estatal de la acción penal.

Además, la doctrina jurisprudencial ha señalado que los detectives tienen la obligación de denunciar cuando obtienen pruebas claras de un delito público en el transcurso de su trabajo. Sin embargo, esta exigencia plantea una paradoja: si no pueden investigar delitos, ¿cómo pueden llegar a obtener pruebas suficientes para fundamentar una denuncia? La realidad es que, en la práctica, los detectives deben desarrollar su labor en un espacio de ambigüedad legal, donde su actuación en la fase inicial de sospecha se justifica hasta el momento en que el hecho delictivo se confirma con evidencia suficiente.

En este contexto, la regulación actual resulta desfasada y limita la capacidad de los detectives privados para contribuir a la lucha contra el crimen y la protección de los derechos de los ciudadanos. Un sistema más eficiente permitiría su intervención controlada en ciertos delitos, siempre bajo supervisión judicial y con mecanismos que eviten la vulneración de derechos fundamentales. Mientras esta reforma no se produzca, la prohibición seguirá siendo un obstáculo absurdo que impide el aprovechamiento de un recurso valioso en la administración de justicia.

Lo anterior se resume de la siguiente forma:

1. **Los detectives pueden investigar sospechas de delito**, pero su labor debe centrarse en constatar hechos y no en determinar responsabilidades penales, así como los delitos privados y delitos semipúblicos.

2. **Para que no vulnere la prohibición normativa es preciso que el objeto del contrato no sea investigar un delito,** sino otro, como el de vigilar con fines preventivos.
3. **La prohibición de investigar delitos perseguibles de oficio es una obligación ex post**, es decir, los detectives deben cesar la investigación y denunciar el hecho cuando tienen certeza del delito, no cuando solo existen sospechas.
4. **El concepto de inmediatez en la comunicación del delito se interpreta con flexibilidad**, permitiendo la contratación de detectives para confirmar sospechas antes de presentar una denuncia.
5. **Los detectives pueden investigar aspectos relacionados con delitos públicos**, como la responsabilidad civil derivada de estos, pero no pueden realizar investigaciones directas sobre los delitos en sí.
6. **Las pruebas obtenidas irregularmente por detectives no necesariamente son nulas**, sino que pueden ser excluidas del acervo probatorio sin invalidar el resto del proceso.
7. **El testimonio del detective en juicio puede ser considerado prueba testifical válida**, aunque su informe escrito pueda ser excluido como prueba documental.

Capítulo 7

Forma de plantear y de realizar las investigaciones: el triple juicio jurisprudencial

La doctrina[82] ha analizado la figura del detective privado, su papel en el derecho procesal y su capacidad de intervención en distintos ámbitos del derecho. Se ha reconocido, además, que el detective privado es un instrumento fundamental en la obtención de pruebas en procesos judiciales, consolidando su papel como un agente esencial en la investigación de hechos privados con relevancia procesal.

Uno de los aspectos más destacados por la doctrina es el papel del detective como garante de la verdad procesal, facilitando el acceso a pruebas que, de otro modo, serían difíciles de obtener. Añade Valls Genovard[83] que la creciente profesionalización de los detectives ha incrementado su participación en procedimientos judiciales, siendo sus informes determinantes en la valoración de las pruebas[84]. La autora destaca que los informes de los

---

82 Por todos, Valls Genovard, M. A. (Dir.). (2023). *La prueba de detective privado en los procesos de familia: Aspectos sustantivos, procesales y técnico-profesionales de la obtención de la prueba.* Barcelona, 2023; Morales Prats, F y Marco Fernández, F, Comentarios al código de Seguridad Privada, op. cit.; Lafont Nicuesa abogada lege ferenda modificar la LSP para que los detectives privados puedan investigar todo tipo de delitos. En Lafont Nicuesa, L, La investigación física y tecnológica de crímenes por el detective privado y su valor probatorio, 2023, p. 383; García Ninet, J. I. *El control empresarial en el ámbito laboral,* 2005.

83 Valls Genovard, M. A. (Dir.). (2023). *La prueba de detective privado en los procesos de familia: Aspectos sustantivos, procesales y técnico-profesionales de la obtención de la prueba.* Barcelona, 2023.

84 Díaz Rodríguez, J. M., "El informe de detective privado en el proceso laboral", Trabajo y Derecho núm. 34, 2017, Smarteca, pág. 4. En el mismo sentido, Gil Plana, J. "Las vicisitudes probatorias del informe de detectives" en AA.VV. (Dir. Talents Visconti y Valls Genovard) La actividad de los detectives privados…, cit., pág. 320. Vid., entre otras, STSJ Madrid 27 junio 2007, rec 2233/2007.

detectives proporcionan al juez información objetiva sobre la realidad de una situación familiar, ayudando a evitar fraudes procesales.

La doctrina, además, ha establecido que la labor de los detectives privados debe cumplir con los siguientes criterios fundamentales:

- **Proporcionalidad**: Las pruebas obtenidas deben ser adecuadas y necesarias para el caso.
- **Legalidad**: La investigación debe respetar las normativas vigentes
- **Finalidad legítima**: Las pruebas deben tener un propósito procesal válido

En idéntico sentido, el Tribunal Supremo, (por todas, la STS 851/2021) ha confirmado la validez de los informes de detectives privados en sede judicial, siempre que se respeten los principios de proporcionalidad y necesidad, evitando cualquier intromisión ilegítima en la intimidad.

Asimismo, el artículo 48.6 LSP dispone:

> *"Los servicios de investigación privada se ejecutarán con respeto a los principios de razonabilidad, necesidad, idoneidad y proporcionalidad."*

A raíz de ello, los tribunales han establecido un triple juicio para validar las pruebas obtenidas por estos profesionales. Es relevante que estas mismas reglas se apliquen también en la contratación del detective y en la planificación del trabajo.

El Tribunal Supremo y el Constitucional han establecido en su jurisprudencia que las pruebas obtenidas por detectives privados deben superar el triple juicio de idoneidad, necesidad y proporcionalidad, basado en la protección de los derechos fundamentales recogidos en la Constitución Española. La superación de este juicio de proporcionalidad ha sido la exigencia que ha venido haciendo el Alto Tribunal para la admisión de la prueba del detective (entre otras, STS 722/1989 (Sala de lo Social), de 19 de julio de 1989 (RJ 4408/1989); STS 2118/990 (Sala de lo Social), de 7 de marzo de 1990 (RJ 2118/1990); STS 12407/1992 (Sala de lo Social), de 24 de febrero de 1992 (RJ 12407/1992); STS 4471/2012 (Sala de lo Social), de 5 de junio de 2012 (RJ 4471/2012).

En este sentido, los tribunales establecen que los detectives, por la naturaleza de su forma de actuación y el propio estatuto jurídico que les otorga la ley, se trata de una medida restrictiva de los derechos fundamentales y, por tanto, debe regirse por el triple juicio indicado se define de la siguiente forma:

1. **Idoneidad**. La idoneidad exige que las pruebas obtenidas sean adecuadas y útiles para demostrar los hechos relevantes en el proceso judicial. Esto implica que la labor del detective debe estar directamente relacionada con el caso que se pretende resolver, y que las pruebas aporten un valor real y necesario al esclarecimiento de los hechos. En este sentido, la STC 186/2000 indica que el servicio de investigación debe ser susceptible de conseguir el objetivo propuesto (juicio de idoneidad).
2. **Necesidad**. Este principio determina que la contratación del detective privado debe ser imprescindible para obtener la información necesaria y que dicha información no se podría haber conseguido por otros medios menos invasivos o igualmente eficaces. La necesidad está estrechamente ligada a la falta de alternativas razonables para conseguir la información sin recurrir a un investigador privado. Así, la misma STC 186/2000 indica que "debe ser necesaria", en el sentido de que no exista otra medida más moderada para la consecución de tal propósito con igual eficacia (juicio de necesidad).
3. **Proporcionalidad**. La proporcionalidad implica que las medidas adoptadas por los detectives no deben ser excesivas ni lesionar de manera innecesaria los derechos fundamentales de la persona investigada, como el derecho a la intimidad, al honor y a la protección de datos. En este sentido, las acciones del detective deben guardar un equilibrio razonable entre la finalidad perseguida y la posible intromisión en los derechos del investigado.

Así lo indica el tribunal:

> *"Para comprobar si una medida restrictiva de un derecho fundamental supera el juicio de proporcionalidad, es necesario constatar si cumple los tres requisitos o condiciones siguientes: si tal medida es susceptible de conseguir el objetivo propuesto (juicio de idoneidad); si, además, es necesaria, en el sentido de que no exista otra medida más moderada para la consecución de tal propósito con igual eficacia (juicio de necesidad); y, finalmente, si la misma es ponderada o equilibrada, por derivarse de ella más beneficios o ventajas para el interés general que perjuicios sobre otros bienes o valores en conflicto (juicio de proporcionalidad en sentido estricto)"*

El Tribunal Constitucional y la doctrina[85] también ha respaldado este enfoque en varias sentencias, señalando que la obtención de pruebas debe

---

85 Según Elena García Testal, en su análisis de la STS de 12 de septiembre de 2023 (*Revista General de Derecho del Trabajo y de la Seguridad Social, 2023*), la obtención

respetar siempre los derechos fundamentales establecidos en los artículos 18 (derecho a la intimidad) y 24 (derecho a un proceso con todas las garantías) de la Constitución Española. En suma, el cumplimiento del triple juicio de idoneidad, necesidad y proporcionalidad es esencial para que las pruebas obtenidas por detectives privados sean admitidas en sede judicial. De no superarse alguno de estos criterios, las pruebas podrían ser declaradas nulas, lo que podría afectar negativamente a la resolución del caso y, como se indica en el capítulo sobre la prueba prohibida, el expurgo del informe de la causa judicial.

Así, indica la STS 278/2021 consideró que la actuación del detective, además de no contar con habilitación legal (poner un GPS en un coche) no era proporcionada, razonando para ello que su actuación no estuvo amparada por el derecho de defensa de quien hizo el encargo (la exmujer que pretendía usar el informe como prueba en el proceso de familia) toda vez que "*fue el hoy recurrente, en su desempeño profesional como detective privado, el único responsable de colocar el dispositivo GPS en el vehículo del demandante, por más que este hecho -la colocación- fuera conocido -que no quiere decir consentido- por quien efectuó el encargo", y que "los datos del demandante que interesaba obtener a los fines del procedimiento de modificación de medidas (que el aquí recurrido pudiera tener relación laboral o de convivencia con la exmujer de quien era demandante en dicho proceso de familia, en cuanto que esto pudiera ser relevante para la extinción o limitación de la pensión compensatoria) se podrían haber obtenido mediante otras técnicas diferentes del seguimiento permanente del hoy recurrido mediante un GPS colocado en su vehículo". En el juicio sobre la falta de proporcionalidad también se valoró que el seguimiento fue "permanente e indiscriminado", "exhaustivo y continuo", "durante las 24 horas del día y durante un lapso de cuatro meses" y que, por ende, "existían alternativas menos invasivas para obtener los datos que se consideraban útiles a los fines del procedimiento de familia".*

Esta doctrina ha sido enriquecida por el Tribunal Europeo de Derechos Humanos (TEDH) en la sentencia Barbulescu contra Rumanía (Gran

de pruebas mediante detectives en el ámbito laboral debe ajustarse a los principios de proporcionalidad, adecuación y necesidad. Aunque las pruebas obtenidas ilícitamente pueden ser anuladas, ello no implica la invalidez automática de la decisión empresarial, como el despido disciplinario. En esta misma línea, Goñi Sein (*El respeto a la esfera privada del trabajador,* 1988) y Taléns y Valls han subrayado la importancia de que las investigaciones laborales respeten el derecho a la privacidad de los trabajadores, asegurando que la obtención de pruebas no vulnere derechos fundamentales.

Sala, 5-9-2017, nº 61496/08), que fija un test de legalidad aplicable a los supuestos de monitorización laboral, incluso fuera del marco contractual activo. En la novísima STSJ M 3460/2025, el Tribunal Superior de Justicia de Madrid aplicó este test para concluir que la contratación de detectives para seguir a un extrabajador —sin razones legítimas concretas y basándose únicamente en sospechas ajenas a su persona— vulneró gravemente el derecho a la intimidad (art. 18 CE y art. 8 CEDH), al no respetar ninguno de los requisitos exigidos por el TEDH: alcance limitado del control, justificación legítima, uso de medios menos invasivos y ausencia de consecuencias desproporcionadas para el sujeto investigado. Esta doctrina consolida que cualquier intervención en la esfera privada debe ser cuidadosamente calibrada, en atención no solo a su finalidad, sino a sus efectos reales y personales.

CONCLUSIÓN

El detective privado juega un papel esencial en la obtención de pruebas en procesos judiciales.

Su labor debe cumplir con los principios de proporcionalidad, necesidad e idoneidad, establecidos tanto en la Ley de Seguridad Privada como en la jurisprudencia del Tribunal Supremo y el Tribunal Constitucional.

El triple juicio de idoneidad, necesidad y proporcionalidad es el criterio fundamental para validar pruebas en sede judicial. Si no se cumple, la prueba puede ser declarada nula.

Capítulo 8

El uso de imágenes y sonido. El derecho al honor y el derecho a la propia imagen

En el capítulo dedicado al ámbito funcional del investigador privados, hemos señalado que la función del detective está limitada por tres factores principales: funcional, espacial y operativo. El artículo 48.3 de la Ley de Seguridad Privada (LSP), establece el límite operativo al establecer que los detectives privados no pueden emplear medios que atenten contra la intimidad, el honor, la propia imagen, el secreto de las comunicaciones o la protección de datos. La normativa establece:

> *"Ni podrán utilizarse en este tipo de servicios medios personales, materiales o técnicos de tal forma que atenten contra el derecho al honor, a la intimidad personal o familiar, a la propia imagen, al secreto de las comunicaciones o a la protección de datos."*

El límite espacial se analizará en profundidad en el capítulo dedicado al derecho a la intimidad, mientras que, ahora analizaremos, las restricciones en el uso de medios y metodologías en la realización de investigaciones (límite operativo).

INTRODUCCIÓN

La prohibición operativa del art. 48.3 LSP y 102.2 RSP, tal y como se ha señalado en la doctrina[86], viene presidido por un equívoco. El precepto sanciona el uso de medios materiales o técnicos que atenten contra el derecho al honor el derecho a la intimidad personal o familiar, la propia imagen o contra el secreto de las comunicaciones. Sin embargo, no se entiende qué medios materiales o técnicos pueden atentar contra el derecho al honor. Únicamente se puede entender si se está haciendo referencia a un control audiovisual clandestino o, en su caso, a su divulgación en

---

86 Vid. Morales Prats, F. y Marco Fernández, F. "Comentario al art. 19.4" en *Legislación de Seguridad Privada*, Pamplona, 1999.

medios de comunicación. En el primero de los casos se estaría utilizando inconvenientemente el concepto jurídico de honor, puesto que se debería referir al derecho a la intimidad, tal y como se contempla en el 197.1 CP. En el segundo de los supuestos se debería haber utilizado el concepto de divulgación que ya está sancionado en el art. 3.3 LSP bajo el concepto jurídico de secreto profesional[87].

En cuanto a la referencia que se hace a los medios materiales o técnicos que atenten contra la intimidad se debe señalar que los ataques que se pueden realizar contra la intimidad deben quedar encuadrados dentro de lo que la doctrina ha venido a llamar "control audiovisual clandestino"[88]. Por tanto, esta referencia es superflua, dado que el CP en su art. 197.1 tipifica dichas acciones.

---

87 Además, nuestra jurisprudencia viene estableciendo la dificultad de sancionar un informe de detective bajo parámetros de vulneración del derecho al honor dado que éstos no se realizan para que tengan divulgación. Así, la STS de 1 Jul. 1992 señala que "los detectives privados, que en el ejercicio legítimo de su actividad de investigación privada, reconocida en la ley, dan cuenta al interesado del resultado de su trabajo, tiene que ser, en principio, ajenos a cualquier comportamiento delictivo, sobre todo en delitos, como sucede en los de calumnias e injurias, que son evidentemente tendenciales; es decir, en ellos ha de exigirse, por el camino culpabilístico, la existencia, como plataforma común a las dos modalidades, de un elemento subjetivo finalista, al requerirse, en ambos, el propósito de atentar al honor y a la fama del ofendido, que en el caso no concurre".

88 Por todos Morales Prats, Morales Prats, F. *La tutela penal de la intimidad: "Privacy e informática"*. Barcelona: Destino, 1984. Morales Prats, F. *El Derecho español de la protección de datos personales.* Madrid: Agencia de Protección de Datos, 1997. Morales Prats, F. *Protección de la intimidad: delitos e infracciones administrativas.* En: Cuadernos de Derecho Judicial, n.º 13, 1997.Morales Prats, F. *Los delitos contra la intimidad.* En: Jornadas sobre el nuevo Código Penal (Dir. Asúa Batarrita, A.). Bilbao: Servicio Editorial Universidad del País Vasco, 1998Morales Prats, F. *Delitos contra la intimidad (arts. 197.4bis y 203.2-3).* En: Estudio Crítico sobre el Anteproyecto de Reforma Penal de 2012 (Dirs. Álvarez García, Dopico Gómez Alier, Díez Ripollés). Valencia: 2013.Morales Prats, F. *Delitos contra la intimidad, el derecho a la propia imagen y la inviolabilidad del domicilio.* En: Comentarios al Código Penal Español. Pamplona: Thomson Reuters Aranzadi, 2016. Morales Prats, F. *Privacy y Reforma penal: La Propuesta de Anteproyecto de Nuevo Código Penal de 1983.* En: Documentación Jurídica, núm. 37/40, 1985.Morales Prats, F. *Presupposti politici-criminali per una protezione della privacy informatica in Spagna.* En: Rivista Il Diritto dell'informazione e dell'informatica, Italia, 1986.Morales Prats, F. *Servicios de información y espionaje del Estado y secreto de comunicaciones telefónicas.* En: Actualidad Jurídica Aranzadi, n.º 253, Año VI, 4 de julio de 1996. Morales Prats, F. *Los delitos contra la intimidad en el Código*

Si como medios materiales o técnicos que posibiliten una vulneración del derecho a la intimidad, se quiere aludir a los micrófonos debemos indicar que la jurisprudencia ha generalizado la validez de las grabaciones audiovisuales cuando éstas no se realizan en lugares privados[89]. Así pues, la jurisprudencia admite el uso de artificios técnicos para el control audiovisual si no es clandestino[90]. Por tanto, una vez más, se debe señalar que el aserto de este artículo tiene una formulación defectuosa que debía sustituirse por una remisión genérica al 197 CP.

Por último, debe indicarse que el uso de medios materiales o técnicos está correctamente usado en su referencia *in fine*, esto es, la relativa al control de las comunicaciones, pero no lo está en relación con la propia imagen. En este último sentido, la STC 117/1994, de 25 abril señala que *"el derecho a la propia imagen -art. 18.1 CE- forma parte de los derechos de la personalidad y como tal garantiza el ámbito de libertad de una persona respecto de sus atributos más característicos, propios e inmediatos, como son la imagen física, la voz o el nombre. En este sentido, si el derecho a la intimidad limita la intervención de otras personas y de los poderes públicos en la vida privada, tal intervención que en el derecho a la propia imagen puede manifestarse tanto respecto de la observación y captación de la imagen y sus manifestaciones como de la difusión o divulgación posterior de lo captado, sin perjuicio de las salvedades que puedan tener lugar en relación con las imágenes captadas en público, especialmente las de personajes públicos o de notoriedad profesional, cuando aquellos derechos colisionen con los del art. 20.1 d) y 4 CE, puesto que el relativo a la imagen forma parte de aquéllos, éste es irrenunciable en su núcleo esencial y por ello, aunque se permita autorizar su captación o divulgación, será siempre con carácter revocable".*

Penal de 1995: reflexiones político-criminales. En: Estudios de Derecho Judicial, n.º 2, 1996.Morales Prats, F. *La protección penal de la intimidad frente al uso ilícito de la informática en el CP de 1995.* En: Delitos contra la libertad y seguridad (Dir. Terradillos, J. M.). Madrid: Consejo General del Poder Judicial, 1996.

89 Así, la STS 5 junio 1994 "ni la grabación por vídeo de la imagen y el sonido en lugares cerrados o reservados a la intimidad, ni la grabación obtenida por colocación de micrófonos u otros artificios ocultos, han accedido a los Tribunales o han sido sancionadas con su validez".

90 Así, por ejemplo, el derecho a la intimidad "en la empresa hay que entenderlo limitado a sus lugares de descanso o esparcimiento, vestuarios, servicios y otros análogos (...); debiendo añadirse a ello que la instalación de los micrófonos (...) añaden un plus de seguridad (...)" y no producen vulneración del derecho fundamental a la intimidad personal de los trabajadores.

EL DERECHO AL HONOR

El honor es un derecho fundamental protegido por el ordenamiento jurídico español. Su vulneración puede dar lugar a responsabilidad civil o penal, lo que convierte su preservación en un aspecto clave para la obtención de pruebas por parte de los detectives privados. En este capítulo, analizaremos el concepto de honor, su protección legal y los límites que los detectives deben respetar en el ejercicio de sus funciones.

En este sentido, el derecho al honor entendido como un derecho que ampara la buena reputación de una persona, protegiéndola frente a mensajes o expresiones que puedan hacerla desmerecer en su consideración ajena (STC 105/1990). Aparentemente, como señala Ridaura[91], "no sería inverosímil que en el marco de una investigación privada se obtuvieran y difundieran datos que pudieran dañar el honor, tanto de personas físicas como de personas jurídicas; pues también a estas últimas se les ha venido reconociendo por la doctrina constitucional la titularidad del derecho en cuestión". Sin embargo, únicamente se conculcaría el derecho al honor se estos se difundieran en un ámbito que no fuese el procedimiento judicial.

El honor se define como la dignidad y buena reputación de una persona en el ámbito social y profesional. Su protección se fundamenta en:

- Artículo 18.1 de la Constitución Española: "Se garantiza el derecho al honor, a la intimidad personal y familiar y a la propia imagen."
- Ley Orgánica 1/1982, de 5 de mayo, sobre protección civil del derecho al honor, a la intimidad personal y familiar y a la propia imagen.
- Código Penal (arts. 205-216), que tipifica delitos contra el honor, como la calumnia y la injuria.

En el ámbito de la investigación privada, este derecho entra en conflicto con la obtención de información que pueda ser relevante para un procedimiento judicial. Por ello, es clave conocer qué prácticas son legítimas y cuáles vulneran este derecho.

Los detectives privados deben respetar estrictamente la normativa que protege el honor de las personas investigadas. La captación de información no puede menoscabar la dignidad o reputación de un individuo sin

---

91 Ridaura Martínez, M. J. (2021). Los derechos fundamentales como límites en el marco de la investigación privada. *Teoría y Realidad Constitucional*, (47), 129–159.

justificación legal. Según el artículo 102 del Real Decreto 2364/1994, los detectives no pueden emplear métodos que atenten contra:

- El derecho al honor: Evitando la difamación o el uso indebido de información personal.
- La intimidad personal y familiar: No accediendo a información privada sin autorización.
- La propia imagen: No divulgando imágenes sin el consentimiento expreso, salvo excepciones legales.

EL USO DE IMÁGENES EN LOS INFORMES DE INVESTIGACIÓN PRIVADA Y EL DERECHO A LA PROPIA IMAGEN

La jurisprudencia ha reconocido como medios probatorios las cintas magnéticas, vídeos y cualquier otro mecanismo de reproducción de imágenes y sonidos. Actualmente, el artículo 382 de la Ley 1/2000, de 7 de enero, de Enjuiciamiento Civil, regula la reproducción de imágenes y sonidos como medios de prueba. Asimismo, el artículo 299.2 de esta ley también reconoce estos medios probatorios.

La obtención de estos medios de prueba es lícita siempre que se realice dentro de los límites del derecho y sin vulnerar derechos fundamentales. El artículo 102 del Real Decreto 2364/1994 establece como límite a la actuación de los detectives privados que *"en ningún caso podrán utilizar para sus investigaciones medios personales o técnicos que atenten contra el derecho al honor, intimidad personal o familiar, a la propia imagen o al secreto de las comunicaciones."*

En este sentido, la Sentencia del Tribunal Supremo (STS) 622/2004, de 2 de julio de 2004, estableció que la captación de imágenes en lugares públicos no constituye una vulneración del derecho a la imagen, salvo que implique reproducción o difusión no autorizada. La jurisprudencia ha sostenido que las excepciones previstas en el artículo 8.2 de la Ley Orgánica 1/1982 no son limitativas, sino que pueden aplicarse otros supuestos en función de las circunstancias del caso (*STS 28 de diciembre de 1996 y STS 25 de septiembre de 1998*). En idéntico sentido, la STS 197/2007, estudia un caso en el que una persona demanda a un detective ya que su imagen fue captada sin su consentimiento en un video grabado y aportado en un informe de investigación privada. La grabación tenía como objetivo servir de prueba en un procedimiento judicial y mostraba a otra persona investigada, apareciendo el demandante de manera incidental. Tanto el Juzgado de Primera Instancia como la Audiencia Provincial desestimaron la demanda, argumentando que la grabación no constituía una intromisión ilegítima, ya que fue realizada en un espacio público y para su uso judicial.

El derecho a la propia imagen tiene dos vertientes fundamentales:

- **Derecho a ser uno mismo** (identidad personal).
- **Derecho a controlar el uso de la propia imagen** (evitar captación, reproducción o publicación sin consentimiento).

Los detectives privados, en el ejercicio de su labor, pueden verse involucrados en casos donde este derecho entre en conflicto con su función de investigación. En general, su actividad se centra en la segunda vertiente del derecho a la propia imagen, especialmente en investigaciones sobre fraudes laborales o de seguros. El TEDH (Sentencia del Tribunal Europeo de Derechos Humanos (TEDH)–Caso de la Flor Cabrera vs. España (27 de mayo de 2014)) estableció que la grabación de un individuo en vía pública por parte de un detective privado no constituye una injerencia ilegítima en su derecho a la propia imagen, intimidad u honor, dado que se realizó en un espacio público y se utilizó exclusivamente como prueba judicial y no existía riesgo de difusión posterior.

El Tribunal Supremo reconoció en la STS 236/2008 que las imágenes obtenidas en redes sociales abiertas al público pueden ser usadas como prueba en procedimientos judiciales, sin necesidad de autorización judicial, dado que publicar imágenes en redes sociales accesibles a terceros equivale a renunciar implícitamente a su reserva. En este sentido, se pueden utilizar para demostrar incumplimientos laborales, como fraudes en bajas médicas.

Si bien los detectives pueden captar imágenes en lugares públicos, deben respetar ciertos límites:

- No pueden grabar en espacios privados sin autorización.
- No pueden difundir imágenes obtenidas sin justificación legal.
- El uso de imágenes debe estar debidamente justificado en un proceso judicial.

La jurisprudencia reconoce que la protección del derecho a la propia imagen no es absoluta y puede ceder cuando existen intereses legítimos en juego, como la detección de fraudes o la protección de derechos contractuales.

REGULACIÓN DE LAS INTROMISIONES ILEGÍTIMAS

El artículo 7 de la Ley Orgánica 1/1982, modificado por la Ley Orgánica 5/2010, establece una serie de conductas que constituyen intromisiones ilegítimas en el derecho al honor, la intimidad y la propia imagen. Entre ellas, destacan:

1. **Emplazamiento de dispositivos de grabación** en cualquier lugar con el fin de registrar la vida íntima de una persona.
2. **Utilización de medios de escucha o grabación** para conocer la vida privada de una persona sin su consentimiento.
3. **Divulgación de hechos privados** que afecten la reputación y buen nombre de una persona.
4. **Revelación de datos privados obtenidos en el ejercicio profesional** sin autorización.
5. **Captación o publicación de imágenes de una persona en su vida privada**, salvo las excepciones legales.
6. **Uso del nombre, voz o imagen de una persona con fines comerciales** sin su consentimiento.
7. **Manifestaciones o imputaciones de hechos que menoscaben la dignidad de una persona**.
8. **Uso de información sobre delitos de un condenado con fines lucrativos**, afectando la dignidad de las víctimas.

La regulación busca garantizar que la investigación privada no derive en prácticas que vulneren los derechos fundamentales de los ciudadanos. Se comprueba así, una vez más, que el uso de medios materiales atentarían a la privacy, no al honor, que se circunscribe a la divulgación de la información.

PROTECCIÓN DEL HONOR CON RELACIÓN AL INFORME DEL DETECTIVE PRIVADO

La grabación de imágenes y sonidos por parte de un detective privado que participa en una conversación no vulnera ningún derecho fundamental, según lo establecido por la jurisprudencia. Como se analizará en los siguientes capítulos, cuando el detective graba lo que él mismo conversa con terceros, puede presentar esta grabación como medio de prueba en un proceso judicial. Sin embargo, aunque esta grabación no afecta a la intimidad, sí puede incidir en el derecho al honor.

Si bien la legislación penal otorga una amplia protección al honor (tanto en su dimensión objetiva, en términos de reputación, como en su dimensión subjetiva, en términos de autoestima), mediante la tipificación de los delitos de injuria y calumnia, el Tribunal Constitucional ha establecido en varias sentencias (SSTC 159/86, 107/88, 51/89, 20/90, 15/93 y 336/93, entre otras) que las libertades de expresión e información pueden influir en la interpretación de estos delitos cuando la conducta en cuestión se enmarca en el ejercicio de estos derechos. Como señala la STC 136/94:

> *"El reconocimiento de las libertades de expresión y de información ha matizado la problemática de los delitos contra el honor en aquellos supuestos en que la conducta que incide en este derecho haya sido realizada en ejercicio de dichas libertades, pues la dimensión constitucional del conflicto convierte en insuficiente el criterio subjetivo del animus injuriandi tradicionalmente utilizado por la jurisprudencia penal para el enjuiciamiento de este tipo de delitos."*

El delito de calumnia (art. 205 CP) se define como la imputación falsa de infracciones penales. En cambio, el delito de injuria (art. 208 CP) consiste en acciones o expresiones que lesionan la dignidad de una persona, menoscabando su fama o atentando contra su autoestima.

En ambos casos, para que se configure el delito, es necesario que las calumnias o injurias sean difundidas ante una colectividad de personas, agravándose la pena cuando se difunden a través de medios de comunicación.

Nuestra jurisprudencia ha establecido la dificultad de considerar un informe de detective como una vulneración del derecho al honor, dado que estos informes no están destinados a ser divulgados públicamente y son emitidos en un contexto confidencial y reservado entre el detective y su cliente. Por tanto, no existe una proyección externa que pueda afectar el honor de terceros. En este sentido, la STS de 1 de julio de 1992 señala que:

> *"Los detectives privados, que en el ejercicio legítimo de su actividad de investigación privada, reconocida en la ley, dan cuenta al interesado del resultado de su trabajo, tienen que ser, en principio, ajenos a cualquier comportamiento delictivo, sobre todo en delitos, como sucede en los de calumnias e injurias, que son evidentemente tendenciales; es decir, en ellos ha de exigirse, por el camino culpabilístico, la existencia, como plataforma común a las dos modalidades, de un elemento subjetivo finalista, al requerirse, en ambos, el propósito de atentar al honor y a la fama del ofendido, que en el caso no concurre."*

En la misma línea, la jurisprudencia del Tribunal Supremo ha exigido la existencia de divulgación pública para considerar que existe un ataque o intromisión ilegítima contra el honor (SSTS 18 jul. 1989, 11 oct. 1990, 2 mar. 1991 y 9 jul. 1992, entre otras).

Un elemento clave en la defensa del trabajo de los detectives privados es la veracidad de la información contenida en sus informes. Estos documentos deben reflejar hechos reales y verificables, lo que actúa como un límite interno a la posibilidad de imputarles delitos contra el honor.

Por tanto, salvo que un detective haga público un informe fuera del ámbito de su cliente o de un proceso judicial, no se configuran los elementos objetivos y subjetivos de los delitos de calumnia o injuria. La publicidad formal en un procedimiento judicial no es suficiente para considerar que existe un ataque al honor.

La normativa y la jurisprudencia han consolidado el criterio de que los informes de detectives privados, al estar sujetos a confidencialidad, no constituyen una vulneración del honor salvo que sean divulgados de manera indebida. La existencia de límites legales en la obtención y uso de información garantiza que la investigación privada pueda desarrollarse sin menoscabar los derechos fundamentales de los ciudadanos.

Tanto es así que salvo en los casos de revelación de la información de lo contenido en un informe no se puede perseguir por vulneración del derecho al honor. Conforme ha establecido la doctrina[92] y el Tribunal Constitucional en su STC 96/1987, de 10 de junio la publicidad del proceso es una garantía que tiene una doble finalidad: *"Por un lado, proteger a las partes de una justicia substraída al control público, y por otro, mantener la confianza de la comunidad en los Tribunales, constituyendo en ambos sentidos tal principio una de las bases del debido proceso y uno de los pilares del Estado de Derecho. En los mismos términos se encuentra reconocido el derecho a un proceso público en el art. 6.1 del Convenio Europeo de Derechos Humanos, habiendo sostenido al respecto el Tribunal Europeo de Derechos Humanos, que la publicidad del procedimiento de los órganos judiciales, protege a las partes contra una justicia secreta que escape al control público, por lo que constituye uno de los medios de preservar la confianza en los Jueces y Tribunales (Sentencia en el caso "Pretto y otros", de 8 de diciembre de 1983); de acuerdo con ello, la publicidad del proceso ocupa una posición institucional en el Estado de Derecho que la convierte en una de las condiciones de la legitimidad constitucional de la administración de justicia".*

---

92 Por todos, Amer Martín, A., "La publicidad de las actuaciones judiciales", recuperado en https://noticias.juridicas.com/conocimiento/articulos-doctrinales/11742-la-publicidad-de-las-actuaciones-judiciales/

Sin embargo, se trata de una publicidad meramente formal y no material. Por ello, toda la jurisprudencia analizada a lo largo de este manual, se establece que los informes de investigación no tienen un carácter público dado que no se divulgar. Por todas, la SAP de Barcelona SAP Barcelona, 6 de abril de 2017 que indica:

> *"En dichos informes y fotogramas se puede apreciar que las imágenes fueron tomadas en espacios públicos, en la vía pública, en las cercanías de la puerta del almacén de (...), en seguimientos a vehículos, en el aparcamiento de una gasolinera y las personas que aparecen en las mismas no están realizando actividad alguna que pueda considerarse perteneciente a su intimidad personal ni familiar, no son atentatorias contra su honor, no han sido objeto de difusión pública, pues el destino de la grabación en DVD fue su entrega al cliente de la agencia de detectives, cliente con un claro interés legítimo en la investigación, como exige el art. 48-2 de la actual Ley 5/2.014 de Seguridad Privada, y posteriormente entregada a la Policía, ante los indicios de que la investigación privada podía referirse a delitos de persecución pública; lo que lleva a concluir que en la obtención de la prueba videográfica fue respetada la obligación de reserva- profesional a la que se refiere el art. 50 de la actual Ley de Seguridad Privada".*

Por todo lo anterior, se debe concluir que si no existe divulgación difícilmente se conculcará derecho al honor alguno. En este sentido, existen dos causas judiciales en las que se condena por vulneración del derecho al honor. En la primera se condena a un detective que realizó un libro sobre sus investigaciones (STS 429/2020) y en la segunda a una televisión que publicitó informaciones obtenidas de un informe de investigación privada (STS 388/2015).

En el primero de los casos, la STS 429/2020, 15 de Julio de 2020 condena civilmente a un detective por faltar a la verdad en las supuestas investigaciones que llevó a un libro y fue, precisamente, esa publicidad material lo que permitió su condena. En el segundo, la STS 388/2015 de 29 de junio de 2015, a un programa de televisión en el que se incluyeron imágenes y referencias al demandante -que permitieron su identificación por conocidos, amigos y familiares-, procediendo las imágenes de la grabación realizada en su día un detective en las que se le podía ver participando en una competición de natación, y que fueron emitidas acompañadas de textos en los que se implicaba al demandante en actuaciones fraudulentas («cojos que corren como gacelas», «son estafadores que aprovechan un accidente para exagerar», «exigen a las compañías de seguros indemnizaciones millonarias por unas secuelas que no padecen», «profesionales del timo que han sido cazados in fraganti por los detectives que trabajan para las aseguradoras»).

El vídeo del detective había pasado los filtros judiciales y fue admitido como prueba en el proceso de reclamación económica a la aseguradora. Sin embargo, cuando fue emitido en televisión la cosa cambió. El programa se defendió alegando que *"se ofreció una información de evidente interés general, que las inexactitudes no esenciales no son óbice para que prevalezca la libertad de información, que debió darse un tratamiento independiente a cada noticia referida al demandante y no deducir su falta de veracidad por el contexto general, y, fundamentalmente, que la parte o el núcleo esencial de la información referida al demandante fue veraz. El motivo segundo, fundado también en infracción del art. 20 de la Constitución , impugna la apreciación de la intromisión ilegítima en el derecho a la propia imagen, alegándose que el rostro del demandante aparecía pixelado, lo que impedía su reconocimiento. Se alega al respecto que el derecho a la propia imagen debió ser analizado como derecho independiente y autónomo respecto del derecho al honor, y que en la afectación de la propia imagen como derecho fundamental constituye un presupuesto la «recognoscibilidad», esto es, que la persona pueda ser identificada, lo que no pudo suceder en este caso por aparecer la imagen del Sr. Rafael pixelada, de modo que el demandante no podía ser reconocido salvo por su círculo más íntimo*". El Tribunal condenó al programa de televisión a indemnizar al reclamante por vulneración de su honor y su propia imagen al ser reconocido.

En caso contrario, cabe estudiar con profusión la STS 1194/2024, 24 de septiembre de 2024. En este caso un detective grabó a un abogado en una conversación en un restaurante de Madrid, donde el abogado hablaba sobre sobornos a jueces y corrupción en Panamá. Un periódico publicó un artículo basado en esta grabación, incluyendo una transcripción y una fotografía del abogado, que demandó al medio y a sus periodistas, alegando vulneración de sus derechos al honor, intimidad y propia imagen, y reclamando indemnización y retirada de la información. La Sala no se plantea la vulneración del derecho al honor del demandante y el recurso solo contiene alguna referencia al derecho a la propia imagen en el desarrollo de alguno de los motivos, lo que resulta incongruente con su encabezamiento, que es donde debe precisarse la vulneración legal que se denuncia y en el que, como se ha dicho, se denuncia exclusivamente la vulneración del derecho a la intimidad personal. Indica el tribunal:

> *"A diferencia de otros litigios en los que la utilización de una cámara oculta se había realizado por el periodista y había dado lugar a la emisión y comunicación pública, en un canal de televisión, de la grabación audiovisual obtenida por el periodista mediante esa técnica subrepticia, en el presente caso lo acontecido es que un periódico ha publicado la transcripción de la conversación mantenida con el demandante por un detective, en el restaurante de un lujoso hotel de Madrid, así como una fotografía que captó la*

imagen del demandante en el lugar donde se produjo su conversación con el detective, obtenida por este. El medio de comunicación recibió la grabación de audio y la fotografía y la periodista demandada la utilizó para la redacción del artículo periodístico, pero no consta (ni fue alegado en la demanda) que los demandados ordenaran, promovieran o provocaran la entrevista y su grabación. La periodista, una vez que recibió la grabación y la fotografía, realizó actuaciones encaminadas a contrastar su veracidad y recabó del demandante, que declinó hacer declaración alguna, su versión de los hechos. No publicó la grabación, esta solo sirvió para la redacción del artículo; a un resultado similar podría haberse llegado si la periodista hubiera utilizado el relato de la persona que se entrevistó con el demandante, si bien con el riesgo de incurrir en inexactitudes o errores y de carecer de un soporte acreditativo de la veracidad de la información.

Por tanto, como acertadamente argumentan los recurridos y el Ministerio Fiscal, no es directamente aplicable la jurisprudencia constitucional sobre la utilización periodística de la técnica de la cámara oculta. Indica el Alto Tribunal

"El Tribunal Constitucional ha declarado que "[q]uien graba una conversación de otros atenta, independientemente de toda otra consideración, al derecho reconocido en el art. 18.3 de la Constitución; por el contrario, quien graba una conversación con otro no incurre, por este solo hecho, en conducta contraria al precepto constitucional citado" (SSTC 114/1984, de 29 de noviembre, y 56/2003, de 24 de marzo). Por tanto, la grabación por parte del detective de la conversación que mantuvo con el demandante no es ilícita; en consecuencia, no puede considerarse que el medio de comunicación publicara la transcripción de una grabación obtenida ilícitamente, lo que hace innecesario entrar siquiera en la cuestión de si la ilicitud de la obtención de la información por parte de un tercero alcanza a la actuación del informador al que se hace llegar tal información y que, tras contrastar la veracidad de la información, procede a su difusión, cuestión que ha sido resuelta en sentido negativo por el Tribunal Constitucional cuando se trata de información obtenida de un procedimiento penal protegido por el secreto sumarial (STC 54/2004, de 15 de abril).

Tampoco puede considerarse que el contenido de la conversación y las circunstancias en que fue grabada vulneren el derecho a la intimidad del demandante. El derecho a la intimidad personal garantizado por el art. 18.1 de la Constitución, en cuanto derivación de la dignidad de la persona reconocida en el art. 10.1 de la Constitución, implica "la existencia de un ámbito propio y reservado frente a la acción y el conocimiento de los demás, necesario, según las pautas de nuestra cultura para mantener una calidad mínima de la vida humana". Pero el contenido de la conversación grabada por la agencia de detectives y reproducida por el periódico no versó sobre cuestiones íntimas y reservadas, ni siquiera sobre las propias de la relación profesional del abogado y su cliente, sino sobre el ofrecimiento por el demandante de una actuación delictiva (la compra de jueces, políticos y funcionarios de Panamá), excluida por tanto del secreto profesional del abogado en tanto que no podía considerarse como propia de la profesión de abogado.

La alegación de que la conversación se produjo en un "reducto reservado" en el que el demandante tenía la expectativa razonable de no ser escuchado u observado por terceras personas resulta irrelevante. No es una tercera persona ajena a la conversación la que se la grabó sino uno de los intervinientes en la conversación. Resulta absurdo pretender que en una conversación uno de los intervinientes tenga la expectativa razonable de no ser observado o escuchado por su interlocutor.

Tampoco puede sostenerse la ilicitud de la conducta del profesional del periodismo que informa sobre un caso de corrupción porque ha conseguido, por habérsela hecho llegar un tercero, información proporcionada por un implicado en la conducta corrupta, en que esa persona tenía la expectativa de que sus manifestaciones no se hicieran públicas y permanecieran en su ámbito de reserva e intimidad. Ningún implicado en una conducta ilícita y, en concreto, en un caso de corrupción, desea que su conducta se haga pública, pero el periodista tiene la función de informar a la opinión pública sobre tal conducta cuando obtiene información sobre la misma y su actuación está amparada por el legítimo ejercicio de la libertad de información protegida por el art. 20.1.d) de la Constitución.

La información gráfica consistente en la reproducción de la imagen del demandante, fotografiado en el restaurante donde se produjo la entrevista, sirve de complemento a la información escrita que versa sobre la conversación que en dicho restaurante mantuvo el demandante con el detective que se hizo pasar por una persona interesada en los servicios del demandante, no como abogado, sino como corruptor de jueces, políticos y funcionarios.

El artículo periodístico versó sobre una cuestión de indudable interés público, la corrupción de jueces, políticos y funcionarios públicos en un país latinoamericano que suele ocupar los titulares de la prensa española como sede de sociedades off shore utilizadas para la evasión fiscal por ciudadanos y empresas españolas. Es constante la jurisprudencia de esta sala que declara que la información sobre casos de corrupción goza de relevancia pública (Sentencia 252/2019, de 7 de mayo, y las que en ella se citan). El demandante, en tanto que persona directamente involucrada en la cuestión de interés general objeto del artículo periodístico, gozaba de relevancia pública, siquiera fuera sobrevenida (STC 76/1995, de 22 de mayo, y sentencias de esta sala 294/2024, de 4 de marzo, 507/2024, de 15 de abril, y 959/2024, de 8 de julio).

La información es veraz pues en su demanda el hoy recurrente no cuestionó la veracidad de la conversación reproducida en el artículo ni negó que la fotografía fuera captada en el restaurante donde se produjo la entrevista. Teniendo en cuenta lo anterior, que el artículo incluyera la imagen del demandante en el lugar en el que se produjo la entrevista "ha de considerarse amparado por la libertad de información por cuanto que se trataba de una información gráfica que tenía una relación suficiente y adecuada con los hechos noticiables, cuya veracidad e interés general es incontrovertible" (sentencia de esta sala 1353/2023, de 3 de octubre; en el mismo sentido, sentencia 484/2024, de 10 de abril). La publicación de la fotografía por parte del medio informativo demandado servía para corroborar la realidad de la presencia del demandante en el restaurante del lujoso hotel de Madrid donde mantuvo la conversación con el detective, por lo que estaba dirigida a satisfacer el derecho a comunicación de información veraz del medio periodístico y de sus lectores.

Por otra parte, quien realizó la fotografía de modo subrepticio (que no fue la periodista demandada sino un tercero que posteriormente se la hizo llegar) no tenía razonablemente otro medio de obtener la imagen del demandante en el lugar de la entrevista que sirviera de confirmación de la presencia del demandante en el restaurante en que se produjo la conversación.

En consecuencia, se trata de una afectación del derecho a la propia imagen que se revela como necesaria para lograr un fin constitucionalmente legítimo y proporcionada para alcanzarlo, sin que se revele la existencia de un modo de afectación de los derechos del demandante más leve que permita la comunicación pública de información veraz sobre una cuestión de interés general".

En definitiva, concluye el tribunal, debe prevalecer el derecho a comunicar libremente información veraz ejercitado por los demandados dada la especial posición que ostenta tal derecho en nuestro ordenamiento pues no solo protege un interés individual sino que su tutela entraña el reconocimiento y garantía de la posibilidad de existencia de una opinión pública libre, indisolublemente unida al pluralismo político propio del Estado democrático (SSTC 58/2018, de 4 de junio, 68/2008, de 23 de junio, y 25/2019, de 25 de febrero).

Por último, debemos afirmar que cuando las imágenes se utilizan como medio de prueba ante un juez no se vulnera ni el honor ni la propia imagen. El caso "De La Flor Cabrera c. España" ante el Tribunal Europeo de Derechos Humanos aborda la cuestión de la captación y uso de imágenes sin consentimiento en procedimientos judiciales. El demandante, tras sufrir un accidente de tráfico, inició una demanda civil por daños y perjuicios contra el conductor implicado y su aseguradora, alegando secuelas psicológicas que le impedían conducir. La aseguradora, para refutar estas afirmaciones, presentó videos grabados por detectives privados que mostraban al demandante conduciendo una motocicleta en espacios públicos, sin su conocimiento. Los tribunales españoles admitieron estas pruebas y redujeron la indemnización solicitada. Paralelamente, el demandante inició una acción civil por vulneración de su derecho a la vida privada y a la propia imagen, que fue desestimada en todas las instancias nacionales. Finalmente, el Tribunal Europeo concluyó que no hubo violación del artículo 8 del Convenio Europeo de Derechos Humanos, considerando que la captación de las imágenes perseguía un objetivo legítimo y no constituía una injerencia desproporcionada en la vida privada del demandante.

El TEDH señala que el presente caso no trata de la difusión de imágenes relativas a la vida cotidiana del demandante, sino exclusivamente de la toma y la posterior utilización de tales imágenes como medio de prueba en el marco de un proceso civil (ver de contrario, Sciacca c. Italia (nº 50774/99, TEDH 2005-I). Asimismo, las imágenes litigiosas no estaban destinadas a ser publicadas (ver de contrario, Peck c. Reino Unido, nº 44647/98, § 9, TEDH 2003-I), no habiendo sido realizada su toma de una manera sistemática o permanente (ver, de contrario, Rotaru c. Rumania [GC], nº 28341/95, § 43-44, TEDH 2000-V). El TEDH examina la cuestión de saber si, en ausencia de difusión de las imágenes litigiosas, ha habido o no vulneración del derecho a la protección de la vida privada del demandante (ver mutatis mutandis Reklos y Davourlis c. Grecia, nº 1234/05, § 38, 15 de enero de 2009).

El TEDH no ve ninguna razón válida para alejarse del enfoque de los Tribunales nacionales. En efecto constata que las imágenes litigiosas han sido tomadas cuando el demandante se libraba a una actividad susceptible de ser grabada, en esta ocasión la conducción de una moto para desplazarse por la vía pública. Además, las imágenes fueron utilizadas exclusivamente como medio de prueba ante un Juez. No había por tanto ningún riesgo de explotación posterior.

El TEDH señala por otra parte que las imágenes del demandante han sido filmadas por una agencia de detectives privados que respetaba el conjunto de las exigencias legales previstas en el derecho interno para este tipo de actividad: la agencia en cuestión estaba debidamente habilitada por el Estado e inscrita como tal en un registro administrativo, y la toma de imágenes en aras de su utilización en el marco de un proceso estaba prevista por el artículo 265 de la ley de Enjuiciamiento Civil.

En cuanto al objetivo perseguido por la utilización del video, el TEDH juzga razonable considerar que las imágenes grabadas tenían la intención de contribuir de manera legítima al debate judicial, con el fin de permitir al asegurador poner a disposición del Juez el conjunto de los elementos pertinentes. En efecto las imágenes litigiosas contradecían las afirmaciones del demandante según las cuales había quedado incapacitado, a raíz de su accidente, para conducir vehículos a motor. En la medida en que su solicitud de indemnización estaba fundada en esta incapacidad, era necesario, en opinión del TEDH de que todo elemento que probara lo contrario pudiera ser sometido al Juez. Y va en ello el interés público de garantizar a todo justiciable un proceso equitativo.

PUBLICIDAD FORMAL Y PUBLICIDAD MATERIAL DE LOS PROCEDIMIENTOS JUDICIALES

Los procedimientos judiciales son, per se, públicos. Considerada por la doctrina como un principio consecuencia del de la oralidad, el de publicidad, ha ido adquiriendo en los últimos años, y es de prever que tenga una mayor relevancia en el derecho procesal penal tanto como principio que inspira varios de sus actos, como uno de los medios que garantiza la legítima defensa del acusado o, a contrario sensu, cuya ausencia la afecta sensiblemente[93].

Sin embargo, esta publicidad procesal no se aplica a la investigación privada que ha venido considerando siempre que la aportación de los informes de detectives privados al proceso no supone una publicidad material de los mismos sino uno de los elementos que conforman la publicidad formal o procesal.

En este sentido el objeto del recurso de la STS 196/2007 de 22 de febrero, versa sobre la protección del derecho a la imagen contra una supuesta intromisión ilegítima. Se circunscribe a determinar si el derecho a la imagen del actor ha sufrido un atentado constitucionalmente intolerable como consecuencia de haber aparecido su imagen, tomada cuando se hallaba en la vía pública, en un vídeo que, con fines exclusivamente de prueba en un proceso judicial, fue realizado por detectives privados que hacían el seguimiento a un tercero, cuyo vídeo sólo fue visionado por el Tribunal y las partes del proceso, sin que se hubiera difundido para el conocimiento general, ni contuviera ningún elemento de desdoro para el interesado.

Señala el Alto Tribunal que:

> *"Hay que tener en cuenta las singulares circunstancias concurrentes en la grabación y visionado del caso. Aquélla se hizo en horas de día, en lugar público, en relación con otra persona distinta del actor y con la finalidad de obtener una prueba, por lo demás lícita, para un proceso laboral; la aparición en la grabación del demandante, además de accesoria, es meramente accidental -casual-; no existe ninguna circunstancia de desmerecimiento para el Sr. Fermín ; la grabación se efectuó por profesionales sujetos a un control legal; el visionado tuvo lugar en la sede de un tribunal y a los efectos de un proceso; y no existe ninguna circunstancia que pueda hacer suponer una posible utilización futura de la grabación, fuera del estricto ámbito para el que se efectuó. Por lo tanto concurren circunstancias que justifican que*

---

93 Pose Roselló, Y.: *Principio de Publicidad en el proceso penal*, en Contribuciones a las Ciencias Sociales, julio 2011, www.eumed.net/rev/cccss/13/

> *no se aprecie intromisión ilegítima en el derecho personal a la propia imagen, tanto en relación con la grabación como el visionado, por lo que no se ha producido infracción del art. 18.1 CE, en relación con los preceptos de la LO 1/1.982, de 5 de mayo, alegados en el motivo"*

El Tribunal desestima el recurso fundamentándose en la propia sentencia objeto del recurso: hace especial hincapié en la accesoriedad y accidentalidad de la aparición de la imagen del actor en la grabación; la limitación del ámbito de reproducción; la finalidad de la misma (proceso laboral), a cuyo ámbito, y rodeado de las garantías procesales y constitucionales que le acompañan y son propias, se circunscribió la utilización, sin que aceptar como fundamento del amparo legal pedido, usos o destinos presuntos y futuribles, que permanecen exclusivamente en el plano potencial, pero no real; y en que ningún aspecto de la imagen del actor aparece dañado, pues la presencia del mismo, además de no constituir el objeto de la grabación, no lo fue en circunstancias distintas de la vida social normal, vía pública, ni en la realización de actos especiales que puedan comprometer derechos o intereses del actor. Y, como apoyo jurídico básico, se refiere el juzgador "a quo", que como consecuencia de la contraposición del derecho a la propia imagen con el de utilización de todo tipo de medios probatorios lícitamente obtenidos en un proceso judicial, que también tiene rango fundamental al hallarse recogido en el art. 24.2 CE, el primero queda muy relativizado, y exige examinar en el caso cual haya de ser el preponderante, inclinándose por el segundo habida cuenta que no ha existido daño para la imagen. Y, por otra parte, también se refiere la sentencia recurrida, como razón desestimatoria de la pretensión actora a que el ejercicio del derecho a la propia imagen se encuentra sometido a las exigencias de la buena fe, vedándose el uso abusivo, o ejercicio antisocial, de conformidad con el art. 7° CC .

CONCLUSIONES

El análisis desarrollado en este capítulo nos permite reafirmar que la actividad de los detectives privados está estrictamente regulada para garantizar el respeto a los derechos fundamentales, en particular el honor, la intimidad, la propia imagen y el secreto de las comunicaciones. La normativa vigente, encabezada por la Ley de Seguridad Privada y desarrollada en el Código Penal y la jurisprudencia constitucional y europea, establece límites precisos en el uso de medios materiales y técnicos dentro de las investigaciones privadas.

En primer lugar, la prohibición de métodos que vulneren derechos fundamentales responde a un marco legal que busca equilibrar la obtención de pruebas con el respeto a la dignidad y privacidad de las personas investigadas. Como se ha señalado, el artículo 48.3 de la LSP impone restricciones que impiden la invasión de espacios privados y la captación de información mediante métodos ilícitos. Sin embargo, la jurisprudencia ha reconocido la licitud de la obtención de pruebas en espacios públicos y su utilización en procesos judiciales, siempre que no haya una divulgación indebida que menoscabe la reputación o dignidad de las personas afectadas.

Respecto al derecho al honor, se ha evidenciado que este concepto abarca la buena reputación de una persona tanto en su esfera privada como en su dimensión social y profesional. La normativa penal y civil protege este derecho, sancionando las conductas difamatorias y asegurando que la obtención de información en el marco de investigaciones privadas no derive en vulneraciones injustificadas. La doctrina jurisprudencial ha reforzado esta protección, como se observó en la STS 388/2015, donde la emisión televisiva de un informe de detective privado sin autorización afectó la dignidad del afectado.

En relación con la propia imagen, hemos constatado que, si bien el derecho a controlar la captación y difusión de la imagen personal es un principio fundamental, no es absoluto. La jurisprudencia ha establecido excepciones cuando la captación de imágenes se produce en espacios públicos y cuando su uso está justificado en un proceso judicial, como lo ratificó el TEDH en el caso *De La Flor Cabrera c. España*. No obstante, cualquier uso indebido o divulgación no autorizada puede ser sancionado por los tribunales.

Finalmente, el análisis de la regulación de las intromisiones ilegítimas confirma la existencia de un marco normativo robusto que sanciona la captación, uso y divulgación de información obtenida mediante métodos que atenten contra la privacidad y el honor de las personas. La jurisprudencia ha determinado que los detectives privados no incurren en delitos de calumnia o injuria si actúan dentro del marco legal y sus informes son utilizados únicamente en el contexto de un procedimiento judicial.

En definitiva, este capítulo ha permitido delinear los límites legales y doctrinales en la actividad del detective privado, subrayando la importancia de actuar conforme a derecho y respetando los derechos fundamentales de las personas investigadas. La función de los detectives se encuentra supeditada a una estricta regulación que, si bien permite la obtención de pruebas, impone restricciones claras para evitar cualquier abuso o vulneración de derechos.

Capítulo 9

Análisis jurídico de las grabaciones subrepticias realizadas por detectives privados

Actualmente, debido a los avances tecnológicos, es cada vez más frecuente que una de las partes en un procedimiento judicial posea una grabación con información relevante y tenga la intención de aportarla como prueba. Sin embargo, el uso de dichas grabaciones ha generado un amplio debate jurisprudencial sobre la posible vulneración de derechos fundamentales, como el derecho a la intimidad, el secreto de las comunicaciones y el derecho a no declararse culpable.

En este capítulo se analizarán los criterios que los tribunales han establecido y que determinan la validez de las grabaciones y los informes de detectives en el ámbito procesal, así como su impacto en derechos y libertades fundamentales.

Como se ha dicho, aunque la actividad de los detectives privados en España está regulada por la ley, la prueba de detectives no está explícitamente regulada en las normativas procesales. A pesar de ello, la jurisprudencia del Tribunal Supremo ha consolidado su validez dentro del proceso judicial, estableciendo criterios sobre su admisión y límites.

El TSJ de Cantabria, en su sentencia 1174/2022, analizó un caso en el que se impugnó la validez de un informe de detectives por supuesta vulneración del derecho a la intimidad y protección de datos. El tribunal destacó que la prueba de detectives (una grabación) puede ser lícita siempre que exista un interés legítimo y no haya otros medios menos invasivos para obtener la información.

Entre los aspectos clave de esta sentencia, se incluyen:

- Validez de la prueba de detectives en la obtención de pruebas difíciles de obtener por otros medios.
- Ratificación de los informes por parte del detective en sede judicial.

- Admisibilidad de imágenes o grabaciones, siempre que no vulneren el derecho a la intimidad de terceros no investigados.

En este sentido, la sentencia destaca:

> *"La prueba de detectives es una herramienta especialmente valiosa para acreditar ciertos datos, especialmente ocultos. Sin embargo, al igual que el resto de los medios de prueba, debe ser respetuosa con los derechos fundamentales. (...) Por otro lado, las manifestaciones de terceros, entre ellos, los informes de detectives privados, en el ámbito de la jurisdicción social, tiene naturaleza de prueba testifical impropia, que ha adquirido pleno valor procesal al haber sido ratificada en juicio por sus firmantes y cuya valoración queda a la libre apreciación del juzgador de instancia (por todas, STS de 15 octubre 2014, recurso 1654/2013)"*

En ese caso, empresa de detectives investigó si un empresario estaba o no jubilado. La sentencia da por probado que el investigado había seguido trabajando como arquitecto tras su jubilación. Este dato se deduce del informe de investigación aportado, junto con la grabación visionada, que da como probado la sentencia:

> *"No consta probado que, las grabaciones se efectuasen en el domicilio personal del Sr. Casiano . (...) De este modo, a la vista de los datos fácticos que obran, no es posible concluir que la prueba de detectives, o el video y las fotografías que la sustentan sea ilícita. Nada impide acreditar la no jubilación del empresario por cualquiera de los medios de prueba aceptados en derecho. Existe un interés legítimo para la investigación y no existen otros medios menos invasivos para la obtención de una información, que es difícil de obtener por un trabajador a través de otros medios probatorios, por lo que consta acreditada la necesidad.*
>
> *Además de lo anterior, la prueba videográfica no ha sido manipulada, simplemente se ha efectuado un resumen de una extensa grabación, cuyo contenido íntegro está aportado a las actuaciones (USB) y el informe y la grabación ha sido ratificado personalmente por el detective que efectuó el seguimiento, acompañando las numerosas fotografías realizadas.*
>
> *En definitiva, tolo lo anterior conduce a estimar la licitud de la prueba y rechazar la nulidad de actuaciones pedida, por no haberse ocasionado indefensión alguna".*

Sin embargo, es habitual que una de las dos partes intente desvirtuar la prueba de investigación aduciendo que se obtuvieron de forma subrepticia.

GRABACIÓN SUBREPTICIA DE AUDIO

Esta cuestión fue resuelta hace décadas por la Sentencia del Tribunal Constitucional 114/1984, de 29 de noviembre, que estableció que la grabación de una conversación por uno de sus participantes no vulnera el secreto de las comunicaciones protegido por el artículo 18.3 de la Constitución, ni afecta, en términos generales, al derecho a la intimidad de los demás. Sostuvo el tribunal, que "*quien graba una conversación de otros atenta, independientemente de toda otra consideración, al derecho reconocido en el art. 18.3 de la Constitución; por el contrario, quien graba una conversación con otro no incurre, por este solo hecho, en conducta contraria al precepto constitucional citado*".

La STC 114/1984, de 29 de noviembre, estableció un criterio fundamental sobre la validez de las grabaciones de conversaciones privadas. En esta sentencia se determinó que:

> *No hay secreto para aquel a quien la comunicación se dirige, ni implica contravención del artículo 18.3 CE la retención, por cualquier vía, del contenido del mensaje.*

Esto significa que una persona que recibe una comunicación tiene derecho a conservarla o grabarla. Sin embargo, si la grabación es utilizada para divulgar información íntima sin consentimiento, podría considerarse una vulneración del derecho a la intimidad.

Desde la STC 114/1984, la doctrina ha evolucionado en diversas sentencias que han definido con mayor claridad los límites y condiciones para la validez de estas pruebas: En este sentido la STC 56/2003 reiteró que las grabaciones hechas por uno de los interlocutores no vulneran el secreto de las comunicaciones, salvo que el contenido afecte el núcleo esencial de la intimidad. Señala Vives Antón ponente de esta:

> *"En la citada STC 114/1984, de 29 de noviembre, ya señalábamos que «no hay secreto para aquél a quien la comunicación se dirige, ni implica contravención de lo dispuesto en el artículo 18.3 CE la retención, por cualquier medio, del contenido del mensaje. Dicha retención (la grabación, en el presente caso) podrá ser, en muchos casos, el presupuesto fáctico para la comunicación a terceros, pero ni aún considerando el problema desde este punto de vista puede apreciarse la conducta del interlocutor como preparatoria del ilícito constitucional, que es el quebrantamiento del secreto de las comunicaciones» (FJ 7). Más adelante también se indicaba que «Quien entrega a otro la carta recibida o quien emplea durante su conversación telefónica un aparato amplificador de la voz que permite captar aquella conversación a otras personas presentes no está violando el secreto de las comunicaciones, sin perjuicio de que estas mismas conductas, en el caso de que lo así transmitido a otros entrase en la esfera «íntima» del interlocutor, pudiesen constituir atentados al derecho garantizado en el artículo 18.1 CE. Otro tanto cabe decir, en el presente caso, respecto de la grabación por uno de los interlocutores de la conversación telefónica. Este acto no conculca secreto alguno impuesto por el artículo 18.3 y tan sólo, acaso, podría concebirse como conducta preparatoria para la ulterior difusión de lo grabado. Por lo que a esta última dimensión del comportamiento considerado se refiere, es también claro que*

> *la contravención constitucional sólo podría entenderse materializada por el hecho mismo de la difusión (artículo 18.1 CE). Quien graba una conversación de otros atenta, independientemente de toda otra consideración, al derecho reconocido en el artículo 18.3 CE; por el contrario, quien graba una conversación con otro no incurre, por este sólo hecho, en conducta contraria al precepto constitucional citado. Si se impusiera un genérico deber de secreto a cada uno de los interlocutores o de los corresponsables ex artículo 18.3, se terminaría vaciando de sentido, en buena parte de su alcance normativo, a la protección de la esfera íntima personal ex artículo 18.1, garantía ésta que, «a contrario», no universaliza el deber de secreto, permitiendo reconocerlo sólo al objeto de preservar dicha intimidad (dimensión material del secreto, según se dijo). Los resultados prácticos a que podría llevar tal imposición indiscriminada de una obligación de silencio al interlocutor son, como se comprende, del todo irrazonables y contradictorios, en definitiva, con la misma posibilidad de los procesos de libre comunicación humana».*

El Tribunal Supremo ha abordado reiteradamente la admisibilidad de grabaciones de conversaciones privadas en el ámbito penal. Un caso reciente es la sentencia STS 507/2020, en la que se reafirma que una grabación obtenida por uno de los interlocutores es válida y no vulnera el artículo 18 de la Constitución Española, que protege el derecho a la intimidad.

> *"El acto de la grabación por uno de los interlocutores de la conversación no conculca secreto alguno impuesto por el art. 18.3 y tan sólo, acaso, podría concebirse como conducta preparatoria para la ulterior difusión de lo grabado. Por lo que a esta última dimensión del comportamiento considerado se refiere, es también claro que la contravención constitucional sólo podría entenderse materializada por el hecho mismo de la difusión (art. 18.1 CE). Quien graba una conversación de otros atenta, independientemente de toda otra consideración, al derecho reconocido en el art.18.3 CE; por el contrario, quien graba una conversación con otro no incurre, por este solo hecho, en conducta contraria al precepto constitucional citado. Si se impusiera un genérico deber de secreto a cada uno de los interlocutores o de los corresponsables ex art. 18.3, se terminaría vaciando de sentido, en buena parte de su alcance normativo, a la protección de la esfera íntima personal ex art. 18.1, garantía ésta que, a contrario, no universaliza el deber de secreto, permitiendo reconocerlo sólo al objeto de preservar dicha intimidad (dimensión material del secreto, según se dijo). Los resultados prácticos a que podría llevar tal imposición indiscriminada de una obligación de silencio al interlocutor son, como se comprende, del todo irrazonables y contradictorios, en definitiva, con la misma posibilidad de los procesos de libre comunicación humana".*

Esta misma doctrina ha sido también recogida en numerosas sentencias de esta Sala de casación en las que se excluyó la conculcación del derecho al secreto de las comunicaciones por el hecho de grabar y almacenar una conversación por parte de alguno de los intervinientes en la misma (SST

2081/2001, de 9-11; 2008/2006, de 2-2; 1051/2009, de 28-10; 682/2011, de 24-6; y 298/2013, de 13-3, entre otras).

A partir de esta jurisprudencia, el Tribunal Supremo ha diferenciado entre:

- Grabaciones espontáneas realizadas entre particulares: Admitidas como prueba válida.
- Grabaciones obtenidas mediante engaño o presión por parte de agentes policiales: Consideradas nulas, ya que vulneran el derecho a no declararse culpable.

En este sentido, la jurisprudencia ha señalado que la grabación que un particular haga de sus propias conversaciones, telefónicas o de otra índole, no suponen el atentado al secreto de las comunicaciones (STS 20-2-2006 ; STS 28-10-2009, núm. 1051/2009). E igualmente ha precisado la STS 25-5-2004, núm 684/2004 que las cintas grabadas no infringen ningún derecho, en particular el art. 18-3 CE debiendo distinguir entre grabar una conversación de otros y grabar una conversación con otros. Pues no constituye violación de ningún secreto la grabación de un mensaje emitido por otro cuando uno de los comunicantes quiere que se perpetúe.

Además, -como recuerda la STS de 11-3-2003 núm. 2190/2002 -, la STS de 1-3-96 , ya entendió que no ataca el derecho a la intimidad, ni al secreto a las comunicaciones, la grabación subrepticia de una conversación entre cuatro personas, realizada por una de ellas.

Finalmente, cabe traer a colación la STS 9-11-2001, núm.2081/200 que precisa, de acuerdo con la doctrina sentada por esta Sala en Sentencias como la de 30-5-1995 y 1-6-2001, el secreto de las comunicaciones se vulnera cuando "*un tercero no autorizado interfiere y llega a conocer el contenido de las que mantienen otras personas, no cuando uno de los comunicantes se limita a perpetuar, mediante grabación mecánica, el mensaje emitido por el otro. Aunque esta perpetuación se haya hecho de forma subrepticia y no autorizada por el emisor del mensaje y aunque éste haya sido producido en la creencia de que el receptor oculta su verdadera finalidad, no puede ser considerado el mensaje secreto e inconstitucionalmente interferido: no es secreto porque ha sido publicado por quien lo emite y no ha sido interferido, en contra de la garantía establecida en el art. 18.3 de la constitución , porque lo ha recibido la persona a la que materialmente ha sido dirigido y no por un tercero que se haya interpuesto. Cosa completamente distinta es que el mensaje sea luego utilizado por el receptor de una forma no prevista ni querida por el emisor, pero esto no convierte en secreto lo que en su origen no lo fue. Es por ello por lo que no puede decirse que, con la grabación subrepticia de la conversación de referencia se vulneró el derecho fundamental al secreto de las comunicaciones y que tal infracción deba determinar imposibilidad de valorar las pruebas que de la grabación se deriven."*

Tal y como señala la STS 652/2016 "*se infiere claramente de estos antecedentes que lo que convertiría en ilícita la grabación sería que el tercero no estuviese expresamente autorizado por alguno de los interlocutores. Si lo está no hay diferencia alguna en que el interlocutor que quiere registrar la conversación lo haga y luego la transmita a ese tercero o directamente le permita acceder a ella.*".

La única excepción que existe a la validez de una grabación de audio (ya sea telefónica, ya sea presencial) la encontramos en la STS 1066/2009, de 4 de noviembre, en la que se atrae a la persona con argucias y no se trata de una grabación espontánea. En la sentencia, se señala en cuanto a la legitimidad de las grabaciones de conversaciones privadas entre dos personas realizadas por una de ellas sin conocimiento ni consentimiento de la otra parte, que la grabación por uno de los interlocutores de conversaciones entre particulares puede tener una inicial licitud si el encuentro es voluntario y libre. La cuestión varía cuando la persona grabada, de alguna manera, ha sido conducida al encuentro utilizando argucias con la premeditada pretensión de hacerle manifestar hechos que pudieran ser utilizados en su contra.

> *"Para su validez se debe tratar de un encuentro libremente concertado entre ambos y que se acuda a la cita espontáneamente y sin condicionamientos de ninguna clase. Así se desprende de las resoluciones dictadas por el Tribunal Constitucional y por esta Sala. La espontaneidad y la buena fe son requisitos condicionantes de su valoración. Cuando se fuerza y provoca una conversación ya no es posible situarse en el mismo plano. El interlocutor grabado no se despoja de manera voluntaria y libre de sus manifestaciones sino que, en cierto modo, se le arrancan o extraen de modo torticero. La propia parte recurrente–dice la sentencia- admite espontáneamente que cuando la menor contó a su madre la versión de los hechos, ésta le aconsejó que procediera a grabar una conversación con el acusado, con el fin predeterminado de conseguir las pruebas necesarias, ya que, en caso contrario, sería su palabra contra la de él. Sea cuales sean las circunstancias que llevaron a tener en la conversación en la vía pública, lo cierto es que se trata de un ardid que vicia la prueba y el método empleado",* señala la STS 652/2016, de 15 de julio

En la sentencia STS 45/2014, de 7 de febrero , la Sala argumentó que aunque se admitiera la tesis del recurrente, relacionada con la infracción del derecho a no confesarse culpable, lo cierto es que las mismas personas que se hallaban presentes durante el desarrollo de la conversación que fue objeto de grabación testimoniaron en el plenario y fueron preguntadas por las partes acerca de todo aquello que fue considerado de relevancia para las respectivas pretensiones, ofreciendo al Tribunal "a quo" los elementos necesarios para respaldar el juicio de autoría más allá de toda duda razonable. No se ha vulnerado, pues, el derecho del acusado a no confesarse culpable y el motivo ha de ser desestimado.

Por último, debemos centrarnos en dos sentencias que en esta materia son fundamentales. Por un lado, la STSJ Cataluña 7719/2023 y TSJ Castilla La Mancha 273/2022. La STSJ Cataluña 7719/2023 es un recurso que desestima la solicitud de la investigada, que pide vulneración de derechos fundamentales, entre otros, por la captación de imágenes de sus hijos, siendo desestimada.

> *"En síntesis, la parte recurrente sostiene que el informe de detective privado que se ha señalado vulneró la intimidad y propia imagen de aquella en tanto que contiene la captación de imágenes suyas, y también de sus hijos menores de edad.*
>
> *En este contexto, como ya advirtió la STC 99/1994, de 11 de abril, la captación y difusión de la imagen del sujeto sólo será admisible cuando la propia -y previa- conducta de aquél o las circunstancias en que se encuentra inmerso, justifiquen el descenso de las barreras de reserva para que prevalezca el interés ajeno o el público que puedan colisionar con aquél. En este sentido, el derecho a la propia imagen no tiene carácter absoluto o incondicionado, de manera que ante determinadas circunstancias la regla general, conforme a la cual es el titular del derecho quien decide si permite o no la captación y difusión de imágenes, queda excluida a favor de los otros derechos o intereses constitucionalmente legítimos (STC 18/2015, de 16 de febrero, FJ 4º).*
>
> *El medio de prueba que la recurrente reputa vulnerador de sus derechos fundamentales a la intimidad personal y familiar y a la propia imagen consiste en un informe de detective privado, cuyo autor ha realizado un seguimiento de la asegurada demandante puntual, en la vía pública, ante la sospecha de que aquella no padece las dolencias que afirma, y, en virtud de las cuales postula su incapacidad permanente absoluta. En el informe se incluyen diverso material videográfico tomado en la calle, cuando la demandante se encontraba junto a su hija menor.*
>
> *No obstante, estas circunstancias no son determinantes de su ilicitud, ya que no se aprecia conculcación de la intimidad o propia imagen de la recurrente.*
>
> *Como se ha apuntado con anterioridad, dicha prueba perseguía una finalidad legítima, cual es la de comprobar si la asegurada estaba incurriendo en una actitud fraudulenta al fingir o exagerar las lesiones que afirma padecer.*
>
> *Aunque la mutua que encargó dicho informe no tenga relación contractual alguna con la actora, esta circunstancia no implica la imposibilidad de practicar este tipo de prueba, como sostiene la recurrente.*
>
> *La doctrina constitucional parte del carácter no absoluto de la intimidad y propia imagen para señalar que puede ceder ante otros bienes o intereses constitucionalmente protegidos, como sucede en este caso.*

> *Debe considerarse un interés legítimo susceptible de tutela el que tiene la mutualidad demandada en comprobar la veracidad de las dolencias de la asegurada cuando las prestaciones por contingencias profesionales que se reclaman implicarían responsabilidades y deberes innegables de dicha mutua. Así mismo, la prueba debe considerarse proporcional, ya que no ha supuesto en ningún caso la invasión del mínimo irreductible de privacidad de la asegurada, al limitarse a realizar un seguimiento durante un solo día y en zonas públicas."*

Por otro lado, la TSJ Castilla La Mancha 273/2022 reconoce que la utilización del detective por parte de la empresa, sobre una excedencia que ha solicitado, la investigada, para el cuidado de los padres. También pide el despido nulo por vulneración de derechos fundamentales, y por haber grabado a los padres y niños.

> *"Con relación a los derechos fundamentales que invoca la parte recurrente (la intimidad, y la propia imagen) y cuya infracción anularía el valor de la controvertida prueba de detectives, es doctrina constitucional pacífica que « el derecho a la intimidad no es absoluto, como no lo es ninguno de los derechos fundamentales, pudiendo ceder ante intereses constitucionalmente relevantes, siempre que el recorte que aquél haya de experimentar se revele como necesario para lograr el fin legítimo previsto, proporcionado para alcanzarlo y, en todo caso, sea respetuoso con el contenido esencial del derecho» (SSTC 57/1994 [RTC 1994, 57] , F. 6 y 143/1994 [RTC 1994, 143] , F. 6, por todas)".*

EFICACIA PROBATORIA DE LAS GRABACIONES DE AUDIO

Lo primero que se debe indicar es que la grabación debe aportarse entera, sin editar y que debe ser original. Así lo señala la APP de Jaén 379/2012: *"La doctrina del Tribunal Supremo viene exigiendo que lo grabado se remita en su totalidad, lo cual no es una exigencia meramente formal, sino que se justifica en el sentido de garantizar a la defensa la posibilidad de utilizar todo el contenido de la grabación para sostener una interpretación y valoración distinta de lo grabado, lo cual debe ponerse en relación con aquellos aspectos respecto de los cuales la grabación puede ser tenida en cuenta como elemento probatorio".*

Porque como señala la SAP Alicante 280/2020, la jurisprudencia anuda la admisibilidad de la grabación "a *los requisitos de autenticidad e integridad, cuya comprobación exige la entrega del aparato de grabación utilizado con el soporte de los datos original, no manipulado, lo que no ha acontecido en el supuesto que nos ocupa. Ni se ha entregado el equipo de grabación ni el soporte original de los datos que permita descartar la manipulación de los archivos*". Y añade: "*tal falta de aportación conduce a la exclusión de las grabaciones y de sus efectos, no sólo por tratarse de unas grabaciones subrepticias, sino también porque constituyen documentos electrónicos cuya autenticidad e integridad es legalmente requerida para su utilización en el proceso (art. 230 LOPJ).* La SAP Jaén 200/2013 continúa en la misma línea: "*En el caso, no se ha cuestionado por la defensa la autenticidad e integridad de la grabación del detective, sino el modo de obtención de la información por el detective, que según alega fue mediante engaño. Sin embargo, entendemos no cabe aplicar aquí la doctrina contenida en STC de 30 de enero de 2012 y posteriores, que estima vulnerado el derecho a la intimidad por el uso de una cámara oculta, obteniéndose una información mediante una grabación subrepticia, pues en este caso, el detective iba a investigar, no los daños, sino el robo de aceituna, que fue posterior, y por eso se hizo pasar por comprador, la conversación no tuvo lugar en ningún espacio reservado, sino en el bar y después en un vehículo, y no se usó ni coacción ni amenaza ni se provocó las manifestaciones del acusado, habiendo procedido éste a realizar la confesión espontánea de haber sido él quien hizo los daños, según ratificó en juicio el mencionado detective, declaración testifical que tiene pleno valor probatorio, y que junto a la testifical del denunciante constituyen prueba de cargo suficiente para fundamentar la condena, y que no ha sido desvirtuada por la declaración del acusado, siendo abiertamente contradictoria su declaración como imputado, en la que dijo no saber nada de los daños, con la que hizo en el plenario, imputándolos a Ignacio añadiendo que él estaba presente cuando los hizo, por lo que en definitiva, el recurso ha de ser desestimado*".

Así, la STS 298/2013 matiza lo anterior, indicando que el detective sí puede editar la grabación siempre y cuando aporte el original. Así señala:

> *"Se alega asimismo que las grabaciones han sido "filtradas" y por tanto no consta su autenticidad. Son particulares -una agencia de detectives privados- los que las hicieron y prepararon para entregarlas después a los agentes de la autoridad. Eso ya es un tema distinto: es una cuestión de fiabilidad y no de licitud. Que un testigo pueda mentir no significa que haya de desecharse por principio la prueba testifical; que un documento pueda ser alterado, tampoco descalifica a priori ese medio probatorio. Por iguales razones, que una grabación pueda ser objeto de manipulación no empece a que pueda ser aportada como prueba y pueda ser valorada. Corresponde al Tribunal determinar si esa posibilidad debe descartarse in casu y le merece fiabilidad, o no. En el supuesto ahora examinado no hay el más mínimo indicio de que se haya tergiversado la grabación, o se hayan efectuado supresiones que traicionen el sentido de la conversación mediante su descontextualización o amputación de fragmentos que cambiarían su entendimiento. Entraba dentro de las facultades de la defensa solicitar una prueba pericial sobre tal punto. Lo que se llega a deducir de la prueba practicada no es que se hayan suprimido zonas de la grabación, sino que se han filtrado los preliminares irrelevantes, y se han mantenido íntegra la conversación, en la que no hay vestigios de interrupciones que hagan pensar en una selección interesada de pasajes como sugiere el recurrente, para menoscabar bien la integridad, bien la autenticidad de la grabación. Por lo demás, al margen de la grabación, el contundente cuadro probatorio existente es tan concluyente que hace a aquélla perfectamente prescindible".*

En idéntico sentido, SAP Barcelona, 6 de abril de 2017, confirmada por el TS (ATS 1395/2017, 19 de Octubre de 2017) establece que "*manipular en este contexto tiene un significado muy impreciso, manipular podría implicar la alteración de las imágenes, es decir, aplicarles un tratamiento de tal modo que lo que las mismas reflejan no es lo que ocurría en la realidad; pero no se alega nada parecido*". Y afirma:

> *"Lo que se reprocha a la grabación es que no recoge la totalidad de las imágenes tomadas, sino solo una selección de aquellas imágenes realizadas por los distintos detectives de la agencia que eran de interés para la investigación, selección que fue realizada por la persona responsable, Concepción. quien así lo declaró en el acto del juicio.*
>
> *Según las defensas de los acusados, esa selección de las imágenes vulneró su derecho a utilizar los medios de prueba pertinentes para la defensa, pues les impidió acceder a imágenes que podrían resultar de interés para ellos.*
>
> *No existe tal vulneración del derecho reconocido en el art. 24-2 CE . La grabación es un complemento de los tres informes de la agencia de detectives de 4-2- 2.005 y en ellos puede comprobarse que la investigación privada duró desde el día 20-1-2.005 hasta el día 2-2-2.005 y, en ese período de tiempo, se consiguen datos de interés lo días 21, 25 y 29 de enero de 2.005. Los informes y el DVD -luego transformado en cinta VHS- estuvieron a disposición de las defensas de los hoy acusados desde el principio, las partes tuvieron conocimiento· de su existencia y tuvieron acceso a este medio probatorio, pudieron pedir la práctica de diligencias de prueba y pudieron comprobar si había existido alguna clase de "manipulación" en la confección del DVD o solicitar la incorporación de las grabaciones íntegras a la causa, si era eso lo que les interesaba, pero nada de ello fue solicitado".*

En idéntico sentido, la Audiencia Provincial de Cuenca 57/2024, 27 de marzo de 2024 cuando señala que la representación procesal de un detective privado acusado de revelación de secretos por haber editado una grabación al señalar que "el art. 49.2 de la Ley de Seguridad Privada se señala que en el informe no se harán constar los datos de carácter personal especialmente protegidos que no resulten necesarios con el objeto y finalidad del encargo, parece razonable sostener que, una vez visionado el "máster de grabación" se procede posteriormente a editarlo y ello permite eliminar los registros sonoros que pudieran haberse grabado involuntariamente, de modo que si no existe obligación de conservar el "máster de grabación" que se encuentra en la tarjeta, sino el original editado, que se entregó al cliente, no advertimos poderosas y justificadas razones para entender cometido el ilícito penal por el hecho de que no figuren los registros sonoros de la grabaciones realizadas".

Es, por tanto, un argumento recurrente para impugnar grabaciones proporcionadas por detectives en sede judicial es la falta de originalidad.

En algunos casos, los tribunales han rechazado grabaciones editadas o manipuladas sin pericial que las valide. Sin embargo, la STS 653/2021 sostuvo que:

> *"El hecho de que parte de la información no fuera ratificada posteriormente no implica necesariamente su nulidad."*

El Tribunal Supremo establece que la validez de una grabación depende de:

- Su integridad y autenticidad.
- Que no haya sido manipulada con intención fraudulenta.
- Que su edición no altere el contenido esencial.

A la luz de la jurisprudencia analizada, se extraen las siguientes conclusiones:

1. La prueba de detectives es un medio válido para obtener evidencias en procedimientos judiciales, siempre que se respete el interés legítimo y no existan otros medios menos invasivos.
2. Las grabaciones de conversaciones privadas realizadas por uno de los interlocutores no vulneran el derecho al secreto de las comunicaciones, salvo que afecten el núcleo íntimo de la intimidad (Sentencia del Tribunal Supremo 145/2023, de 2 de marzo).
3. El derecho a no declarar contra sí mismo solo se vulnera cuando la grabación se obtiene mediante engaño por parte de autoridades.
4. Las grabaciones editadas pueden ser admitidas en juicio si su contenido esencial no ha sido alterado y pueden ser verificadas.
5. Los tribunales deben ponderar cada caso concreto para determinar si una grabación afecta a derechos fundamentales y si su obtención ha sido legítima.

En definitiva, tanto la prueba de detectives como las grabaciones privadas son elementos fundamentales en el sistema de justicia, pero su validez dependerá de su obtención conforme a derecho y su impacto en los derechos fundamentales de los involucrados.

CÁMARAS OCULTAS Y GRABACIONES ENCUBIERTAS

El uso de cámaras ocultas en el ámbito de la investigación privada es una práctica recurrente, especialmente en la fiscalización de irregularidades laborales y fraudes. No obstante, su aplicación plantea conflictos con el derecho a la intimidad, consagrado en el artículo 18 de la Constitución Española y regulado por la Ley Orgánica 3/2018, de Protección de Datos Personales y Garantía de los Derechos Digitales (LOPDGDD).

El artículo 89 de la LOPDGDD distingue entre dos tipos de sistemas de videovigilancia en el ámbito laboral:

- Cámaras estructurales: Su función principal es el control permanente del desempeño laboral de los trabajadores.
- Cámaras de seguridad: Son instaladas con fines de protección de bienes y personas, pudiendo captar imágenes de forma incidental y ser utilizadas como prueba en caso de detectar una irregularidad.

En ambos casos, la empresa debe cumplir con los siguientes requisitos legales:

- Informar previamente a los trabajadores y a sus representantes.
- Garantizar que la videovigilancia sea proporcionada y justificada en función de los fines perseguidos.
- Respetar los principios de necesidad e idoneidad, evitando una intromisión excesiva en la privacidad de los empleados.

A diferencia de los que considera alguna doctrina[94]., la jurisprudencia española y europea ha abordado la validez probatoria de las grabaciones encubiertas en distintos escenarios. En este sentido, la STS 167/2020 ratificó que los informes obtenidos mediante cámaras ocultas pueden ser admitidos en juicio siempre que se respete el principio de proporcionalidad y necesidad. En idéntico sentido, la STS 851/2021 que indica que la juris-

94 Goñi Sein, J.L: La videovigilancia empresarial y la protección de datos personales, Thomson Civitas, Madrid, 2007, pp. 128-129. Quien entiende que adoptar un sistema de videovigilancia en el lugar de trabajo sin conocimiento del trabajador no sólo constituye una legítima privación del derecho a disponer de los propios datos personales, sino una intromisión ilegítima en el ámbito protegido por el derecho a la esfera privada del trabajador. Por lo que, no se puede descartar por completo la posibilidad de control oculto, pues en ocasiones, el recurso a la videovigilancia solo es eficaz si se adopta de forma secreta.

prudencia relativa a la proscripción del uso de cámaras ocultas no resulta aplicable a los detectives, en tanto que dicha doctrina se ha desarrollado en el contexto de investigaciones periodísticas, mientras que en este supuesto no se han realizado grabaciones con fines informativos, sino que se han incorporado a los informes unas fotografías cuyo único propósito es servir como prueba en el proceso judicial.

El juicio de ponderación llevado a cabo por el tribunal sentenciador ha sido adecuado, ya que la afectación del derecho a la propia imagen del recurrente ha sido mínima. Las imágenes fueron obtenidas en su despacho o en la vía pública y su contenido no incluye elementos que atenten contra su dignidad. En este sentido, la jurisprudencia aplicable al caso es la establecida en la sentencia 196/2007, de 22 de junio, en la que se identifican elementos comunes determinantes, tales como la captación de imágenes con la finalidad de obtener una prueba, la inexistencia de circunstancias de desmerecimiento, la obtención de las imágenes por profesionales sujetos a un control legal, su destino exclusivo a la Administración de Justicia y la ausencia de indicios que permitan suponer una utilización futura fuera del ámbito estrictamente procesal. Señala también la sentencia.

> *"En cuanto a la legitimidad de la finalidad perseguida, se ha acreditado en ambas instancias la existencia de una sentencia previa condenatoria contra el exmarido por abandono de familia en su modalidad de impago de pensiones. Asimismo, se ha probado que los informes periciales fueron elaborados para su aportación en los litigios pendientes entre las partes y su uso se circunscribió exclusivamente al ámbito jurídico y procesal. A ello se suma que la legislación procesal vigente reconoce como medio probatorio los informes de seguridad privada, conforme al artículo 265.1.5.ª de la Ley de Enjuiciamiento Civil, y que la actuación de los servicios de investigación privada se encuentra regulada por la Ley 5/2014, de 4 de abril, particularmente en lo dispuesto en su artículo 48".*

No puede pretenderse una expectativa razonable de intimidad en un lugar de acceso, si no, general, si común, dentro del desarrollo de las funciones que al trabajador le encomienda la empresa dentro de la relación laboral. En este sentido, la ya citada SAP Barcelona, 6 de Abril de 2017, confirmada por el TS, señala que *"en ese caso, el poder de dirección del empresario, con sus facultades anejas, no incide sobre el derecho a la intimidad de los trabajadores al colocar cámaras* de grabación *en zonas de este tipo y de acceso que, aún restringido a unas categorías de empleados, en modo alguno está pensado como un espacio exclusivo del concreto acusado, por más que, por sus funciones, tenga llave del mismo, como otros que desempeñan sus mismas funciones, o precisan el acceso al mismo (ayudantes de jefe de sala....), o por más que el acceso a dicha habitación pueda ser controlado por cámaras desde el interior para ver quien pretende acceder al mismo, pues no cabe confundir el sentido de dicho mecanismo, que no es prevenir el acceso al mismo para proteger la intimidad del trabajador sino, obviamente, su seguridad y la del dinero que se deposita, cuenta, custodia y guarda finalmente en las tres cajas fuertes allí situadas. Acaso nada mejor para soportar este argumento que visionar los vídeos, en los que no hay duda de las notas y características funcionales y operativas de dicho espacio"*

De manera complementaria, el Tribunal Europeo de Derechos Humanos (TEDH) ha emitido resoluciones clave sobre el uso de videovigilancia encubierta. En particular, en el Caso López Ribalda y otros vs. España (Gran Sala, 2019), el TEDH estableció que el uso de cámaras ocultas en el ámbito laboral puede ser legítimo si se cumplen las siguientes condiciones:

- Existen indicios razonables de una infracción grave.
- La videovigilancia es limitada en tiempo y espacio.
- Se respeta el principio de proporcionalidad y necesidad.

Este fallo supuso un cambio respecto a la primera sentencia del TEDH sobre el mismo caso (2018), en la que se consideró que la grabación sin informar a los empleados vulneraba su derecho a la privacidad (artículo 8 del CEDH). Sin embargo, en la revisión por la Gran Sala, se matizó que la falta de información previa no invalidaba automáticamente la prueba, siempre que su uso respondiera a una necesidad legítima y estuviera sujeto a garantías procesales adecuadas.

El Tribunal Supremo ha establecido que si una grabación oculta no cumple los requisitos jurisprudenciales será considerada prueba ilícita, lo que impide su utilización en juicio (artículo 11.1 de la Ley Orgánica del Poder Judicial). Sin embargo, la nulidad de la prueba no implica automáticamente la nulidad de la sanción o despido laboral, salvo que se demuestre una vulneración de derechos fundamentales del trabajador.

Asimismo, en la STEDH de 17 de octubre de 2019 (López Ribalda II), el tribunal europeo sostuvo que la existencia de otras pruebas adicionales y la posibilidad de impugnar la grabación en juicio son factores determinantes para evaluar su validez.

Por último, en la STS 4614/2021, cuyo motivo primero del recurso se funda en infracción de los arts. 18 de la Constitución y 1.1., 1.3, 2.1., 2.2., 2.3, 7.1, 7.2, y 7.4, 9.1 y 9.2 a) y b) de la LO 1/1982, "*por no respetar los límites doctrinales y jurisprudenciales, error en la ponderación entre derecho a la propia imagen y el interés ajeno", y en su desarrollo se alega, en síntesis: (i) que es un hecho probado que para realizar los informes, tomando fotografías del demandante sin su consentimiento, se utilizó la técnica de la cámara oculta, cuyo uso, según la jurisprudencia constitucional (se citan y extractan las SSTC 12/2012, de 30 de enero, y de 25 de febrero de 2019), no resulta necesario ni adecuado al existir otros métodos alternativos de obtención de la información que no comprometen derechos con rango constitucional como los derechos fundamentales a la propia imagen y a la intimidad; (ii) que la prohibición constitucional absoluta del uso de la cámara oculta supone que ni la veracidad de la información ni su relevancia pública pueden justificar su utilización, porque lo constitucionalmente prohibido es justamente la utilización del método en sí mismo; y (iii) que el juicio de ponderación del tribunal sentenciador infringe esa jurisprudencia, ya que las imágenes del demandante fueron obtenidas de forma subrepticia, sin su consentimiento, en su despacho profesional, ocultando el interlocutor su condición de detective privado, usando este un dispositivo audiovisual oculto en un ámbito de privacidad del demandante, no concurriendo ni la excepción del art. 8.2 c) de la LO 1/1982 (dado que dichas imágenes no fueron accesorias), ni un interés público relevante ni, en fin, el requisito de la proporcionalidad, puesto que la finalidad de obtener una información sobre el demandante que pudiera utilizarse luego en juicio contra él no era proporcionada al perjuicio que se le causó con la difusión de su imagen, teniendo en cuenta que el encargo partió de una persona privada (su exmujer), que la legislación reguladora de la actividad de los detectives privados (el art. 19.4 de la Ley 23/1992, de 30 de junio, de Seguridad Privada) no permite el uso de medios materiales o técnicos que atenten contra los derechos fundamentales al honor, a la intimidad y a la propia imagen, y que la finalidad perseguida (obtener información sobre la situación económica del demandante) podría haberse logrado por otras vías no lesivas para los derechos fundamentales, pues los datos económicos de una persona forman parte de su intimidad y no pueden ser recabados ni aportados a un proceso "sin la autorización judicial o contraparte"*.

La Sala, tras fundamentar lo anterior indica:

> *"por lo que se refiere al derecho a la propia imagen, a pesar de no discutirse la captación de las imágenes mediante un dispositivo oculto, y por tanto sin consentimiento del hoy recurrente, ni su reproducción igualmente inconsentida en ambos informes, la sentencia recurrida pondera correctamente el factor (que también menciona el Ministerio Fiscal) consistente en su carácter meramente accesorio, orientado a dotar de mayor certidumbre a los informes, a lo que cabe añadir, también en línea con el Ministerio Fiscal y con la sentencia 196/2007, que no se difundieron para el conocimiento general y que tampoco se desprende de las mismas "ningún elemento de desdoro para el interesado", ya que en el informe de 2015 aparece de medio cuerpo en la mesa de su despacho y en el de 2017 en la vía pública, realizando actividades cotidianas como conducir un vehículo o acceder a un domicilio".*

CONCLUSIONES

A la luz de la jurisprudencia analizada, se pueden extraer las siguientes conclusiones:

1. **La prueba de detectives es un medio probatorio válido** en los procedimientos judiciales, siempre que se respete el principio de interés legítimo y no existan medios alternativos menos invasivos para la obtención de la información.
2. **Las grabaciones realizadas por uno de los interlocutores** no vulneran el derecho al secreto de las comunicaciones, salvo que afecten el núcleo esencial de la intimidad.
3. **Las grabaciones obtenidas mediante engaño por parte de autoridades** pueden considerarse nulas por vulnerar el derecho a no declararse culpable.
4. **La validez de una grabación depende de su autenticidad, integridad y verificación**, y debe aportarse en su totalidad, sin ediciones que alteren su contenido esencial.
5. **El uso de cámaras ocultas como medio probatorio requiere un juicio de proporcionalidad**, y solo se considera legítimo si se cumplen requisitos específicos que garanticen la protección de los derechos fundamentales.

En definitiva, tanto los informes de detectives como las grabaciones privadas representan herramientas clave dentro del sistema de justicia, pero su eficacia y validez dependerán de su obtención conforme a derecho y del respeto a los principios constitucionales que rigen el debido proceso.

Capítulo 10

El derecho a la intimidad y los detectives privados

INTRODUCCIÓN

El derecho a la intimidad, reconocido en el artículo 18.1 de la Constitución Española, se configura como un derecho fundamental orientado a garantizar a la persona un ámbito reservado y protegido frente a interferencias arbitrarias o injustificadas provenientes tanto del poder público como de particulares. La protección constitucional de este derecho se fundamenta, según el Tribunal Constitucional, en *"la dignidad de la persona y el libre desarrollo de su personalidad"* (STC 231/1988, fundamento jurídico 3°).

En este sentido, la doctrina constitucional destaca que el derecho a la intimidad permite a su titular controlar el conocimiento o difusión de informaciones relativas a su esfera personal y familiar. Así, el Tribunal Constitucional subraya que este derecho protege especialmente aquellos ámbitos que afectan directamente a la *"vida personal y familiar"* y al desarrollo íntimo de la persona (STC 292/2000, fundamento jurídico 4°).

Entre los ámbitos concretos protegidos por este derecho, la jurisprudencia constitucional ha identificado los siguientes:

- En primer lugar, la esfera personal más estricta, incluyendo la vida afectiva, emocional y sexual del individuo, aspectos protegidos como parte del núcleo más íntimo y privado de la persona (STC 156/2001, fundamento jurídico 6°).
- En segundo lugar, la privacidad familiar y domiciliaria, que implica la inviolabilidad del domicilio como espacio de desarrollo de la vida familiar y personal, donde se manifiesta más claramente la privacidad e intimidad (STC 22/1984, fundamento jurídico 5°).
- En tercer lugar, el derecho a la confidencialidad de datos personales sensibles, como información sobre salud, creencias religiosas o ideológicas, y datos relativos a la vida económica y financiera del individuo. A este respecto, el Tribunal Constitucional enfatiza que

"*la intimidad alcanza muy particularmente a los datos de la salud y la condición médica de la persona, cuya divulgación inconsentida vulnera frontalmente el derecho a la intimidad personal*" (STC 159/2009, fundamento jurídico 4°).

- En cuarto lugar, este derecho ampara también la privacidad en las comunicaciones, protegiendo al individuo frente a interceptaciones ilegítimas o no autorizadas judicialmente. La sentencia STC 114/1984 establece que "*las comunicaciones privadas son elementos esenciales en el ámbito de protección del derecho a la intimidad, cuya violación precisa de una justificación excepcional y rigurosamente tasada por ley*" (fundamento jurídico 7°).

Asimismo, la doctrina constitucional recalca que este derecho protege también frente al uso indebido de imágenes y grabaciones obtenidas sin consentimiento. En palabras del Tribunal Constitucional, "*la captación y difusión inconsentida de imágenes constituye una vulneración clara y evidente del derecho a la intimidad*" (STC 83/2002, fundamento jurídico 5°).

En definitiva, el derecho a la intimidad, como señala Morales Prats[95] o Díez-Picazo Giménez, garantiza "*una esfera de autonomía personal que excluye las intromisiones ajenas, preservando así la dignidad inherente a todo ser humano y favoreciendo el libre desarrollo de su personalidad*"[96]. De esta manera, la jurisprudencia y doctrina coinciden en afirmar que este derecho no solo cumple una función defensiva frente a las vulneraciones, sino que constituye una garantía activa, permitiendo al titular exigir una protección efectiva contra cualquier intromisión arbitraria o ilegítima.

LOS DETECTIVES Y EL DERECHO A LA INTIMIDAD

La actividad de los detectives privados en España, regulada por ley, debe necesariamente equilibrar el derecho a la intimidad con la legítima obtención de pruebas para la defensa de intereses legítimos. Así el artículo 48 LSP limita su actividad en el uso de medios técnicos que afecten a

---

95 Morales Prats, F, La tutela penal de la intimidad: privacy e informática, ed. Destino, Barcelona, 1984, págs. 118 y ss

96 Díez-Picazo Giménez, L.M., "Sistema de Derechos Fundamentales", 4ª ed., 2008, p. 352

la intimidad y limita espacialmente su trabajo constriñéndole a investigar fuera de la intimidad domiciliaria.

En este contexto, el Tribunal Supremo ha destacado que la LSP "*lejos de habilitar, prohíbe expresamente a los detectives privados utilizar para sus investigaciones medios materiales o técnicos que atenten contra el derecho a la intimidad personal o familiar*" (STS 278/2021, 10 de mayo de 2021). En síntesis, podemos entender por intimidad aquellas manifestaciones de la personalidad individual (o familiar) cuyo conocimiento o desarrollo quedan reservados a su titular o sobre las que ejerce alguna forma de control cuando se ven implicados terceros (entendiendo por tales tanto los particulares como los poderes públicos). En consecuencia, la jurisprudencia ha establecido límites precisos a las actuaciones de los detectives, prohibiendo prácticas que impliquen vulneraciones graves del ámbito privado protegido constitucionalmente, tales como interceptaciones ilegales de comunicaciones, grabaciones en el domicilio privado sin consentimiento o vigilancia intrusiva que supere los parámetros de proporcionalidad y necesidad.

La doctrina también recalca que, aunque los detectives pueden aportar pruebas útiles en procedimientos judiciales, dichas pruebas solo serán admisibles si se obtienen respetando plenamente los derechos fundamentales y los principios éticos y profesionales establecidos legalmente. En palabras de Pérez Royo, el derecho a la intimidad actúa como un límite infranqueable frente a la investigación privada cuando ésta pierde de vista la proporcionalidad, la justificación y la legitimidad de sus acciones[97].

En definitiva, la labor del detective privado, aunque legítima y reconocida jurídicamente, está siempre subordinada al respeto estricto del derecho fundamental a la intimidad, configurándose así un marco jurídico claro que busca conciliar el interés legítimo de la investigación con la necesaria protección de los derechos personales más esenciales.

La utilización de detectives privados por parte de las empresas para investigar la conducta de sus empleados, especialmente en situaciones de baja médica o sospecha de incumplimiento contractual, ha suscitado un intenso debate jurídico sobre los límites de la vigilancia empresarial y la protección de la intimidad del trabajador, dado que la "técnica investigadora"[98] que utiliza el detective es la realización de un seguimiento

---

97 Pérez Royo, J., Curso de Derecho Constitucional, 12ª ed., 2020, p. 217

98 Lafont Nicuesa, L, La investigación física y tecnológica por el detective privado y su valor probatorio, Madrid, 2023 p- 203

en el que graba lo que el investigado hace frente a él. Pero para superar el juicio de proporcionalidad dicha grabación se debe realizar en lugares públicos y no utilizar medios técnicos que vulneren la intimidad del investigado (art.48.3. LSP).

La reciente jurisprudencia, con sentencias como la del Tribunal Supremo 380/2023, de 25 de mayo, que consideró el jardín de una vivienda como parte del domicilio a efectos de protección de la intimidad, ha generado incertidumbre sobre qué espacios, más allá del domicilio, pueden considerarse reservados y, por tanto, protegidos de intromisiones sin autorización judicial.

Este análisis se propone abordar la delimitación de la esfera privada del trabajador en el contexto de la vigilancia empresarial, examinando la jurisprudencia reciente y los criterios que permiten determinar la expectativa de intimidad en el ámbito laboral. En este contexto, la SJSO 6181/2019 indica que "*el derecho a la intimidad personal se configura como un derecho fundamental estrictamente vinculado a la propia personalidad y que deriva de la dignidad de la persona e implica la existencia de un ámbito propio y reservado frente a la acción y el conocimiento de los demás, necesario, según las pautas de nuestra cultura, para mantener una calidad mínima de la vida humana. Derecho a la intimidad que es aplicable al ámbito de las relaciones laborales (Tribunal Constitucional 186/2000; 98/2000; Tribunal Supremo 6-10-11)*". Y añade:

> *"En este sentido, señala el tribunal que el derecho a la intimidad no es absoluto," pudiendo tener limitaciones, ya que es posible que ceda ante intereses constitucionalmente relevantes, siempre que el recorte que aquél haya de experimentar se revele como necesario para lograr el fin legítimo previsto, proporcionado para alcanzarlo y, en todo caso, sea respetuoso con el contenido esencial del derecho. En este sentido debe tenerse en cuenta que el poder de dirección del empresario, atribuye al empresario, entre otras facultades, la de adoptar las medidas que estime más oportunas de vigilancia y control para verificar el cumplimiento del trabajador de sus obligaciones laborales".*

EL DOMICILIO DEL INVESTIGADO

El artículo 18.2 de la Constitución Española consagra la inviolabilidad del domicilio, estableciendo que "ninguna entrada o registro podrá hacerse en él sin consentimiento del titular o resolución judicial, salvo en caso de flagrante delito". No obstante, la Constitución no define expresamente qué se entiende por "domicilio", lo que ha llevado a un intenso desarrollo doctrinal y jurisprudencial para delimitar este concepto.

Tradicionalmente, el domicilio se ha asociado al lugar de residencia habitual de una persona, como señala el artículo 40 del Código Civil. Sin embargo, la jurisprudencia del Tribunal Constitucional ha ampliado esta noción, reconociendo que el derecho a la inviolabilidad del domicilio protege "*un ámbito espacial en el que las personas desarrollan su vida privada, libre de intromisiones ajenas*" (STC 22/1984).

Esta protección no se limita a la vivienda habitual, sino que se extiende a cualquier espacio donde una persona ejerza su vida privada y tenga una expectativa legítima de privacidad, como segundas residencias, habitaciones de hotel, caravanas o tiendas de campaña (STS 1803/2002). La protección del domicilio alcanza también a las personas jurídicas, abarcando los espacios donde desarrollan su actividad y tienen una expectativa de privacidad (STC 69/1999).

Sin embargo, no todo espacio relacionado con una persona o entidad se considera domicilio. La jurisprudencia ha establecido los requisitos que deben cumplirse para que un lugar sea protegido como tal. En este sentido, ha determinado que el espacio debe estar vinculado a la vida privada o actividad de la persona y que debe existir una clara voluntad de excluir a terceros del acceso a dicho espacio (intención de exclusión).

En el ámbito laboral, el Tribunal Constitucional ha señalado que *"los lugares de trabajo no tienen, con carácter general, la consideración de domicilio" (STC 177/1999), salvo que se trate de espacios asimilables a un domicilio por sus características. Los detectives privados deben realizar su trabajo en espacios públicos o accesibles sin restricciones, como se recoge en la STS 129/2005, de 4 de marzo, la STSJ Madrid 419/2008, de 21 de abril, la STSJ Galicia 615/2007, de 26 de marzo, y la STS 196/2007, de 22 de febrero. Incluso en circunstancias excepcionales, se han admitido pruebas obtenidas dentro de domicilios particulares, cuando el propio investigado ha exteriorizado una voluntad de no preservar su intimidad, como ocurrió en la SAP Alicante, de 8 de julio de 2020, y en la SJSO número 4 Oviedo, número 2789/2021, de 30 de abril. El TSJ de Cantabria, en su fallo de 2022, confirmó que las grabaciones subrepticias de detectives pueden ser válidas cuando se respeta la proporcionalidad, mientras que el TSJ de Galicia, en 2020, validó la prueba de detectives para demostrar el fraude en una baja médica".*

En definitiva, el concepto de domicilio se configura como un espacio donde la persona desarrolla su vida privada y ejerce un control sobre el acceso de terceros, generando una expectativa legítima de privacidad.

LA EXPECTATIVA DE INTIMIDAD: UN CONCEPTO CLAVE PARA LA PROTECCIÓN DE LA ESFERA PRIVADA

La protección de la intimidad no se circunscribe exclusivamente al ámbito domiciliario. El concepto de "expectativa razonable de privacidad", desarrollado por la jurisprudencia estadounidense, ha tenido una notable influencia en el derecho español.

Este concepto, que surge del caso *Katz v. United States* (1967), establece que los individuos pueden tener una expectativa de privacidad incluso en espacios públicos si existen circunstancias que la justifiquen.

En España, aunque no se reconoce expresamente este principio, la jurisprudencia ha acogido su esencia, delimitando cuándo una persona puede legítimamente esperar que su intimidad no sea vulnerada.

En este sentido, el Tribunal Constitucional, en la STC 186/2000, reconoció el derecho a la intimidad de una persona que mantenía una conversación en un espacio apartado de un lugar público, considerando ilegítima su grabación sin consentimiento. Por su parte, el Tribunal Supremo, en la STS 942/2022, analizó la instalación de cámaras de vigilancia en los límites de una finca privada, estableciendo que la captación del interior de la propiedad sin autorización vulnera el derecho a la intimidad.

Sin embargo, la jurisprudencia matiza que la expectativa de privacidad se atenúa en espacios claramente públicos. La STS 508/2014 estableció que no se vulnera la intimidad cuando las grabaciones se realizan en lugares abiertos al uso público, siempre que no se empleen métodos desproporcionados ni se capten aspectos íntimos de la vida privada.

La teoría de la activación, también denominada "puesta en acto" del derecho a la intimidad, sostiene que la protección de este derecho fundamental no opera de manera automática, sino que requiere una manifestación expresa de voluntad por parte de su titular a fin de excluir a terceros de su esfera privada.

Esta doctrina enfatiza la necesidad de que el sujeto adopte medidas concretas y efectivas para preservar su privacidad, tales como cerrar puertas, correr cortinas o restringir el acceso a determinados espacios. En este sentido, la jurisprudencia española ha acogido esta perspectiva, estableciendo que la mera titularidad del derecho a la intimidad no garantiza per se su protección, en particular cuando el titular no evidencia una voluntad clara e inequívoca de salvaguardarlo (STS 312/2018). En idéntico sentido, el Tribunal Constitucional, en la STC 186/2000, determinó que la expectativa de intimidad se atenúa cuando el sujeto no exterioriza su intención de excluir a terceros de su ámbito privado.

En consecuencia, la teoría de la activación pone de relieve la necesidad de una conducta activa por parte del titular del derecho a la intimidad, de manera que su ejercicio efectivo dependa de la adopción de medidas que evidencien su intención de preservar su esfera personal frente a injerencias externas.

LA "PLAIN VIEW DOCTRINE" Y SUS LÍMITES EN EL ORDENAMIENTO JURÍDICO ESPAÑOL

La *Plain View Doctrine*, desarrollada en el ámbito del derecho anglosajón, establece que las fuerzas de seguridad pueden incautar sin orden judicial aquellos objetos ilícitos que se encuentren a la vista, siempre que concurran ciertos requisitos fundamentales:

- El agente policial debe encontrarse legítimamente en el lugar desde donde observa el objeto.
- La ilicitud del objeto debe resultar manifiesta sin que sea necesario manipularlo.
- El hallazgo del objeto debe producirse de manera fortuita.

Si bien esta doctrina ha influido parcialmente en el derecho español, su aplicación se encuentra sujeta a restricciones derivadas de la protección de derechos fundamentales, en particular la inviolabilidad del domicilio y el derecho a la intimidad. En este contexto, el Tribunal Supremo ha admitido la incautación de objetos a simple vista, siempre que no se vulneren dichas garantías constitucionales (STS 147/2021).

No obstante, el Tribunal Constitucional ha advertido sobre los riesgos de emplear la *Plain View Doctrine* como pretexto para la realización de registros encubiertos, enfatizando que la observación ocasional no debe derivar en una intromisión ilegítima en espacios protegidos (STC 22/1984).

La jurisprudencia española ha buscado conciliar la eficacia en la persecución del delito con el respeto a los derechos fundamentales, estableciendo límites a la aplicación de la *Plain View Doctrine* a fin de evitar su utilización indiscriminada. En esta línea, la STS 329/2016 sostiene:

> *"Ningún derecho fundamental vulnera el agente que percibe con sus ojos lo que está al alcance de cualquiera. El agente de policía puede narrar como*

> *testigo cuanto vio y observó cuando realizaba tareas de vigilancia y seguimiento. Nuestro sistema constitucional no alza ningún obstáculo para llevar a cabo, en el marco de una investigación penal, observaciones y seguimientos en recintos públicos (...) En efecto, la tutela constitucional del derecho proclamado en el apartado 2 del art. 18 de la CE protege tanto frente a la irrupción inconsentida del intruso en el escenario doméstico, como respecto de la observación clandestina de lo que acontece en su interior, si para ello es preciso valerse de un artilugio técnico de grabación o aproximación de las imágenes. El Estado no puede adentrarse sin autorización judicial en el espacio de exclusión que cada ciudadano dibuja frente a terceros".*

El Tribunal Supremo determinó que la observación mediante prismáticos desde un inmueble contiguo, sin la correspondiente autorización judicial, constituye una vulneración del derecho a la inviolabilidad domiciliaria. En su fundamentación, el alto tribunal rechazó la argumentación según la cual la ausencia de cortinas o persianas en la vivienda observada implicaba un consentimiento tácito para la vigilancia policial. Asimismo, subrayó que la protección del domicilio no se limita a la entrada física de terceros sin consentimiento, sino que también comprende la intromisión virtual mediante el empleo de dispositivos tecnológicos que amplíen la capacidad de observación.

Así, como hemos establecido en los límites operacionales del estatuto jurídico del detective y en el capítulo destinado al estudio del derecho al honor en relación a estos profesionales, el art. 48.3 LSP establece: "*En ningún caso se podrá investigar la vida íntima de las personas que transcurra en sus domicilios u otros lugares reservados, ni podrán utilizarse en este tipo de servicios medios personales, materiales o técnicos de tal forma que atenten contra el derecho al honor, a la intimidad personal o familiar o a la propia imagen o al secreto de las comunicaciones o a la protección de datos*". Siguiendo a Morales Prats/Marco Fernández[99] criticábamos dicho precepto por cuanto no entendemos qué medios materiales pueden afectar al honor y circunscribíamos esta limitación operativa al derecho a la intimidad. Por ello, en la STS 329/2016 el tribunal circunscribe su estudio dogmático a determinar si el uso de prismáticos vulneraba el honor del investigado por parte de la policía.

Esta interpretación funcional del artículo 18.2 de la Constitución Española se encuentra alineada con precedentes jurisprudenciales, tales como la STC 121/1998 y la STC 94/1999, que establecen límites rigurosos a la intromisión en el domicilio sin autorización judicial.

---

99 Morales Prats, F y Marco Fernández F., Comentarios a la Ley de Seguridad Privada, Pamplona, 1999.

Adicionalmente, la sentencia analizó distintos pronunciamientos previos sobre la vigilancia y el uso de dispositivos ópticos. En este sentido, contrastó su criterio con la STS 15/04/1997 (recurso 397/1996), en la que se consideró válida la observación de una vivienda cuando no existían obstáculos físicos que impidieran la visión directa. No obstante, el Tribunal Supremo desestimó la aplicación de este razonamiento al caso concreto, al entender que el empleo de prismáticos alteraba sustancialmente la capacidad de observación natural, extendiéndola más allá de lo que un individuo podría percibir a simple vista.

En esta misma línea, la STS 18/02/1999 (recurso 17/1998) había avalado la observación de un patio expuesto al público, dado que en dicha circunstancia no se emplearon dispositivos ópticos que incrementaran la percepción visual. El Tribunal Supremo también se pronunció sobre la doctrina establecida en la STS 18/12/1995 (recurso 317/1995), que había validado la captación de imágenes en espacios públicos y establecimientos comerciales mediante sistemas de videovigilancia. No obstante, realizó una distinción esencial: mientras que en estos casos la grabación se realizaba en lugares accesibles al público, el supuesto analizado en el presente recurso involucraba la observación de un domicilio privado, lo que exige una protección constitucional reforzada.

Asimismo, el alto tribunal reiteró el criterio establecido en la STS 13/03/2003 (recurso 337/2002), en la que se prohibió la filmación del interior de viviendas sin la correspondiente autorización judicial.

En este sentido, el TSJ de Madrid (STSJ M 6364/2022) indica sobre escuchar conversaciones ajenas por parte del detective en lugares públicos sin utilizar medios materiales atentatorios con el derecho a la intimidad:

> *"...la representación letrada común de los demandantes se alza en suplicación desarrollando diez motivos, de los que el inicial, fundado en el apartado a) del art. 193 de la Ley Reguladora de la Jurisdicción Social, denuncia la infracción de los arts. 18 y 24 de la Constitución, al haberse dotado de validez a una prueba viciada de nulidad, como es la testifical de un detective privado que al parecer escuchó las conversaciones mantenidas por los demandantes con otras dos personas ajenas a la compañía en distintos establecimientos públicos, en las que no intervino, vulnerándose así el derecho fundamental a la intimidad y al secreto de las comunicaciones..*
>
> *A mayor abundamiento, interesa remarcar que los datos incluidos en el informe de la agencia de investigación no se obtuvieron con violación de los derechos fundamentales a la intimidad y al secreto de las comunicaciones por cuanto que el detective que lo elaboró no utilizó dispositivos de captación de la voz, sino que escuchó de manera personal y directa las conversaciones que mantuvieron los actores con otras personas en establecimientos públicos,*

en los que los interlocutores no podían tener una expectativa fundada y razonable de privacidad respecto de su contenido. En este punto, interesa traer a colación la sentencia de 16 de febrero de 2017 (Recurso 864/2016), dictada por esta Sala, en la que se afirma que el derecho a la intimidad no se ve afectado por el seguimiento realizado por un detective privado en espacios públicos no excluidos a terceros, así como que "Respecto del secreto de las comunicaciones que se denuncia con base en haber traslado al informe una conversación mantenida por la actora y otra persona, que resultaba ser antigua trabajadora de la empresa, en un bar, tampoco entendemos que venga a configurarse como vulneración del secreto de las comunicaciones. Lo primero que debemos indicar es que una conversación en un lugar público entre dos personas no está dentro del ámbito de protección que aquí se invoca y ello porque no se enmarca la misma en ningún entorno de confidencialidad cuando esa conversación puede ser ordinariamente oída y/o escuchada por quienes puedan encontrarse alrededor de los interlocutores. Esto es, si un tercero oye una conversación que mantienen dos personas en un lugar público no se puede considerar que el conocimiento que éste tiene de esa comunicación sea antijurídico. Es más, como dice el constitucional, el art. 18.3 CE protege únicamente ciertas comunicaciones: las que se realizan a través de determinados medios o canales cerrados".

Por consiguiente, la decisión adoptada por la juez "a quo" de reconocer eficacia probatoria al informe del detective aportado por la empresa no vulneró el art. 18 de la Constitución y tampoco los arts. 11.1 de la Ley Orgánica del Poder Judicial, 90.2 de la Ley Reguladora de esta Jurisdicción y 287 de la Ley de Enjuiciamiento Civil."

En suma, la limitación operativa en artículo 48.3 LSP debe tenerse en cuanta durante la realización de seguimientos en cuanto al uso de medios de acercamiento de la imagen o del sonido. Sin embargo, la doctrina jurisprudencial ha sido mucho más ambivalente en el estudio de los espacios protegidos a los que se refiere la primera parte del aserto del citado artículo 48.3 LSP ("*En ningún caso se podrá investigar la vida íntima de las personas que transcurra en sus domicilios u otros lugares reservados*").

ANÁLISIS DE LA JURISPRUDENCIA RECIENTE: LA DELIMITACIÓN DE LA INTIMIDAD EN EL ÁMBITO LABORAL

La jurisprudencia reciente ha abordado la delimitación del derecho a la intimidad del trabajador frente a las facultades de vigilancia empresarial, estableciendo criterios para determinar cuándo un determinado espacio puede considerarse protegido en el ámbito laboral. Debemos partir, sin embargo, de que la contratación de un detective no vulnera per se, derecho alguno. Así, la STSJ CAT 3580/2024 indica:

"Entendemos que el medio de prueba impugnado, y aportado por la empresa, para la averiguación de los hechos mediante la investigación del trabajador por un detective, ha de ser considerado como una prueba válidamente obtenida. La actuación de la empresa utilizando un detective privado para comprobar si la demandante incumplía sus obligaciones laborales se encuentra dentro de las facultades de control empresarial. En este sentido, el artículo 20.3 del Estatuto de los Trabajadores dispone que el empresario "podrá adoptar las medidas que estime más oportunas de vigilancia y control para verificar el cumplimiento por el trabajador de sus obligaciones y deberes laborales"; y aunque ese control debe respetar "la consideración debida" a la "dignidad" del trabajador.", ello no supone que el derecho a la intimidad del trabajador pueda permitir la ocultación de sus infracciones laborales".

El derecho a la intimidad, derivado de la dignidad de la persona, implica la existencia de un ámbito propio y reservado frente a la acción y el conocimiento de los demás, necesario, según las pautas de nuestra cultura, para mantener una calidad mínima de la vida humana (STC número 173/2011 ; STC número 170/2013, entre otras muchas). También ha señalado el Tribunal Constitucional que "el derecho a la intimidad no es absoluto, como no lo es ninguno de los derechos fundamentales, pudiendo ceder ante intereses constitucionalmente relevantes, siempre que el recorte que aquél haya de experimentar se revele como necesario para lograr el fin legítimo previsto, proporcionado para alcanzarlo y, en todo caso, sea respetuoso con el contenido esencial del derecho". (STC 143/1994, entre otras). Y ha precisado que "... el ámbito de cobertura de este derecho fundamental viene determinado por la existencia en el caso de una expectativa razonable de privacidad o confidencialidad" (STC 170/2013). También ha declarado que el derecho a la intimidad es aplicable al ámbito de las relaciones laborales (STC número 186/2000, citada por la número 170/2013).

En este contexto, la STS 380/2023 reconoció el jardín de una vivienda como parte del domicilio, quedando protegido frente a la vigilancia sin autorización. Esta sentencia constituye un precedente relevante en la protección de espacios que, si bien no forman parte del domicilio en sentido estricto, mantienen una conexión directa con este y son utilizados para el desarrollo de la vida privada. Así, el fallo señala:

"Parece razonable deducir que también el jardín del domicilio del trabajador es un lugar en el que solo puede entrarse con el consentimiento de este, titular del domicilio, o, salvo supuestos de flagrante delito, mediante resolución judicial (artículo 18.2 CE). En efecto, se trata de un ámbito en el que se ejerce la vida íntima, personal y familiar y que puede permanecer ajeno a las intromisiones de terceros en contra de la voluntad de su titular. Es un espacio en el que este también tiene una expectativa legítima de privacidad, aunque pueda

> *ser con alguna intensidad menor que en el espacio edificado distinto del jardín. Y, de no considerarse que el jardín sea, en sentido estricto, el domicilio del trabajador, dicho jardín entrará sin dificultad en el concepto de otros lugares reservados (artículos 48.1 a) y 48.3 de la Ley 5/2014), que lo son porque toda intromisión de terceros en ellos necesita del consentimiento de su titular".*

No obstante, la sentencia subraya un elemento determinante en la evaluación de la privacidad del espacio al señalar:

> *"Por lo demás, no consta que, en el presente supuesto, el jardín del trabajador fuera visible para cualquiera que pudiera pasar por su proximidad, ni que no hubiera muros, setos o vallas de cualquier naturaleza que dificultaran la visibilidad desde el exterior".*

De este modo, la resolución aplica tanto la doctrina de la *Plain View* como el criterio de la expectativa razonable de intimidad. Si en el caso analizado el detective hubiese argumentado que las fotografías fueron obtenidas porque la actividad del trabajador era visible "a simple vista" por cualquier transeúnte, la prueba no habría sido declarada nula. En idéntico sentido, Arias Domínguez, señala que "la importación de esta doctrina de la expectativa de privacidad para nuestro supuesto de jardín debe partir de la advertencia que realiza la propia resolución cuando afirma que: "*...no consta que, en el presente supuesto, el jardín del trabajador fuera visible para cualquiera que pudiera pasar por su proximidad, ni que no hubiera muros, setos o vallas de cualquier naturaleza que dificultaran la visibilidad desde el exterior*". Con ello da la clave para configurar los elementos de esa expectativa: que con los actos propios la persona trabajadora haya querido dejar opaco dicho jardín a la visión de terceros, muy en la línea del concepto de privacidad americana del derecho a estar solo y no ser molestado por nadie"[100].

En un sentido similar, el TSJPV 2354/2024 extendió esta protección a un campo de golf de acceso restringido, al considerar que la imposibilidad de acceso libre al público genera una expectativa razonable de privacidad para sus usuarios. Esta sentencia amplía la protección del derecho a la intimidad a espacios que, aunque no revisten carácter domiciliario, presentan características que justifican su calificación como reservados.

---

[100] Arias Domínguez, A., "La expectativa legítima de privacidad y la prueba videográfica obtenida por detectives en el jardín del domicilio de la persona trabajadora" en Revista de Jurisprudencia Laboral, 6/2023, recuperado en https://www.boe.es/biblioteca_juridica/anuarios_derecho/abrir_pdf.php?id=ANU-L-2023-00000002488

Por el contrario, el TSJ Canarias 983/2024 no consideró un gimnasio privado como un lugar reservado, argumentando que se trata de un establecimiento abierto al público en el que no se desarrollan actividades pertenecientes a la esfera más íntima del individuo. Este fallo pone de manifiesto que la titularidad privada de un espacio no implica automáticamente su protección constitucional. En la misma línea, el TSJ Murcia 1141/2022 determinó que la realización de actividad física en un gimnasio no genera una expectativa razonable de privacidad, siempre que las pruebas obtenidas lo sean de manera lícita y sin invadir zonas protegidas.

Tampoco un lugar de paso común:

> *"No puede pretenderse una expectativa razonable de intimidad en un lugar de acceso común dentro del desarrollo de las funciones que a cada trabajador le encomiende la empresa dentro de la relación laboral.*
>
> *En ese caso, el poder de dirección del empresario, con sus facultades anejas, no incide sobre el derecho a la intimidad de los trabajadores al colocar cámaras de grabación en zonas comunes y de acceso generalizado en las que se desarrolla la actividad laboral general de la* empresa" (SAP Barcelona, 6 de abril de 2017)

Esta jurisprudencia refuerza la idea de que la protección del derecho a la intimidad debe ser ponderada con otros derechos e intereses legítimos, entre ellos, la facultad de la empresa de controlar el cumplimiento de las obligaciones laborales de sus trabajadores.

En suma, la delimitación de la esfera privada del trabajador frente a las facultades de control y vigilancia de la empresa debe atender a un equilibrio entre la protección del derecho a la intimidad y otros intereses legítimos, como el derecho del empleador a supervisar el cumplimiento de las obligaciones laborales.

El análisis jurisprudencial permite advertir que la determinación de la expectativa razonable de privacidad requiere una evaluación casuística basada en las circunstancias específicas de cada supuesto. En este sentido, los conceptos de *expectativa razonable de privacidad* y la doctrina de la *Plain View* constituyen herramientas fundamentales para precisar los límites del derecho a la intimidad en el ámbito laboral.

Asimismo, se evidencia que la protección del derecho a la intimidad no se restringe al domicilio, sino que puede extenderse a otros espacios donde el trabajador desarrolla su vida privada y sobre los cuales mantiene una expectativa legítima de privacidad. Sin embargo, dicha protección resulta excluida cuando los hechos pueden ser verificados *a simple vista*, sin necesidad del uso de dispositivos tecnológicos destinados a ampliar la capacidad de observación.

Otras sentencias nos ayudan a delimitar las zonas protegidas y las que no lo son. La STSJ CL 1431/2018 estudia la instalación de una cámara oculta con audio, en el interior del vehículo de empresa, que conduce el investigado. El tribunal señala:

> *"Acierta el recurrente en el planteamiento formal de la cuestión porque la calificación de la prueba del testimonio de un detective y, más concretamente la colocación por ese testigo de una cámara y un micrófono ocultos en el vehículo utilizado habitualmente por aquél en su puesto de trabajo, necesita de argumentaciones de índole jurídica que analizaremos en el motivo siguiente. De modo y manera que si concluimos que la prueba viola los derechos fundamentales del recurrente*
>
> *Para el recurrente faltan en la actuación de la empresa -instalación en el vehículo que utilizaba en su centro de trabajo de un dispositivo de grabación de video y audio de manera camuflada y para él desconocida- tanto la proporcionalidad como la razonabilidad de la medida, ya que se ha realizado un control absolutamente genérico del trabajador que excede su actividad laboral e invade su esfera privada e íntima vulnerándose el artículo 18 de la Constitución Española.*
>
> *Así pues, la prueba de cargo contra el Sr. Felipe ha sido obtenida por la empresa violentando sus derechos o libertados fundamentales, por lo que la misma no puede surtir ningún efecto, conforme a lo dispuesto en el artículo 11.1 de la Ley 6/1985, de 1 de julio, del Poder Judicial".*

En sentido más amplio, la STSJ GAL 2158/2024 se plantea la posible ilicitud de la actuación empresarial al encargar a un detective privado la elaboración de un informe para la comprobación de determinadas cuestiones relacionadas con el trabajador, y respecto a la falta de validez de la prueba obtenida por esta vía, es necesario hacer constar el sentir más actual de los Tribunales sobre el equilibrio a guardar entre las facultades de control empresarial en el desempeño de la actividad profesional a las que se refiere el art. 20.3 del ET, y las garantías de los trabajadores referidas a la protección de la intimidad (art. 18.1 CE) y el secreto de las comunicaciones (art. 18.3CE). El Tribunal indica:

> *"Y así, debemos poner de manifiesto la sentencia del Tribunal Europeo de Derechos Humanos de 12 de enero de 2016 (Caso Barbulescu contra Rumania) que señala que en determinadas circunstancias no es abusivo que un empleador verifique que sus empleados realizan sus tareas profesionales durante su tiempo de trabajo en lugar de dedicarse a otras actividades personales, y de esta doctrina se ha hecho eco la sentencia constitucional 39/16, manifestando que "Esta facultad general de control prevista en la ley legitima el control empresarial del cumplimiento por los trabajadores de sus tareas profesionales (STC 170/2013, de 7 de octubre, y STEDH de 12 de enero de 2016, caso Barbulescu v. Rumania), sin perjuicio de que serán las circunstancias de cada caso las que*

finalmente determinen si dicha fiscalización llevada a cabo por la empresa ha generado o no la vulneración del derecho fundamental en juego".

...y así ha de considerarse idóneo el seguimiento realizado por el detective privado al aquí demandante, a fin de "conocer las actividades y ocupaciones de D. Camilo ", encargo éste que así se deriva del encabezamiento del referido informe obrante en autos, y toda vez que dichas actividades podrían ser relevantes para resolver la situación planteada por el trabajador y relacionada con la solicitud de adaptación de la duración y distribución de su jornada de trabajo y de la forma de prestación de la misma para así poder atender al cuidado de su madre, solicitud que no había sido admitida por la empresa y cuya denegación motivó la presentación de la demanda que dio lugar al procedimiento en el que se dictó la sentencia cuyo recurso aquí nos ocupa.

...Y teniendo en cuenta lo anteriormente expuesto hemos de concluir que la prueba consistente en el informe del detective privado ha de ser considerada idónea, pues es evidente que la investigación es idónea para conocer las actividades y ocupaciones del trabajador aquí demandante, el cual causó baja de incapacidad temporal al día siguiente de la fecha en la que se le denegó la medida de conciliación y, por tanto, ha de entenderse idónea la investigación para comprobar si se está ocupando de su madre, si ésta vive con el actor o con otra persona, y si tiene las limitaciones que el trabajador manifestó a la empresa cuando solicitó la medida de conciliación. Asimismo, es necesaria, pues consideramos que no hay otra medida más moderada para conseguir tal propósito, y además es ponderada y equilibrada, pues de ella se derivan más beneficios o ventajas para el interés general que perjuicios sobre otros bienes o valores en conflicto, toda vez que las imágenes no constituyen atentado alguno contra la intimidad o dignidad del demandante ni de sus familiares, pues la investigación sólo refleja imágenes tomadas en la vía pública, en ningún momento se accede a lugares privados o íntimos y por lo tanto ningún perjuicio se ha causado a los implicados.

Así pues, ninguna duda cabe de que no existe vulneración alguna del derecho al honor, a la intimidad personal y familiar y a la propia imagen, que la parte recurrente considera vulnerados cuando cita el artículo 18 en el tercer motivo de recurso, norma que también, y aunque no la cite expresamente, ha de considerarse alegada al formular el primer motivo de recurso relativo a la nulidad de actuaciones solicitada."

DELIMITACIÓN DE ZONAS

Partiendo del estudio anterior debemos afirmar que no existe problema alguno de constitucionalidad cuando las grabaciones se realizan en la vía pública (por todas, STS 14/2003, de 28 de enero). El propio Tribunal de Derechos Humanos (caso Flor de Cabrera) no ve ninguna razón válida para alejarse del enfoque de los Tribunales nacionales. En efecto constata que las imágenes litigiosas han sido tomadas cuando el demandante se libraba a una actividad susceptible de ser grabada, en esta ocasión la conducción de una moto para desplazarse por la vía pública. Además, las imágenes fueron utilizadas exclusivamente como medio de prueba ante un Juez. No había por tanto ningún riesgo de explotación posterior.

Dicha afirmación es extrapolable a plazas, parques, carreteras y playas. En este sentido, la SJS número 1 137/2022 de Ibiza indica que "*la demandante en fecha 4 de septiembre de 2021 acudió a una boda. En fecha 5 de septiembre de 2021 acudió a una cafetería y se tomó un batido de cúrcuma, jengibre, leche de almendras, aceite de coco y pimienta. Luego se dirigió al municipio de DIRECCION001 a pasear con su hijo menor cargándolo en brazos. En fecha 10 de septiembre de 2021 igualmente acudió a una cafetería donde se tomó un batido de agua de rosas, leche de almendras y polvo de remolacha, así como algo de comer. En fecha 11 de septiembre de 2021 la actora acudió a la playa de DIRECCION002, cargando en determinados momentos nuevamente a su hijo en brazos, jugando y bañándose en el agua con él, consumiendo patatas con su hijo y marido. Luego se dirigió al pueblo de DIRECCION003 a dar un pasear donde se tomó un helado (fotografías, carta despido, informe detective, testificales).*" Y añade la sentencia: "*Estos hechos se han de poner en relación con el puesto de trabajo de la parte actora que era el de auxiliar administrativa en la empresa, que es un trabajo liviano y sedentario, sin necesidad de realizar esfuerzos físicos y con posibilidad de acudir al servicio cuando lo necesitara. Por tanto, de todo ello se desprende que la actora alargó el proceso de incapacidad temporal sin motivo alguno, simulando estar en dicha situación pues si era capaz de acudir a una boda o a la playa, también estaba plenamente capacitada para trabajar, teniendo en cuenta los leves requerimientos físicos de su puesto de trabajo*".

También las escaleras de vivienda se consideran espacio público[101]. En idéntico sentido los párkings (así lo indica la SAP Barcelona 612/2018: "*En el caso que nos ocupa, no se entiende en qué medida el derecho a la intimidad personal del apelante se vulnera cuando se obtienen imágenes del mismo en una zona del inmueble de uso comunitario como es el aparcamiento*") y los despachos, o zonas comunes (SAP Barcelona, 6 de abril de 2017). *La ATS 14577/2021,* en cuanto dependencia anexa a la vivienda, "*mas no se puede negar valor probatorio a los hechos constatados por la percepción sensorial del detective, lo que no supone ninguna intromisión en la intimidad del trabajador, ya que tales tareas las estaba efectuando a la vista y ciencia de cualquier persona que pudiera pasar por la calle en ese momento, que es un espacio público, no existiendo respecto del lugar en que es visto elemento alguno de separación o de protección de su privacidad*".

---

[101] Lafont, op. cit., p. 210 citando la SAP de la Rioja 143/2020

Debe partirse de la premisa de que la obtención de fotografías de personas trabajadoras en lugares públicos no invade, en ningún caso, su derecho a la intimidad, sobre todo si es "*difícil acudir a otras medidas de control menos agresivas*" [STSJ-SOC Cataluña, de 11 de febrero de 2004 (JUR 2004\92518)]. Pero debe advertirse como indica la STSJ-SOC Madrid, de 21 de abril de 2008 (recurso 419/2008) lo "*auténticamente relevante no son las fotografías, ciertamente neutras, que aparecen en el informe de constante cita, ni siquiera lo que en él narra el detective privado que lo confeccionó, sino lo que éste declaró al deponer como testigo en la vista oral...*"

Es decir, como señala Arias Domínguez[102] "la fotografía, por sí misma nada dice, y para que tenga una utilidad en el proceso en el que se aporta el detective debe narrar por sí mismo cómo aconteció la realidad plasmada en las mismas, construyendo un relato lógico desde el punto de vista sustancia y formal. Debe explicar cuál es la razón que aconsejó tomar las fotografías que aporta (aspecto formal), y qué es lo que las fotografías muestras (aspecto sustancial): lugares, fechas, personas con las que se entrevista, etc. Porque lo sustancial para acreditar determinada conducta o comportamiento de la persona trabajadora que se somete a investigación es el relato del detective sustentado en su informe escrito, que adquiere naturaleza testifical en el proceso correspondiente sustanciándose en el material gráfico que aporta, fotográfico, videográfico o de otro tipo".

Como indica, de nuevo, el catedrático "la toma de fotografías en lugares no públicos (locales cerrados, establecimiento de acceso restringido, clubs privados, etc.) requiere una exigencia adicional de legitimación por parte del detective, en el sentido de requerir una mayor explicación a la necesidad de ser seguidos en estos espacios en lo que las expectativas de privacidad son mayores que en los espacios públicos, teniendo presente que no gozan de las garantías constitucional de las que disfruta el domicilio particular"[103]. Así, por ejemplo, en la STSJ-SOC Cataluña, de 27 de julio de 2005 (recurso 1531/2004) que analizaba las actividades incompatibles de una persona trabajadora con su situación de incapacidad temporal un detective realizó unas cuantas fotografías dentro de un local cerrado sin con-

---

102 Arias Domínguez, A., "La expectativa legítima de privacidad y la prueba videográfica obtenida por detectives en el jardín del domicilio de la persona trabajadora" en Revista de Jurisprudencia Laboral, 6/2023, recuperado en https://www.boe.es/biblioteca_juridica/anuarios_derecho/abrir_pdf.php?id=ANU-L-2023-00000002488

103 Arias Domínguez, A., op. Cit.

sentimiento de los titulares de este ni de las personas que en él se encontraban. El Tribunal entiende que este proceder es contrario a la privacidad constitucionalmente protegida, y anula la prueba así obtenida, al entender que nos encontramos en un lugar privado, y que se carece del consentimiento expreso para obtener fotografías. En realidad, era solamente una de las fotografías la que se realiza "*no en un sitio o espacio público, sino dentro de un local, sin que conste permiso para ello*", habiendo obtenido las demás fotografías aportadas desde fuera de dicho local, pero es suficiente para desacreditar la totalidad del testimonio del detective. "Queda por cuestionar qué hubiera sucedido si se hubieran tomados las fotografías desde fuera del local aun apuntando con la cámara hacia dentro del mismo, pero la constatación de que al menos una de las aportadas indubitadamente se ha realizado desde dentro del local permite concluir la inadecuación de la prueba aportada", concluye.

Por último, en los lugares privativos de específica protección constitucional, como lo es el domicilio de la persona trabajadora, la intromisión del detective tiene que considerarse siempre ilegítima. Diferencia así entre zonas públicas abiertas y zonas públicas cerradas. "En las primeras, las abiertas (calles, supermercados, parques, zonas comerciales, de zonas públicas cerradas, gimnasios, lavabos, hospitales, restaurantes, etc.) no es necesario argumentaciones adicionales, se puede obtener fotografías sin más. En las zonas públicas cerradas (locales de acceso restringido, calles particulares, locales de trabajo, etc.), sin embargo, la obtención de este material fotográfico sólo es posible si existe una visión directa y se obtiene desde una posición legítima, es decir, si se emplea un medio racional para captar la imagen y el lugar desde el que se obtiene es un sitio donde quién realiza las fotografías podía estar de manera natural", afirma Arias[104] con razón.

La citada STS 329/2016, de 20 de abril puede ilustrar bien cuales son los límites de esta teoría. En el asunto debatido se enjuiciaba la validez de la observación realizada por los agentes de la policía del interior de la vivienda del principal acusado -situada en el décimo piso de un edificio de viviendas- desde un inmueble próximo, valiéndose para ello de unos prismáticos. En la instancia se entendió que no había existido intromisión ilegítima en el ámbito de la intimidad, pues "... *la observación del interior de la morada se produce a través de aquello que los moradores han permitido ver a través de la ventana*". Si embargo la resolución entiende que aunque "e*l agente*

[104] Arias, "La expectativa legítima de privacidad y la prueba videográfica obtenida por detectives en el jardín del domicilio de la persona trabajadora", op. cit.

de policía puede narrar como testigo cuanto vio y observó cuando realizaba tareas de vigilancia y seguimiento" nuestro sistema constitucional de garantías sólo puede "*obtenerse adecuadamente a partir de la idea de que el acto de injerencia domiciliaria puede ser de naturaleza física o virtual*". Ello conlleva que la garantía del art. 18.2 CE proteja "*tanto frente la irrupción inconsentida del intruso en el escenario doméstico, como respecto de la observación clandestina de lo que acontece en su interior, si para ello es preciso valerse de un artilugio técnico de grabación o aproximación de las imágenes*", añadiendo que "*El Estado no puede adentrarse sin autorización judicial en el espacio de exclusión que cada ciudadano dibuja frente a terceros*", *vulnerándose la garantía constitucional "cuando sin autorización judicial y para sortear los obstáculos propios de la tarea de fiscalización, se recurre a un utensilio óptico que permite ampliar las imágenes y salvar la distancia entre el observante y lo observado*".

Se trataba, básicamente, de una vigilancia policial que se efectúa desde el edificio de enfrente mediante unos prismáticos dirigidos al interior de la vivienda que no había corrido las cortinas de las ventanas. Precisa al respecto la resolución que "*El domicilio como recinto constitucionalmente protegido no deja de ser domicilio cuando las cortinas no se hallan debidamente cerradas. La expectativa de intimidad, en fin, no desaparece por el hecho de que el titular o usuario de la vivienda no refuerce los elementos de exclusión asociados a cualquier inmueble. Interpretar que unas persianas no bajadas o unas cortinas no corridas por el morador transmiten una autorización implícita para la observación del interior del inmueble, encierra el riesgo de debilitar de forma irreparable el contenido material del derecho a la inviolabilidad domiciliaria*[105]".

En referencia directa a los detectives la STSJ ICAN 1010/2022 indica que un trabajador insiste en que la prueba de detective privado ha de ser declarada nula porque la misma supuso una intrusión ilegítima en la intimidad del actor al haber sido grabado en el interior de su domicilio. Intrusión que, según el demandante, se reconoce en varios párrafos de la carta de despido. Tras afirmar que la sentencia recurrida admite que el inmueble era vivienda del actor y su familia, y que la inviolabilidad del domicilio excluye intrusiones mediante aparatos visuales o auditivos, señala que la Ley de Seguridad Privada no autoriza investigaciones de detectives privados sobre la vida personal, familiar o social que se desarrolle en los domicilios o lugares reservados. Intromisión que el actor considera

---

105 Arias Domínguez, "La expectativa legítima de privacidad y la prueba videográfica obtenida por detectives en el jardín del domicilio de la persona trabajadora", op. cit.

producido por haber grabado el detective tanto al demandante como a su familia tanto en el exterior como en el interior de la vivienda, intromisión que considera innecesaria y que convierte en nula la prueba. Y de esa nulidad de la prueba, invocando diversas sentencias de suplicación, deduce el actor que la consecuencia ha de ser la nulidad del despido.

> *"Se impide no solo la entrada física del detective dentro del domicilio de la persona investigada, sino también intrusiones de tipo inmaterial, mediante la colocación o empleo de artificios que permitan captar lo que ocurre en el interior del domicilio. Esto no impide, sin embargo, que la investigación llevada a cabo por el detective privado incluya hechos sensibles (en su sentido de perceptibles por los sentidos) que, aunque ocurran en el interior del domicilio, trasciendan de forma natural del mismo y puedan ser captados desde el exterior, sin necesidad de artificio alguno, directamente por los sentidos humanos. Por ejemplo, lo que ocurra en aquellos espacios del domicilio que están al aire libre y son visibles desde el exterior (como una terraza o azotea); lo que pueda verse a través de una ventana o puerta abierta; o los ruidos, olores o vibraciones que, procedentes del interior del domicilio, sean perceptibles desde su exterior por otra persona. El límite está en que para la captación de aquello que trasciende desde el interior del domicilio hacia el exterior no es posible el empleo de artificios técnicos que permitan al observador percibir más de lo que le permitirían sus propios sentidos, como usar unos prismáticos para ver a través de una ventana, convirtiendo la lejanía en cercanía, o una antena para captar sonidos que de ordinario no serían audibles desde el exterior.*
>
> *En el presente caso, el inmueble en el que se observó al demandante no constituye su domicilio habitual, ya que el actor y su familia reside habitualmente en Tegueste (hecho probado 3°), y el inmueble en el que se hizo la investigación por el detective está ubicado en Bocacangrejo, municipio de El Rosario, y solo se utiliza en vacaciones (hecho probado 4°). De acuerdo con la doctrina constitucional, una segunda residencia, empleada en vacaciones, puede constituir domicilio constitucionalmente protegido, aunque, teniendo en cuenta la entidad de las obras de reforma que se estaban realizando en el mismo en el mes de junio de 2020 (hecho probado 6°) no parece, ciertamente, que la casa estuviera destinada a habitación de la familia en esos momentos, ni que se realizara en ella vida familiar en sentido estricto, y, en cualquier caso, ni el actor ni su esposa dormían en la casa de Bocacangrejo en esos días (hecho probado 6°: el demandante acudía a diario a la casa que estaba reformando, pero regresaba a su domicilio habitual para dormir), dificultando su consideración como domicilio".*

La STSJ CAT 1245/2024 se presume también como un recurso fundamental para delimitar las zonas por cuanto el trabajador aduce que el detective grabó en el interior del domicilio donde se está ejerciendo una actividad profesional. Denuncia la recurrente la infracción el artículo 48.3 de la Ley 5/2014 de 4 de abril, de seguridad privada, en relación con la sentencia del Tribunal Supremo número 380/2023, de 25 de mayo, por entender que el inmueble en el que supuestamente se cometieron los hechos que motivaron su despido ocurrieron en su domicilio y en la página 4 del informe del detective se dice que la actora "hace las clases en la CALLE000 NUM000 de Castelldefels" y en el acto del juicio manifestó que accedió al domicilio de la actora, constando asimismo que los días 16.3.2022, 17.3.2022 y 22.3.2022 se tomaron fotografías del interior de la vivienda de la actora.

El tribunal indica:

> *"El artículo 48.3 de la Ley 5/2014 de seguridad privada establece que "en ningún caso se podrá investigar la vida íntima de las personas que transcurra en sus domicilios u otros lugares reservados, ni podrán utilizarse en este tipo de servicios medios personales, materiales o técnicos de tal forma que atenten contra el derecho al honor, a la intimidad personal o familiar o a la propia imagen o al secreto de las comunicaciones o a la protección de datos."*
>
> *El Tribunal constitucional en sentencia número 10/2002, de 17 de enero de 2002, ha perfilado el concepto de domicilio y su protección a los efectos previstos en el artículo 18.2 de la CE diciendo que "el domicilio inviolable es un espacio en el cual el individuo vive sin estar sujeto necesariamente a los usos y convenciones sociales y ejerce su libertad más íntima. Por ello, a través de este derecho no sólo es objeto de protección el espacio físico en sí mismo considerado, sino lo que en él hay de emanación de la persona y de esfera privada de ella" y que "el rasgo esencial que define el domicilio delimita negativamente los espacios que no pueden ser considerados domicilio: de un lado, aquéllos en los que se demuestre de forma efectiva que se han destinado a cualquier actividad distinta a la vida privada, sea dicha actividad comercial, cultural, política, o de cualquier otra índole"*
>
> *Este es precisamente el supuesto que se examina: el de un edificio que, además de ser el domicilio privado de la recurrente, se desarrolla en el mismo de forma separada, en una segunda planta, una actividad profesional consistente en la impartición de clases de gimnasia al público en general y que se anuncia públicamente en una red social, al cual accedió el detective privado tras ser invitado por su propietaria.*
>
> *La denuncia en consecuencia no puede prosperar".*

EL USO DEL GPS

Las nuevas tecnologías han impactado significativamente en el derecho a la intimidad. Herramientas como los dispositivos de geolocalización (GPS) y los drones permiten un seguimiento detallado de personas y bienes, lo que plantea cuestiones legales en torno a la privacidad y la protección de datos personales. La jurisprudencia ha delimitado los supuestos en los que su uso es admisible, estableciendo criterios de proporcionalidad y necesidad para garantizar el respeto a los derechos fundamentales.

El uso de dispositivos GPS para el seguimiento de individuos ha sido objeto de debate en diversos ámbitos legales, especialmente en el derecho laboral y en la investigación privada. En este sentido, el Tribunal Supremo ha establecido que la instalación de un dispositivo GPS en un vehículo de empresa es lícita si el trabajador ha sido informado previamente de su existencia y finalidad. En la STS 3017/2020, de 15 de septiembre, se declaró procedente el despido de una empleada que utilizó un coche corporativo para fines personales fuera de su horario laboral, a pesar de las restricciones impuestas por la empresa.

La Ley Orgánica 3/2018 de Protección de Datos (LOPD) introdujo el artículo 20 bis en el Estatuto de los Trabajadores, estableciendo el derecho de los empleados a la intimidad frente al uso de dispositivos de videovigilancia y geolocalización, conforme a la legislación vigente en protección de datos.

El Tribunal Superior de Justicia de Madrid, en su sentencia 180/2021, de 24 de febrero, abordó la instalación de un GPS en un vehículo de empresa para controlar los movimientos de un trabajador despedido por falsear informes, dedicar horas laborales a actividades personales y justificar gastos indebidos. La prueba clave fue el registro de geolocalización y un informe de detective privado, que respaldaron la procedencia del despido.

El trabajador recurrió alegando vulneración de su derecho a la intimidad, citando la Constitución (arts. 18 y 24), la LOPD y el RGPD. Sin embargo, el Tribunal confirmó la legalidad del control, basándose en los siguientes puntos:

- Proporcionalidad: El GPS solo registraba inicio, fin y ubicación del vehículo, sin captar datos personales del trabajador.
- Uso restringido: La vigilancia se limitó a la jornada laboral, en la que el empleado estaba a disposición de la empresa.
- Finalidad legítima: La geolocalización se empleó exclusivamente para acreditar un incumplimiento laboral, conforme a la carga probatoria impuesta a la empresa.

La sentencia cita precedentes del Tribunal Europeo de Derechos Humanos (TEDH), como los casos Barbulescu I y II y López Ribalda, aplicando la doctrina de la expectativa razonable de privacidad. En este sentido, el fallo destaca que no puede alegarse violación de la intimidad cuando un trabajador usa tiempo laboral para fines personales:

> *"Si durante su jornada laboral, el trabajador en lugar de prestar sus servicios se encuentra en compañía de su familia, ello no vulnera su derecho a la intimidad".*

El Tribunal concluyó que la empresa actuó dentro del marco legal, dado que el trabajador no estaba en un contexto donde pudiera esperar protección absoluta de su vida privada.

El uso de dispositivos de geolocalización por detectives privados ha sido avalado por diversas sentencias, que han reconocido su validez en tanto se utilicen como herramientas auxiliares sin sustituir la labor del investigador. La Audiencia Provincial de Cantabria (SAP Cantabria, 7 de marzo de 2018) absolvió a un detective que colocó dos dispositivos GPS en el vehículo de una persona investigada, al considerar que dicha acción no constituía una coacción ni una restricción de la libertad deambulatoria.

En el mismo sentido, la Audiencia Provincial de Jaén (SAP Jaén, 5 de marzo de 2019) consideró que la instalación de un GPS en un vehículo no vulnera el derecho a la intimidad, dado que no implica la interceptación de comunicaciones privadas ni la obtención de información confidencial. Esta interpretación se basa en la ausencia de menciones explícitas en el artículo 197.1 del Código Penal, que tipifica los delitos relacionados con la intromisión en la privacidad.

Por otro lado, el Tribunal Supremo en la sentencia STS- 278/2021 determina que el instalar un dispositivo de localización y seguimiento mediante tecnología GPS, por medio de un detective privado, y en el vehículo de quien no era parte de un procedimiento de familia; constituye una vulneración del derecho a la intimidad, susceptible con indemnizarse con 1.500 €. Sostiene el tribunal que la colocación de una baliza GPS, en los términos en los que se hizo, no tiene amparo normativo alguno, pues incluso un actuar semejante por los Miembros y Fuerzas de Seguridad del Estado, de conformidad con los arts. 588 bis a y 588 quinquies b LECRIM, tras la reforma operada por LO 13/2015, de 5 de octubre; precisa de autorización judicial, pudiendo el detective haber utilizado medios o mecanismos «menos invasivos». Así sostiene que:

> *"De este conjunto normativo y jurisprudencial se desprende, en lo que aquí interesa: (i) que la utilización sin consentimiento del afectado de dispositivos de localización y seguimiento tiene «una incidencia directa en el círculo de exclusión que cada ciudadano define frente a terceros» como esfera de su intimidad o vida privada; (ii) que, sin embargo, no todas las injerencias derivadas de la colocación de ese tipo de dispositivos son ilegítimas, constituyendo requisitos legitimadores de la intromisión la existencia de habilitación legal y la proporcionalidad de la medida; (iii) que por esta segunda razón, incluso*

desde antes de la reforma de la LECRIM de 2015 la jurisprudencia penal ha venido considerando legítimas las injerencias en la intimidad de terceros mediante la utilización de dispositivos GPS en vehículos o buques, pero siempre que estas prácticas se lleven a cabo por las fuerzas policiales en el curso de una investigación criminal por delitos graves, al considerarse en estos casos una medida proporcionada a los fines legítimos de la investigación criminal en una sociedad democrática, lo que la legislación procesal criminal vigente no ha hecho sino confirmar, con la salvedad de exigir en todo caso la previa autorización judicial; y (iv) que, por el contrario, la legislación reguladora de la seguridad privada (tanto la vigente cuando ocurrieron los hechos del presente asunto como la actualmente vigente), lejos de habilitar, prohíbe expresamente a los detectives privados utilizar para sus investigaciones medios materiales o técnicos que atenten contra el derecho a la intimidad personal o familiar.".

La jurisprudencia ha establecido que la captación de imágenes por drones en espacios privados sin autorización constituye una vulneración del derecho a la intimidad. La doctrina[106] enfatiza la necesidad de que cualquier intervención tecnológica en la investigación privada cumpla con los principios de legalidad, necesidad y proporcionalidad.

CONCLUSIONES SOBRE EL DERECHO A LA INTIMIDAD

El derecho a la intimidad, reconocido en el artículo 18.1 de la Constitución Española, constituye un pilar fundamental en la protección de la esfera privada del individuo. Sin embargo, su delimitación plantea desafíos significativos, especialmente cuando entra en conflicto con las investigaciones privadas. La evolución jurisprudencial ha permitido matizar y precisar los alcances de este derecho, estableciendo criterios que determinan cuándo una intromisión puede considerarse legítima.

En este contexto, la utilización de detectives privados por parte de las empresas ha generado un intenso debate sobre los límites de la vigilancia empresarial. La jurisprudencia ha consolidado el principio de que la observación de un trabajador en espacios públicos es admisible, siempre que no se vulneren derechos fundamentales ni se empleen medios desproporcionados. En cambio, el acceso a lugares privados, como el domicilio del trabajador o espacios con una expectativa legítima de privacidad, requiere autorización judicial o el consentimiento expreso del titular.

---

106 Velasco Núñez, E.: «Investigación procesal penal de redes, terminales, dispositivos informáticos, imágenes, GPS, balizas, etc.: la prueba tecnológica» Diario La Ley, n.º 8183, 4 de noviembre de 2013

Uno de los aspectos clave en la delimitación de la intimidad es el concepto de expectativa razonable de privacidad, el cual permite diferenciar entre aquellos espacios en los que una persona puede razonablemente esperar protección de su intimidad y aquellos en los que tal expectativa es reducida o inexistente. La jurisprudencia ha determinado que si el seguimiento se desarrolla en lugares visibles desde espacios públicos, no puede alegar una vulneración de su privacidad. No obstante, cuando existen barreras físicas o medidas explícitas de exclusión, como muros o vallas, la intromisión en dichos espacios sin autorización puede constituir una violación del derecho a la intimidad.

En esta misma línea, la doctrina de la Plain View establece que la observación y captura de imágenes de hechos visibles a simple vista no requieren autorización, siempre que no se utilicen dispositivos que amplíen artificialmente la capacidad de observación. Este principio ha sido aplicado tanto en el ámbito penal como en el laboral, reforzando la idea de que la protección de la intimidad no se basa únicamente en la propiedad del espacio, sino en la expectativa de privacidad que sobre él se tenga.

El uso de tecnologías de vigilancia, como el GPS y los drones, ha supuesto nuevos retos para la protección de la privacidad. La jurisprudencia ha establecido que la geolocalización de vehículos de empresa es válida si se informa previamente al trabajador y si su uso es proporcional a los fines perseguidos. Sin embargo, la instalación de dispositivos de seguimiento en vehículos privados sin consentimiento ha sido considerada una intromisión ilegítima, ya que permite la monitorización continua de la persona, afectando su derecho a la intimidad.

En definitiva, la protección del derecho a la intimidad no es absoluta ni inmutable, sino que debe ponderarse con otros derechos e intereses legítimos, como la facultad del empresario de garantizar el correcto cumplimiento de las obligaciones contractuales. La jurisprudencia ha desarrollado un marco normativo flexible que permite adaptar la protección de la intimidad a las circunstancias específicas de cada caso, evitando tanto la impunidad ante fraudes laborales como el abuso en las medidas de vigilancia. La evolución tecnológica obliga a una constante revisión de estos principios, con el fin de garantizar un equilibrio adecuado entre la protección de la esfera privada del trabajador y la necesidad legítima de control empresarial.

Capítulo 11

El informe de investigación privada y los métodos de investigación

El informe del detective privado es el documento final que recoge los resultados de la investigación y constituye una prueba clave en procedimientos judiciales y extrajudiciales. Su correcta elaboración debe seguir criterios de objetividad, claridad y veracidad, garantizando su admisibilidad en sede judicial y evitando que pueda ser impugnado por defectos formales o por vulneración de derechos fundamentales.

Además de la correcta confección del informe, es fundamental conocer las técnicas de investigación utilizadas para la obtención de la información, ya que estas deben ajustarse a la legalidad vigente, garantizando la protección de derechos como la intimidad, el honor y la privacidad de las personas investigadas.

NATURALEZA Y FUNCIÓN DEL INFORME DE INVESTIGACIÓN

El informe del detective es un documento técnico y profesional que tiene múltiples funciones, entre ellas:

- Proporcionar pruebas documentadas en procedimientos judiciales.
- Servir como soporte en la toma de decisiones empresariales y personales.
- Aportar información en conflictos laborales, familiares y mercantiles.

Según la LSP, en su artículo 49, señala que el detective está obligado a entregar un informe al cliente al finalizar la investigación. Este documento solo puede ser utilizado por el cliente o en sede judicial, y su contenido no puede ser divulgado a terceros sin autorización legal.

> 1. *Por cada servicio que les sea contratado, los despachos o los detectives privados encargados del asunto deberán elaborar un único informe en el que reflejarán el número de registro asignado al servicio, los datos de la persona que encarga y contrata el servicio, el objeto de la contratación, los medios, los resultados, los detectives intervinientes y las actuaciones realizadas, en las condiciones y plazos que reglamentariamente se establezcan.*

2. *En el informe de investigación únicamente se hará constar información directamente relacionada con el objeto y finalidad de la investigación contratada, sin incluir en él referencias, informaciones o datos que hayan podido averiguarse relativos al cliente o al sujeto investigado, en particular los de carácter personal especialmente protegidos, que no resulten necesarios o que no guarden directa relación con dicho objeto y finalidad ni con el interés legítimo alegado para la contratación.*

3. *Dicho informe estará a disposición del cliente, a quien se entregará, en su caso, al finalizar el servicio, así como a disposición de las autoridades policiales competentes para la inspección, en los términos previstos en el artículo 54.5.*

4. *Los informes de investigación deberán conservarse archivados, al menos, durante tres años, sin perjuicio de lo dispuesto en el artículo 16.3 de la Ley Orgánica 15/1999, de 13 de diciembre, de protección de datos de carácter personal. Las imágenes y los sonidos grabados durante las investigaciones se destruirán tres años después de su finalización, salvo que estén relacionadas con un procedimiento judicial, una investigación policial o un procedimiento sancionador. En todo caso, el tratamiento de dichas imágenes y sonidos deberá observar lo establecido en la normativa sobre protección de datos de carácter personal, especialmente sobre el bloqueo de datos previsto en la misma.*

5. *Las investigaciones privadas tendrán carácter reservado y los datos obtenidos a través de las mismas solo se podrán poner a disposición del cliente o, en su caso, de los órganos judiciales y policiales, en este último supuesto únicamente para una investigación policial o para un procedimiento sancionador, conforme a lo dispuesto en el artículo 25.*

El informe tiene dos funciones principales en sede judicial:

1. Servir de prueba documentada. Se presenta como un documento escrito que recoge los hallazgos obtenidos durante la investigación.
2. Prueba testifical cualificada. El detective puede ser citado a juicio para ratificar su informe, lo que refuerza su validez probatoria.

CONTENIDO DEL INFORME

Por cada servicio contratado el detective deberá elaborar "*un único informe en el que reflejarán el número de registro asignado al servicio, los datos de la persona que encarga y contrata el servicio, el objeto de la contratación, los medios, los resultados, los detectives intervinientes y las actuaciones realizadas, en las condiciones y plazos que reglamentariamente se establezcan*" (artículo 49.1 LSP).

En el informe de investigación únicamente se hará "*constar información directamente relacionada con el objeto y finalidad de la investigación contratada, sin incluir en él referencias, informaciones o datos que hayan podido averiguarse relativos al cliente o al sujeto investigado, en particular los de carácter personal especialmente protegidos, que no resulten necesarios o que no guarden directa relación con dicho objeto y finalidad ni con el interés legítimo alegado para la contratación*" (Artículo 49.2 LSP)

Dicho informe, añade el mismo precepto, "*estará a disposición del cliente, a quien se entregará, en su caso, al finalizar el servicio, así como a disposición de las autoridades policiales competentes para la inspección, en los términos previstos en el artículo 54.5.*"

La Sentencia del Tribunal Supremo 851/2021, de 9 de diciembre de 2021, refuerza la validez del informe de detectives en sede judicial cuando se cumplen los principios de legalidad, necesidad y proporcionalidad. En este caso, el Tribunal Supremo determinó que la investigación encargada por una mujer a un detective privado no constituyó intromisión ilegítima en la privacidad ni en la propia imagen del investigado, ya que:

- Existía un interés legítimo en la obtención de pruebas.
- Las pruebas fueron obtenidas con métodos proporcionales y no invasivos.
- La finalidad de la investigación era servir como prueba en un procedimiento judicial, no difundir datos personales.

El Tribunal Supremo destacó que los informes de detectives son medios de prueba admitidos en la LEC (art. 265.5) y que su admisión en juicio dependerá de que se consideren pertinentes, útiles y legales en los términos del artículo 283 LEC.

La sentencia del Tribunal Supremo deja claro que los detectives deben asegurarse de que la información incluida en el informe sea relevante para el caso y que no se exceda del encargo recibido, evitando así la nulidad del informe o la vulneración de derechos fundamentales. Porque la forma, en esta materia, es importante. Como señala la APP Murcia 632/2010, de 30 de diciembre: "*ningún valor cabe otorgar a esas fotocopias incompletas de ínfima calidad y carentes de firma*".

REQUISITOS DEL INFORME DEL DETECTIVE

La Sentencia del Tribunal Supremo (STS) 851/2021 ha delimitado con claridad los requisitos que debe cumplir un informe de detective privado, complementando los criterios establecidos en las SSTS de 16 de julio de 1990 y 13 de marzo de 1991. Estas resoluciones subrayan que la participación del detective en el proceso judicial se limita a:

1. Elaborar y aportar su informe a la parte que lo haya contratado.
2. Ratificar su informe en el juicio, si así lo solicitan las partes.
3. Responder a las preguntas formuladas en sede judicial, con el fin de clarificar y contextualizar los hechos investigados.

El valor del informe es prueba documentada, pero su ratificación en juicio es obligatoria si las partes no están conformes con su contenido. En este caso, la declaración del detective tendrá valor de prueba testifical cualificada, dado que no solo expone hechos que ha presenciado, sino que lo hace desde la posición de un profesional habilitado para realizar investigaciones privadas conforme a derecho. Así, en la SAP Barcelona, 6 de Abril de 2017 se establece con claridad que el informe es una cosa y otra las pruebas que allí se contienen:

> *"La grabación es un complemento de los tres informes de la agencia de detectives de 4-2- 2.005 y en ellos puede comprobarse que la investigación privada duró desde el día 20-1-2.005 hasta el día 2-2-2.005 y, en ese período de tiempo, se consiguen datos de interés lo días 21, 25 y 29 de enero de 2.005. Los informes y el DVD -luego transformado en cinta VHS- estuvieron a disposición de las defensas de los hoy acusados desde el principio, las partes tuvieron conocimiento· de su existencia y tuvieron acceso a este medio probatorio, pudieron pedir la práctica de diligencias de prueba y pudieron comprobar si había existido alguna clase de "manipulación" en la confección del DVD o solicitar la incorporación de las grabaciones íntegras a la causa, si era eso lo que les interesaba, pero nada de ello fue solicitado.*

A partir de este marco legal y jurisprudencial, la STS 851/2021 establece tres requisitos esenciales que debe cumplir un informe de detective privado:

1. Elaboración por un detective habilitado

El informe debe ser realizado por un detective privado legalmente habilitado por el Ministerio del Interior, conforme a la Ley de Seguridad Privada. Este requisito es fundamental para garantizar la validez procesal de la prueba y su admisibilidad en juicio.

El artículo 265.5 de la Ley de Enjuiciamiento Civil (LEC) es claro al respecto:

> *"Los informes, elaborados por profesionales de la investigación privada legalmente habilitados, sobre hechos relevantes en que aquéllas apoyen sus pretensiones. Sobre estos hechos, si no fueren reconocidos como ciertos, se practicará prueba testifical".*

Este artículo refuerza la exigencia de que el detective esté debidamente acreditado y actúe dentro del marco normativo vigente, garantizando la legalidad de su actuación. No es válido, como señala la SAP Cuenca (44/2002, de 24 de julio), un *"informe de agencia de detectives inexistente"*.

Además, debe señalarse que el detective firmante debe haber hecho personalmente la investigación. En este sentido, la STS de 10.10.91 señala "*En primer lugar hay que preguntarse qué detectives hicieron la observación. El único firmante del informe, Alejandro , que emitió tal informe en plural: "llamamos", "a nuestra llamada", "nos hace pasar", "invitándonos a sentar nos en el sillón", etc., resulta que no fue personalmente a hacer la investigación, como reconoció en el juicio oral (folio 48 del rollo), sino que la hizo María Virtudes "y otro más del despacho" cuyo nombre no consta. Ha de calificarse de verdaderamente anómalo que Alejandro suscriba una investigación como por él efectuada habiendo sido realizada por terceras personas. Que tampoco se conoce si fueron dos o solamente una, ya que María Virtudes tampoco en el juicio oral proporcionó el nombre del compañero que estuvo con ella (folio 56 y vuelto).*", debiendo, además, constar el sello de la empresa, pudiendo ser varios los coautores sin que sea necesaria la ratificación por todos ellos (SAP Granada, 286/2018).

2. Finalidad delimitada y estrictamente vinculada al encargo

El informe del detective debe ceñirse exclusivamente al objeto del contrato, es decir, a los hechos concretos que motivaron la investigación. La STS 851/2021 señala que el informe debe evitar incluir informaciones genéricas o irrelevantes, ya que su contenido debe estar directamente relacionado con el pleito. En esta misma línea, Mallent[107] sostiene que: *"El informe de detective ha de huir de investigaciones genéricas o que no guarden relación con el objeto del pleito, debiendo aportar datos de interés para la causa"*.

Por lo tanto, un informe que incluya información no vinculada al encargo o que se extralimite en su contenido podría ser impugnado y declarado nulo, afectando la estrategia probatoria de la parte que lo presentó.

Tal y como indica la Audiencia Provincial de Cuenca 57/2024, 27 de marzo de 2024:

> "El art. 49.2 de la Ley de Seguridad Privada se señala que en el informe no se harán constar los datos de carácter personal especialmente protegidos que no resulten necesarios con el objeto y finalidad del encargo".

---

[107] Mallent, E., "La prueba de detective privado en los procesos de familia", en La prueba de detective privado en los procesos de familia, Dir. María Ángeles Valls Genovard, Madrid, 2023

3. Proporcionalidad y mínima invasión en los derechos fundamentales

Tal como hemos reiterado en distintos apartados de este manual, el informe de investigación debe cumplir con los principios de proporcionalidad, necesidad y mínima invasión en los derechos del investigado.

Esto significa que:

- La obtención de la información debe estar justificada y ser esencial para el proceso.
- El método empleado debe ser el menos intrusivo posible.
- Deben respetarse derechos fundamentales como la intimidad y la protección de datos personales.

La doctrina ha insistido en que el detective privado no solo debe actuar conforme a la Ley de Seguridad Privada, sino también bajo el marco de garantías constitucionales que protegen a los ciudadanos contra intromisiones indebidas en su privacidad. En este SAP Pontevedra de 30 de junio de 2016, indica que *"... el testimonio del investigador privado no puede ir más allá de unos límites determinados. Podrá declarar como testigo respecto de los hechos que haya comprobado personalmente o podrá adverar las grabaciones o filmaciones que haya realizado, de cuyos hechos, por otra parte, habrá sido testigo directo. Pero, en otras ocasiones, su función consiste -y ahí se agota su colaboración probatoria- en proporcionar la fuente de la prueba, pero no podrá sustituir a la actividad propiamente probatoria".*

ESTRUCTURA DEL INFORME DE INVESTIGACIÓN

Para que el informe sea válido y admisible en sede judicial, debe contar con una estructura clara y organizada. Además, conforme indica el artículo 49 LSP deben indicar, al menos, la siguiente información: "*Por cada servicio que les sea contratado, los despachos o los detectives privados encargados del asunto deberán elaborar un único informe en el que reflejarán el número de registro asignado al servicio, los datos de la persona que encarga y contrata el servicio, el objeto de la contratación, los medios, los resultados, los detectives intervinientes y las actuaciones realizadas, en las condiciones y plazos que reglamentariamente se establezcan*"[108].

---

108 De acuerdo con el artículo 188.2 del borrador de Reglamento de Seguridad Privada el informe debe incluir: El informe se confeccionará por escrito, en formato papel o electrónico, en el plazo de un mes, a contar desde la fecha en que hubiesen finalizado las investigaciones correspondientes al asunto o encargo objeto de contratación y deberá ajustarse al siguiente contenido: a) Número de registro

Por todo lo ya dicho, aunque sin que exista regulación normativa o interpretación jurisprudencial, el informe debe contener:

1. **Portada**
   - Nombre y número de licencia del detective privado.
   - Nombre o razón social del cliente.
   - Número de expediente de la investigación.
   - Fecha de inicio y finalización de la investigación.

2. **Introducción**
   - Exposición del motivo de la investigación.
   - Alcance y límites del trabajo realizado.
   - Objetivos del encargo y metodología utilizada.

3. **Desarrollo de la Investigación**
   - Descripción detallada de las actuaciones realizadas.

---

asignado al servicio o servicios de investigación privada que se correspondan con el contrato de que se trate. b) Nombres, apellidos y documentación personal de identidad del cliente que encarga y contrata el servicio o servicios de investigación. Cuando el contratante actuara en nombre y representación de una persona física, deberá hacerse constar los datos personales de ésta; y cuando lo haga en representación de una persona jurídica, deberá hacerse constar, además, la razón social de ésta y su número o código de identificación fiscal. c) Objeto de la contratación, con especificación de la finalidad de la misma y de las razones que la motivan. d) e) Actuaciones realizadas y desarrollo de las investigaciones. Resultados que se hubieran obtenido en relación con el objeto de la contratación. No se incluirá aquella información o datos que no hayan sido requeridos por los clientes en relación con los encargos objeto de investigación o que no guarden relación con su finalidad o motivación, o con el interés legítimo alegado para la contratación. f) Número de habilitación del detective o detectives privados intervinientes en la prestación del servicio o servicios objeto de contratación, tanto por lo que respecta a los que estuvieran integrados en el propio despacho de detectives privados contratado como aquellos otros que lo estuvieran en otro u otros despachos cesionarios o subcontratados. g) Medios de investigación empleados para la obtención de información y aportación de pruebas sobre las conductas y hechos privados relacionados con los aspectos a que se refiere el artículo 48.1 de la Ley. h) Detalles de anexos documentales, fotográficos, audiovisuales u otros que sirvan de soporte al informe, susceptibles de utilización como material probatorio. i) Firmas del detective o detectives privados que elaboraron el informe y las del representante legal o titular o titulares de los despachos de detectives privados

- Fechas, horarios y ubicaciones de los eventos investigados.
- Técnicas de investigación empleadas.

4. **Pruebas Documentales y Audiovisuales**
   - Fotografías, vídeos y documentos que respalden los hallazgos.
   - Indicación de la fecha, hora y lugar donde fueron obtenidas las pruebas.

5. **Conclusiones**
   - Resumen de los hallazgos obtenidos.
   - Relación de los hechos con el objeto de la investigación.
   - Valoración de los resultados de acuerdo con el encargo recibido.

6. **Anexos (si procede)**
   - Transcripciones de grabaciones.
   - Documentos adicionales que respalden la investigación.

En cuanto a la referencia de que el informe debe indicar los medios utilizados en la investigación se debe señalar cuál de estos medios (seguimientos, investigaciones, etc) se han utilizado y no los medios materiales que se han utilizado para realizar la investigación. En este sentido, el borrador de reglamento establece que el informe incluirá los "Medios de investigación empleados para la obtención de información y aportación de pruebas sobre las conductas y hechos privados relacionados con los aspectos a que se refiere el artículo 48.1 de la Ley".

RESTRICCIONES Y LIMITACIONES EN LA ELABORACIÓN DEL INFORME

El detective debe respetar tres grandes límites en la obtención de información y en la elaboración del informe:

1. **Límites en la obtención de información:**
   - La investigación debe ajustarse al encargo recibido por el cliente. No se pueden recopilar datos de manera indiscriminada.
   - No se pueden incluir datos personales que no guarden relación con la investigación (artículo 49.2 LSP).

2. **Límites en los ámbitos investigables:**
   - Está prohibida cualquier indagación sobre aspectos de la vida íntima de las personas en su domicilio u otros espacios reservados (artículo 48.3 LSP).
   - Se protege el derecho a la inviolabilidad del domicilio, la intimidad y la privacidad.
3. **Límites en los métodos de investigación:**
   - El artículo 48.3 de la LSP prohíbe el uso de herramientas o técnicas que vulneren derechos fundamentales como el honor, la intimidad personal o familiar, la propia imagen y el secreto de las comunicaciones.
   - El detective debe evitar el uso de medios ilegales o intrusivos, garantizando la legalidad de sus actuaciones.

FORMA DE REDACCIÓN DE UN INFORME DE DETECTIVE

Lo que no se puede probar no se incluye en un informe. Esta máxima es la que siempre he mantenido en nuestros informes de investigación, además de otros criterios. Aquí te explico qué se debe hacer y qué no se debe hacer, con ejemplos claros.

Qué SÍ se debe hacer

1. Usar lenguaje objetivo y técnico

   Todo el contenido del informe debe ser neutral, sin opiniones ni interpretaciones subjetivas. Se deben describir hechos concretos, observaciones verificables y pruebas obtenidas.

   - Ejemplo correcto:

   "El día 12 de febrero de 2025, a las 08:15 h, el investigado sale de su domicilio en [dirección], viste camisa azul y pantalón beige, se sube a un vehículo marca [X] con matrícula [XXXX], y se dirige a [lugar]."

   - Esto es correcto porque proporciona detalles verificables sin emitir juicios.

2. Registrar fechas, horarios y ubicaciones exactas

   Cada evento observado debe estar acompañado de un marcador temporal y espacial preciso.

- Ejemplo correcto:

"El investigado entró al restaurante 'La Cava' a las 13:10 h y salió a las 14:25 h."

- Así se establece una cronología exacta que respalda la validez del informe.

3. Incluir pruebas visuales con metadatos

   Toda afirmación debe sustentarse en pruebas documentadas, como fotografías y vídeos con la hora y fecha exacta.

   - Ejemplo correcto:

   "Imagen 1: El investigado entrando al local a las 09:15 h. (Ver anexo fotográfico, imagen 001)."

4. Escribir en tercera persona y en modo indicativo

   La redacción debe ser descriptiva, nunca interpretativa.

   - Ejemplo correcto:

   "El investigado permaneció en la oficina de 09:30 h a 11:45 h sin actividad aparente."

   - Esto evita dar opiniones y solo se presenta el hecho observado.

5. Redacción clara y estructurada

   Un informe debe ser fácil de leer y comprender. Se recomienda el uso de párrafos cortos, viñetas y títulos para organizar la información.

   - Ejemplo correcto:

     4.1. Cronología de los hechos

     » 08:00 h–El investigado sale de su domicilio.

     » 08:30 h–Se le observa entrando a su lugar de trabajo.

6. Incluir base legal cuando corresponda

   Para que el informe tenga validez jurídica, se deben mencionar los artículos legales aplicables.

   - Ejemplo correcto:

   "Este informe se ha elaborado en cumplimiento del artículo 48 de la Ley 5/2014 de Seguridad Privada."

Qué NO se debe hacer

1. No emitir opiniones ni juicios de valor

   Un informe no es un análisis psicológico ni una interpretación de intenciones.

   - Ejemplo incorrecto:

   "El investigado parecía estar nervioso y actuaba de forma sospechosa."

   - En su lugar, se debe describir el comportamiento sin interpretaciones:

   "El investigado miró en varias direcciones antes de subir al vehículo a las 20:30 h."

2. No usar lenguaje impreciso o coloquial

   Se debe evitar términos vagos como "parece", "un rato", "algo raro", "posiblemente".

   - Ejemplo incorrecto:

   "El investigado estuvo un buen rato en el coche."

   - En su lugar, se debe especificar el tiempo exacto:

   "El investigado permaneció en el interior del vehículo de 19:45 h a 20:10 h."

3. No suponer hechos sin pruebas

   Todo lo que se escribe en un informe debe estar basado en evidencia tangible.

   - Ejemplo incorrecto:

   "Probablemente el investigado estaba esperando a alguien."

   - En su lugar, se debe escribir lo que se observó sin interpretaciones:

   "El investigado permaneció en el mismo punto durante 15 minutos sin interactuar con otras personas."

4. No incluir información irrelevante

   Solo se debe incluir lo que aporta valor al caso, evitando descripciones innecesarias.

   - Ejemplo incorrecto:

   "El investigado pidió un café y luego estuvo revisando su teléfono por unos minutos."

◦ En su lugar, se debe destacar información relevante:

"El investigado permaneció en el local de 14:05 h a 15:40 h sin realizar actividad laboral."

5. No utilizar condicionales ni adverbios de duda

   Se debe evitar el uso de términos que indiquen suposiciones.

   ◦ Ejemplo incorrecto:

   "Podría haber ido a trabajar."

   ◦ En su lugar, se debe escribir solo lo observado:

   "A las 09:15 h, el investigado entró a las oficinas de la empresa X."

6. No obtener información de manera ilegal

   No se deben incluir datos obtenidos sin autorización legal, como grabaciones de audio sin consentimiento o información personal protegida.

   ◦ Ejemplo incorrecto:

   "Se adjunta grabación telefónica del investigado obtenida sin su conocimiento."

   ◦ Solo se deben adjuntar pruebas obtenidas de manera legal.

En suma, un informe de investigación privada debe ser preciso, objetivo y basado en hechos verificables. Se debe narrar lo que realmente ocurrió, con fechas, horarios, ubicaciones y pruebas documentadas, sin emitir opiniones, interpretaciones o suposiciones.

1. **Objetivos:**

   - Se deben exponer únicamente hechos observados y verificables. En este sentido, la SAP Ciudad Real 162/2022, 28 de marzo de 2022 señala: *"Ninguno de los extremos fácticos aportados por el detective privado determina la constancia de hechos inequívocos que evidencien la irrealidad de las lesiones corporales cuya indemnización se reclama. El propio detective en su declaración en el acto del juicio, sin perjuicio de que expresa la conclusión de que el accidente pudiera ser fraudulento, basa la misma en lo que ha de calificarse de meras sospechas".*
   - No incluir juicios de valor ni interpretaciones del detective. Indica la SAP Murcia 354/2016, 3 de octubre de 2016: "*todo el contenido del mismo no es nada más que una serie de conclusiones, por muy razonables que puedan parecer, de carácter absolutamente subjetivo derivadas*

de la interpretación que el autor del informe hace de tales conversaciones, por lo que falta toda idea de objetividad en la prueba, sin que pueda ser valorada de forma preferente al resto de las practicadas en autos". Por tanto, el informe debe estar redactado con un lenguaje neutral sin influencias subjetivas.

- Falta de objetividad por no aportar grabaciones de audio de las conversaciones realizadas. Así la sentencia del SAP Murcia 354/2016, 3 de Octubre de 2016, indica: "*En primer lugar porque, a pesar de que el testigo en juicio declaró que existían todas las grabaciones de audio de las conversaciones llevadas a cabo y así lo hace constar expresamente al folio 31 de dicho informe, lo cierto es que las mismas no están aportadas a las actuaciones por motivos que no supo o quiso explicar en el acto del juicio oral cuando fue interrogado a tal efecto por la parte actora. Tales audios debieron de unirse al informe para que este tribunal pudiera comprobar que lo resumido en el informe se correspondía con la realidad de lo dicho por cada una de las personas interrogadas, en especial el testimonio del Sr. Iván*".
- Subjetividad del informe por cuanto el detective hace suposiciones, hipótesis, posibilidades. La SAP Lugo 655/2011, 24 de Noviembre de 2011, rechaza un informe de reconstrucción de accidente, que por analogía debe ser tenido en cuenta: *"frente a tal conjunto probatorio la aseguradora pretende la inexistencia de un siniestro sobre la base de un informe subjetivo de reconstrucción del accidente que son meras hipótesis y que constituyen una mera opinión que, desde luego, no puede alzarse con preponderancia sobre el conjunto probatorio objetivo y constatado antes expuesto"*

2. **Claros, precisos y congruentes:**
   - Uso de un lenguaje técnico y directo, con un relato estructurado en orden cronológico, donde se eviten términos ambiguos o interpretaciones personales. El TS señala la irrelevancia del informe por investigar hechos posteriores a los denunciados que no guardan relación alguna. En este sentido, la STS 381/2014, 21 de Mayo de 2014 señala que no acepta el informe de un detective por *"por desconocerse con qué objeto se propuso la citada prueba que por no guardar relación con los hechos resulta impertinente""*

3. **Fundamentarse en pruebas:**
   - Incluir pruebas obtenidas de manera legal (fotografías, vídeos, audios, documentos). En este sentido, la SAP Murcia 426/2017,

11 de Septiembre de 2017 señala: "*Sin embargo ninguna eficacia tiene este tipo de testimonio, en la forma en la que se relata en el informe, pues no se han aportado ningún tipo de grabación que permita al tribunal comprobar la realidad de lo afirmado por el detective en su informe como afirmado por las entrevistadas, lo que priva de eficacia a dichas manifestaciones no sólo porque no han sido sometidas a contradicción sino porque además son la base para una serie de suposiciones en las que basa gran parte del informe hasta alcanzar sus conclusiones, como las presuntas contradicciones en unas versiones que siempre han sido coincidentes en relación a la forma en la que se produjo el accidente. Se afirma que se realizaron dichas entrevistas, y no hay porqué dudar de la realidad de las mismas, pero lo que no puede aceptarse acríticamente es el contenido de las mismas que debería de haber sido concretado por medio de grabaciones u otro tipo de medios técnicos de reproducción del sonido, no solo no aportados al informe sino que ni siquiera se hace referencia a las mismas en el contenido del citado documento*".

- Garantizar la autenticidad y trazabilidad de las pruebas. En este sentido, la STS 298/2013, 13 de Marzo de 2013 refleja bien esta necesidad: "*Se alega asimismo que las grabaciones han sido "filtradas" y por tanto no consta su autenticidad. Son particulares -una agencia de detectives privados- los que las hicieron y prepararon para entregarlas después a los agentes de la autoridad. Eso ya es un tema distinto: es una cuestión de fiabilidad y no de licitud. Que un testigo pueda mentir no significa que haya de desecharse por principio la prueba testifical; que un documento pueda ser alterado, tampoco descalifica a priori ese medio probatorio. Por iguales razones, que una grabación pueda ser objeto de manipulación no empece a que pueda ser aportada como prueba y pueda ser valorada. Corresponde al Tribunal determinar si esa posibilidad debe descartarse in casu y le merece fiabilidad, o no. En el supuesto ahora examinado no hay el más mínimo indicio de que se haya tergiversado la grabación, o se hayan efectuado supresiones que traicionen el sentido de la conversación mediante su descontextualización o amputación de fragmentos que cambiarían su entendimiento. Entraba dentro de las facultades de la defensa solicitar una prueba pericial sobre tal punto. Lo que se llega a deducir de la prueba practicada no es que se hayan suprimido zonas de la grabación, sino que se han filtrado los preliminares irrelevantes, y se han mantenido íntegra la conversación, en la que no hay vestigios de interrupciones que hagan pensar en una selección interesada de pasajes como sugiere el recurrente, para menoscabar bien la integridad, bien la autenticidad de la grabación. Por lo demás, al margen de la grabación, el contundente cuadro probatorio existente es tan concluyente que hace a aquélla perfectamente prescindible"*

- Explicar los métodos utilizados en la obtención de la información: "*en este caso el método de investigación empleado no podía sustituirse por otro, ya que el demandante había negado la realización de actividad profesional para argumentar la falta de ingresos con los que satisfacer las pensiones alimenticias, y la única forma de saber si seguía realizando esa actividad era entrevistarse con él (pues no se sabía quiénes podían ser sus clientes) y acompañar una fotografía que despejara cualquier duda al respecto*" (STS 851/2021, de 9 de diciembre).
- Cumplir con la legislación vigente sobre privacidad y protección de datos: *"Los citados informes fueron aportados como prueba por la Sra. Juliana y admitidos como tal en diversos procesos judiciales seguidos entre los excónyuges y "ni el órgano que conoció de los procesos, ni la representación procesal del Sr. Pascual en los mismos cuestionaron eficazmente la pertinencia, utilidad y legalidad de las grabaciones como medio de prueba, así como tampoco que en la obtención u origen de la prueba se hubieran podido vulnerar derechos fundamentales"* (STS 851/2021, de 9 de noviembre).
- Garantizar la cadena de custodia de las pruebas para su validez judicial: "*sobre la base de la doctrina legal y jurisprudencial que pormenorizadamente acabamos de exponer, la sentencia impugnada resulta en el supuesto enjuiciado muy precisa en la descripción de la cadena de custodia, sin que ninguna duda puede suscitarse al respecto. En efecto, al folio 69 se describe cómo se produjo la intervención del ordenador adquirido por el detective privado y quien antes da aviso a la Policía Local de Las Rozas para que los agentes acudan al Centro Comercial El Zoco, donde, a las puertas del establecimiento que regenta el investigado, proceden a la recogida del equipo informático adquirido sobre las 10.20 horas del día 14 de octubre de 2009, comenzando la inspección de la CPU en dependencias de la propia policía sobre las 10.50 horas para finalizar a las 11.15 horas de ese mismo día, tras lo cual se precinta la CPU con sus conexiones, al igual que las aperturas de la caja de cartón que le envuelve, que es sellada con el emblema e inscripciones de la Policía, dejando de ello constancia fotográfica (a los folios 117 a 129 de las actuaciones) (...) A los folios 152 y 153 de las actuaciones, con motivo de la solicitud de entrada y registro en el local, en el propio atestado se aclara que la inspección se realiza en presencia del detective privado" (SAP Madrid 655/2016, 29 de Noviembre de 2016).*

- No exceder el ámbito de actuación permitido por la ley. "*En definitiva, el presente caso no es equiparable a los de las sentencias 622/2004, de 2 de julio (grabación desde una ventana de la vivienda del cliente, de imágenes de la puerta de la vivienda de su esposa), o 196/2007, de 22 de febrero (grabación accidental de la imagen de un tercero), pues en el presente caso se llevó a cabo un seguimiento continuo e indiscriminado de quien no era parte en el proceso de familia, con la consiguiente injerencia, absolutamente desproporcionada, en su vida personal*" (STS 278/2021, 10 de mayo).

TÉCNICAS DE INVESTIGACIÓN Y MARCO LEGAL

Los detectives privados emplean diversas técnicas de investigación, siempre dentro de los límites de la ley. Entre las más utilizadas destacan:

1. **Observación Directa y Seguimientos**
   - Técnica más utilizada para verificar rutinas y actividades de una persona.
   - La jurisprudencia ha avalado su uso, siempre que se realice en espacios públicos y sin invadir la privacidad del investigado.

2. **Uso de Cámaras y Grabaciones**
   - Permite documentar eventos y recopilar pruebas visuales.
   - La STS 622/2004 establece que las grabaciones y vídeos pueden ser admitidos como prueba en juicio, siempre que sean obtenidos en espacios públicos y sin vulnerar derechos fundamentales.

3. **Entrevistas Estructuradas**
   - Método eficaz para obtener información de testigos o personas relacionadas con el caso.
   - Debe garantizar la objetividad y relevancia de los datos recopilados.

4. **Acceso a Bases de Datos Públicas**
   - Reguladas por la Ley 5/2014, de Seguridad Privada, solo pueden utilizarse fuentes accesibles al público.
   - No está permitido el acceso a bases de datos restringidas sin la debida autorización.

5. **Peritajes Forenses**
   - Incluyen análisis documentales, informáticos y de otro tipo.
   - La jurisprudencia reconoce su validez siempre que se obtengan conforme a derecho.

6. **Operaciones encubiertas**

   Los subterfugios simulados posibilitan el acceso al propio entorno del investigado y la obtención de información directa, algo que se realiza habitualmente y que estudiaremos con detalle en el apartado sobre investigados utilizando simulaciones.

CADENA DE CUSTODIA DE LAS PRUEBAS

En España, como ya se ha indicado, la intervención de detectives privados en procesos penales ha generado frecuentes debates sobre la licitud de su actuación como prueba de cargo, especialmente en delitos contra la salud pública. Dos sentencias recientes de las Audiencias Provinciales de Barcelona y Valencia han clarificado ciertos aspectos relacionados con esta cuestión, aportando matices importantes al debate sobre la legalidad, la validez y los límites de las pruebas aportadas por detectives privados.

La Audiencia Provincial de Barcelona, en la sentencia 584/2020 (Rollo de apelación número 77-2020), establece claramente que, si bien los detectives privados tienen prohibido investigar delitos perseguibles de oficio, esta prohibición no se activa cuando únicamente existen sospechas o indicios débiles que requieren confirmación antes de acudir a las autoridades. De este modo, dicha sentencia recoge: «*La actuación de los detectives privados se inició al existir meras sospechas de una eventual infracción con el fin de confirmar tales sospechas, pero sin evidencias ni indicios claros de encontrarse ante un delito*» (Auto TS 1395/2017, 19/10/2017, ponente Manuel Marchena Gómez).

Este mismo criterio es respaldado por la Audiencia Provincial de Valencia al considerar que «*las meras sospechas, sin evidencias claras de delito, sí hacen lícita la contratación de detectives, siempre que el fin sea comunicar a la autoridad competente lo averiguado*» (STS 908/2016, de 30 de noviembre). Es decir, el papel del detective privado queda limitado por una línea clara: puede investigar hasta confirmar indicios sólidos de delito, pero debe cesar inmediatamente su investigación y reportar sus hallazgos a las autoridades.

Ahora bien, ambas sentencias son enfáticas en señalar la necesidad de una correcta cadena de custodia como requisito esencial para validar la prueba obtenida. Concretamente, la Audiencia Provincial de Barcelona, en la sentencia citada (Sección Novena, rollo 77-2020), establece claramente que la ausencia de una cadena de custodia debidamente documentada «*impide asegurar, más allá de toda duda razonable, la identidad o mismidad entre lo recibido por los investigadores privados y lo finalmente entregado a la policía y analizado por el laboratorio oficial*». Esta falta de garantía conlleva la invalidez de la prueba y, por consiguiente, la absolución del acusado por aplicación del principio de presunción de inocencia.

La Audiencia Provincial de Valencia (SAP 4669/2018), por su parte, distingue entre irregularidad e ilicitud: «*No cabe duda que la actuación del detective privado no se ha ajustado taxativamente a lo dispuesto en dicha normativa, pero la presunta infracción no invalida automáticamente la prueba obtenida*». Sin embargo, aclara que una irregularidad en la forma de obtener pruebas por parte del detective privado podría conllevar su expulsión del conjunto probatorio sin que ello necesariamente implique vulneración de derechos fundamentales (STS núm. 471/2014, de 2 de junio).

Ambas sentencias, por tanto, coinciden en señalar que la actuación de detectives privados es válida en investigaciones internas sobre sospechas fundadas de delitos hasta confirmar dichas sospechas. Pero también coinciden en la importancia de mantener una cadena de custodia estricta y transparente para que las pruebas obtenidas sean plenamente admisibles en juicio. La Audiencia Provincial de Barcelona fue tajante al anular la condena precisamente por este motivo, manifestando que la falta de certeza sobre dicha cadena de custodia «*provoca la imposibilidad de estimar probado, más allá de toda duda razonable, que las sustancias analizadas sean las mismas entregadas inicialmente*».

Estas resoluciones enfatizan la necesidad de una actuación impecable por parte de los detectives privados y la relevancia de la documentación completa del proceso para garantizar la validez de sus pruebas en procesos judiciales.

De acuerdo con la jurisprudencia mencionada, la cadena de custodia debe cumplir ciertos requisitos fundamentales para garantizar la integridad y autenticidad de las pruebas. Aunque no existe una normativa explícita aplicable directamente a detectives privados, la jurisprudencia establece criterios claros al respecto:

1. **Inmediatez en la comunicación a las autoridades:**
   - Los detectives privados no pueden investigar delitos públicos por sí mismos, debiendo «*denunciar inmediatamente ante la autoridad competente cualquier hecho de esta naturaleza*» (Auto del Tribunal Supremo 1395/2017, recurso 1213/2017).
   - Esta comunicación inmediata se entiende de manera flexible, pudiendo realizarse una investigación preliminar únicamente hasta obtener indicios fundados suficientes (STS 908/2016, 30 de noviembre).
2. **Preservación e identificación del objeto de prueba:**
   - La jurisprudencia señala que «*un procedimiento más consistente hubiera servido de garantía de la autenticidad e indemnidad de la prueba pericial*» (Audiencia Provincial de Barcelona, Sección Novena, número 584/2020).
   - Esto implica que, aunque los detectives privados no están sujetos a la misma normativa estricta que las autoridades públicas, sí deben seguir protocolos claros para garantizar la identificación inequívoca de las sustancias recogidas y entregadas posteriormente a las autoridades competentes.
3. **Registro y documentación adecuados:**
   - Las evidencias deben estar debidamente reseñadas, etiquetadas, o marcadas desde el momento de su obtención. Deben mantenerse separadas de otras pruebas u objetos para evitar confusiones. Según la sentencia analizada, la ausencia de estas medidas generó dudas razonables sobre la autenticidad e integridad del objeto analizado por la policía (Audiencia Provincial de Barcelona, Sección Novena, número 584/2020).
4. **Continuidad en el control de la prueba:**
   - Es fundamental documentar detalladamente todos los movimientos de la prueba, incluyendo fechas, lugares de almacenamiento, responsables, y circunstancias concretas hasta su entrega final a la policía. Esto permite asegurar que la sustancia analizada es la misma que fue inicialmente obtenida (Audiencia Provincial de Barcelona, número 584/2020).

5. **Consecuencias de una cadena de custodia deficiente:**
   - Cuando no se cumplen estos requisitos mínimos de reseña, etiquetado, separación y documentación clara, la jurisprudencia establece que surge la «duda razonable» sobre la identidad o indemnidad de la prueba.
   - En consecuencia, la condena puede ser revocada por aplicación del principio de presunción de inocencia y *«la validez de los resultados de la pericia depende de la garantía sobre la procedencia y contenido de lo analizado»* (Audiencia Provincial de Barcelona, número 584/2020).

En definitiva, según la jurisprudencia aportada, la cadena de custodia debe garantizar la inmediata comunicación a las autoridades tras confirmar sospechas fundadas, preservar claramente la identidad del objeto intervenido y documentar detalladamente cada fase del manejo de las evidencias para evitar la nulidad o exclusión de las pruebas obtenidas.

CONCLUSIÓN

El informe del detective privado es un documento técnico y profesional que cumple un papel fundamental en la obtención de pruebas para procedimientos judiciales y extrajudiciales. Su correcta elaboración y cumplimiento de los requisitos legales garantizan su validez probatoria y evitan que pueda ser impugnado.

1. **Función y Valor Jurídico**
   - Constituye una prueba documentada y testifical cualificada en sede judicial, siempre que se ratifique en juicio.
   - Su contenido debe estar directamente relacionado con el objeto de la investigación, evitando incluir información irrelevante o datos de carácter personal que no guarden relación con la causa.
   - Su admisión en juicio dependerá del cumplimiento de los principios de legalidad, necesidad y proporcionalidad, conforme a la jurisprudencia del Tribunal Supremo.
   - La Sentencia del Tribunal Supremo 851/2021 refuerza su validez probatoria cuando cumple con los requisitos normativos y no vulnera derechos fundamentales.

2. Requisitos Esenciales

Para que un informe de detective tenga validez, debe cumplir con tres requisitos esenciales:

1. Elaboración por un detective habilitado
   - » El informe debe ser realizado por un detective privado legalmente habilitado conforme a la Ley de Seguridad Privada.
   - » No se admiten informes de agencias sin registro ni documentos suscritos por personas sin acreditación.
   - » La investigación debe haber sido realizada por el propio detective que firma el informe.
2. Finalidad delimitada y estrictamente vinculada al encargo
   - » El informe debe ceñirse estrictamente al objeto de la investigación, sin incluir información genérica o irrelevante.
   - » Debe contener únicamente hechos observados y verificables, evitando suposiciones, interpretaciones subjetivas o juicios de valor.
3. Proporcionalidad y mínima invasión en los derechos fundamentales
   - » Se deben respetar principios constitucionales como la intimidad, el honor y la privacidad del investigado.
   - » Los métodos de obtención de información deben ser proporcionales y legales, evitando técnicas invasivas o ilegales.
   - » No se pueden incluir grabaciones, audios o imágenes obtenidas sin autorización legal o en espacios protegidos por el derecho a la intimidad.

3. Contenido y Redacción del Informe

- Estructura clara y organizada, incluyendo portada, introducción, desarrollo, pruebas documentales, conclusiones y anexos.
- Lenguaje técnico, objetivo y preciso, sin interpretaciones subjetivas ni opiniones del detective.
- Registro de fechas, horarios y ubicaciones exactas, asegurando la trazabilidad de los hechos.
- Pruebas documentales y audiovisuales verificables, que garanticen la autenticidad y legalidad de la información.

4. Restricciones y Límites

El detective debe respetar tres grandes límites en la obtención de información y la elaboración del informe:

1. Límites en la obtención de información: No se pueden recopilar datos sin relación con el objeto de la investigación ni incluir información protegida sin justificación legal.
2. Límites en los ámbitos investigables: Se prohíben indagaciones en domicilios o espacios reservados sin autorización.
3. Límites en los métodos de investigación: No se pueden utilizar técnicas que vulneren derechos fundamentales, como el uso de micrófonos ocultos o acceso a bases de datos restringidas sin autorización.

5. Admisibilidad en Juicio

- Para que un informe sea admitido en juicio, debe cumplir con los requisitos formales y sustantivos exigidos por la Ley de Enjuiciamiento Civil y la jurisprudencia del Tribunal Supremo.
- La ratificación del detective en juicio es obligatoria si las partes no están conformes con el contenido del informe.
- La jurisprudencia ha rechazado informes mal redactados, sin pruebas suficientes o que exceden el objeto de la investigación.

El informe del detective privado es, por tanto, una herramienta probatoria esencial, cuya validez depende de su correcta elaboración, legalidad y ratificación en juicio. Debe cumplir con criterios estrictos de objetividad, claridad y confidencialidad, respetando los principios de proporcionalidad y mínima invasión en los derechos fundamentales.

En el próximo capítulo se analizarán los criterios judiciales para la admisión o rechazo de informes de detectives y las estrategias para defender su validez en juicio.

Capítulo 12

La prueba y naturaleza jurídico procesal del detective privado

La investigación privada se fundamenta, como se ha indicado en el capítulo previo, en el uso de diversas técnicas y métodos que permiten la obtención de pruebas válidas y admisibles dentro del marco legal. Para garantizar la validez procesal de estas pruebas, es imprescindible que su obtención se realice conforme a los límites normativos, respetando los derechos fundamentales de las personas investigadas.

Este capítulo aborda:

- Los medios permitidos para la obtención de pruebas.
- La correcta recolección y presentación de evidencias.
- El estatuto jurídico procesal del detective privado dentro del proceso judicial.

El correcto uso de estas herramientas es clave no solo para la profesionalización del sector, sino también para reforzar la legitimidad de las pruebas presentadas ante los tribunales, contribuyendo a la confianza en el sistema de justicia. Porque como señala Velasco[109], "normalmente, sus averiguaciones se plasman en un informe escrito (acompañado, en ocasiones, de imágenes en fotografías o vídeos) que el cliente utiliza para acreditar su contenido fáctico ante los órganos judiciales»; de modo que dichas pruebas, «una vez introducidas en el juicio, pueden servir para formar la convicción judicial".

---

109 Velasco Pellicer, A.: Prologó al libro Talens, Visconti, E. y Valls Genovard, M. A. (dirs.): La actividad de los detectives privados en el ámbito laboral, cit., pp. 7 y ss.

OBTENCIÓN DE PRUEBAS: INTRODUCCIÓN

La obtención de pruebas por parte de detectives privados es un aspecto crítico de su labor profesional, ya que debe realizarse dentro de los límites legales establecidos para garantizar su validez en sede judicial y el respeto a los derechos fundamentales[110].

Las normas procesales establecen que la admisibilidad de las pruebas en los tribunales depende de su obtención lícita. Las pruebas obtenidas en espacios privados sin autorización judicial son inadmisibles, como han confirmado múltiples sentencias del Tribunal Supremo, evitando que el sistema jurídico legitime pruebas obtenidas de forma ilícita.

El respeto a estos límites protege no solo a las personas investigadas, sino también al propio sistema de justicia. Las normativas garantizan que las investigaciones privadas no se conviertan en un mecanismo abusivo, sino que se realicen dentro de un marco de control estricto.

Principios Claves en la Obtención de Pruebas

Para garantizar la validez procesal y la ética profesional, los detectives privados deben cumplir con los siguientes principios:

1. Legalidad: Toda investigación debe respetar la normativa vigente.
2. Proporcionalidad: Los métodos empleados deben ser adecuados y no excesivos en relación con el fin perseguido.
3. Finalidad legítima: Las pruebas obtenidas solo pueden ser utilizadas en el contexto judicial o contractual para el que fueron solicitadas.

Los detectives privados tienen la obligación ética y profesional de rechazar cualquier solicitud que implique la realización de actividades en lugares restringidos sin autorización judicial, contribuyendo así a la legitimidad de la profesión y del sistema judicial.

En este sentido, la STS de 19 de febrero de 2020 abordó la naturaleza ilícita de una prueba de detective privado en tanto que en el supuesto objeto de enjuiciamiento implicaba una clara acción coactiva sobre la voluntad del trabajador, pues mediante su actuación forzó una determinada

---

110 Folgoso Olmo, AF, Límites a la validez de la prueba de detectives, Anuario de la Facultad de Derecho. Universidad de Extremadura 36 (2020): 249-274

conducta del receptor, provocada por una simulación previa, utilizando de esa forma procedimientos ilícitos o éticamente reprobables. Entendió el TS vulnerado "*el derecho a la dignidad del trabajador, asegurada por el art. 10 CE, así como a su libre y espontánea determinación, como resalta la sentencia de contraste*". Señala el alto tribunal:

> *"Dicha prueba no debió admitirse por la sentencia recurrida, ni tampoco permitir que desplegara plenos efectos probatorios, por cuanto el órgano judicial no puede, a tenor con el art. 11 LOPJ en relación con el art. 90 LRJS, fundar su decisión en pruebas obtenidas, directa o indirectamente, violentando derechos fundamentales y libertades públicas, existiendo múltiples pronunciamientos, entre otros SSTC 98/2000, de 10/Abril; 186/2000, de 10/Julio; 29/2013, de 11/ Febrero; y 39/2016, de 3/Marzo. Y SSTS 05/12/03 -recurso 52/03 -; 07/07/16 -rcud 3233/14 -; y SG 31/01/17 -rcud 3331/15 -), que han incorporado la doctrina anglosajona del "fruto del árbol emponzoñado", en cuya virtud al juez se le veda valorar no sólo las pruebas obtenidas con violación de un derecho fundamental, sino también las que deriven de aquéllas"*

LA NATURALEZA JURÍDICO PROCESAL DE LA "PRUEBA DE DETECTIVE PRIVADO"

En el ordenamiento jurídico español, la figura del detective privado está legalmente reconocida para realizar investigaciones por encargo de terceros legitimados, aportando información y pruebas sobre hechos privados de índole económica, laboral, mercantil, familiar o social. Sin embargo, cuando los hallazgos de un detective se incorporan a un proceso judicial, surge la cuestión de cuál es su estatuto procesal: ¿debe actuar como testigo que relata hechos percibidos, o como perito que emite una opinión técnica? Esta distinción es relevante porque determina cómo se admite y valora su prueba (informes escritos, documentos gráficos, testimonio oral, etc.) en cada tipo de procedimiento: penal, civil (y mercantil) y laboral.

No existe una categoría ad hoc de "prueba de detective" en la Ley de Enjuiciamiento Criminal (LECrim). Frente a ese silencio, rige la supletoriedad de la Ley de Enjuiciamiento Civil (LEC) en lo no previsto. Por su parte, la Ley de Enjuiciamiento Civil (Ley 1/2000), aplicable a procesos civiles y mercantiles, sí ha previsto expresamente los informes de detectives como medio de prueba. En particular, el *artículo 265.5 LEC* dispone que pueden aportarse con la demanda o contestación *"los informes elaborados por profesionales de la investigación privada legalmente habilitados, sobre hechos relevantes en que [las partes] apoyen sus pretensiones"*.

La propia LEC indica que *"sobre estos hechos, si no fueren reconocidos como ciertos, se practicará prueba testifical"*. Es decir, el informe escrito del detective se admite inicialmente como documento en el proceso, pero si su contenido es controvertido, debe complementarse con la declaración oral del detective como testigo en el juicio. Además, el interrogatorio del detective en sala se limita a los hechos consignados en su informe (art. 380.1 LEC), dado que su función es ratificar lo investigado, no aportar hechos nuevos fuera del informe.

En la jurisdicción social, la Ley 36/2011, de 10 de octubre, Reguladora de la Jurisdicción Social (LJS) no contiene preceptos específicos sobre detectives privados, por lo que también se aplica supletoriamente la LEC en la admisión de estos informes. Cabe apuntar que en el proceso laboral no existe la figura de la "tacha de testigos" (impugnación de su imparcialidad), por lo que el detective que comparece a testificar no puede ser objeto de tacha formal – sin perjuicio de que su credibilidad pueda valorarse libremente por el juez. Por otra parte, tanto la LEC como la LJS establecen que no se admitirán pruebas obtenidas con violación de derechos fundamentales (art. 11.1 LOPJ y arts. 90.2 y 90.4 LJS), lo cual será relevante especialmente respecto a vigilancias que invadan la intimidad.

La discusión se centra porque el informe de detective privado venía sosteniendo el Tribunal Supremo en sus sentencias de 26 de noviembre de 1986 y de 19 de julio de 1989 que no constituye prueba documental, sino testifical en cuanto su autor comparezca en el acto del juicio con el fin de deponer como testigo cualificado por su profesión acerca de los hechos de los que fue testigo. Tras la entrada en vigor de la Ley de Enjuiciamiento Civil de 2000, el valor de dicha prueba ha cambiado su carácter, al disponer su *artículo 265*. 1. 5º , cuando regula los documentos y otros escritos y objetos que puedan acompañarse a la demanda o contestación, que son tales "los informes, elaborados por profesionales de la investigación privada legalmente habilitados, sobre hechos relevantes en que aquéllas apoyen sus pretensiones. Sobre estos hechos, si no fueren reconocidos como ciertos, se practicará prueba testifical", en virtud del cual los informes elaborados por detectives privados habilitados recibirán el tratamiento de prueba documental, debiéndose practicar prueba testifical en caso de no ser reconocidos como ciertos.

Con este marco normativo en mente, se examina a continuación la posición procesal del detective y sus pruebas en cada orden jurisdiccional.

EL ESTATUTO JURÍDICO PROCESAL DEL DETECTIVE PRIVADO

Jurisdicción penal

En el proceso penal, el detective privado actúa esencialmente como testigo que aporta información sobre hechos que ha observado o averiguado. La LECrim contempla como medios de prueba la testifical, documental, pericial, etc., pero no menciona explícitamente los informes de detectives. Al carecer de regulación específica, la práctica judicial se ha basado en las reglas generales y en la supletoriedad de la LEC. Así, si una de las partes (por ejemplo, la acusación particular o la defensa) presenta un informe de detective durante la instrucción o el juicio, este se considerará un documento privado aportado por parte. Como tal, debe ser ratificado en el plenario mediante la declaración del propio detective, para respetar el principio de contradicción y la inmediación en juicio oral. Un informe de detective no ratificado tendría escaso valor probatorio, del mismo modo que ocurre con cualquier declaración escrita de un testigo fuera de juicio.

La jurisprudencia penal ha aceptado la participación de detectives siempre que su actividad se mantenga dentro de los límites legales. Por ejemplo, el Tribunal Supremo (Sala Penal) en sentencia de 30 de noviembre de 2016 analizó si la contratación de un detective había sobrepasado límites legales al investigar un posible delito; concluyó que no hubo infracción porque el encargo se limitó a constatar el cumplimiento de ciertas obligaciones (v.gr. las jornadas de trabajo) sin invadir funciones reservadas a las autoridades. En otras palabras, mientras el detective se limite a recabar información de hechos *a instancia de parte* y no usurpe funciones públicas ni vulnere derechos fundamentales, la prueba obtenida por él es lícita y admisible en el proceso penal.

En este caso, indica la citada STS, señala que:

> *"El encargo que recibieron los detectives privados perseguía constatar el cumplimiento de las jornadas que integraban la pena de trabajos en beneficio de la comunidad, lo que en sentido estricto no puede interpretarse como investigación de un delito de quebrantamiento de condena, que solo se produciría a partir del incumplimiento de aquéllas, que además debe ser valorado por el Juez de Vigilancia como tal (artículo 49 CP). De ahí que la mera constatación de desajustes horarios en el desarrollo de las jornadas marcadas o incluso que en algún día no se lleven a efecto, tal y como en este caso recoge el relato de hechos, no permiten hablar de quebrantamiento de condena prescindiendo de la correspondiente ponderación del juez encargado de su ejecución".*

Una vez admitida, la declaración del detective en juicio se valora conforme a las reglas de la sana crítica, al igual que la de cualquier testigo. Los tribunales, no obstante, suelen considerar al detective un testigo "especial" por su profesionalidad. La doctrina lo ha denominado "testigo cualificado" debido a que su testimonio versa sobre hechos investigados exprofeso para el pleito. Ello no le confiere un estatus de perito en lo penal, pues no emite un dictamen técnico, sino que refiere hechos percibidos (a veces apoyados en fotos, vídeos u otros documentos adjuntos al informe). En suma, en el proceso penal el detective privado no es perito, sino testigo, y sus informes se introducen como documentos que requieren corroboración oral. La prueba quedará excluida si se obtuvo con vulneración de derechos (por ejemplo, si el detective actuó como *agente provocador* induciendo la comisión de un delito, o si realizó grabaciones ilícitas en domicilios); así lo ha reiterado la jurisprudencia al invalidar, por ejemplo, ciertas fotografías obtenidas mediante intromisión ilegítima en la intimidad. En cambio, cuando la investigación privada respeta la legalidad, sus resultados pueden ser decisivos incluso en el ámbito penal, quedando su eficacia probatoria supeditada a la posterior ratificación y a la libre valoración judicial.

En este sentido la doctrina (por todos Morales Prats/Marco Fernández)[111] han señalado que el detective privado ocupa una posición particular dentro del proceso judicial, distinta tanto de la figura del testigo estrictamente dicho como de la del perito[112]:

- No es un testigo convencional, pues su intervención está planificada de forma profesional.
- No es un perito, ya que su función no es emitir dictámenes técnicos, sino recabar información objetiva.

Por esta razón, denominan al detective privado como un *"tertium genus"*, esto es, una figura intermedia que aporta pruebas documentadas,

---

[111] Morales Prats, F., Marco Fernández, F., *La naturaleza jurídico-procesal del detective privado*, 1999, op. Cit.

[112] Pérez Hernández, Marta, Sobre la naturaleza jurídica de la prueba de detectives privados», *Revista Española de Derecho Procesal*, vol. 12, núm. 1, 1998, pp. 85-102; Serrano Butragueño, Alicia. *Los detectives privados como sujetos procesales. Análisis jurisprudencial.* Ed. Dykinson, Madrid, 1999; Marco Fernández, Francisco y Morales Prats, Fermín (1999). «La naturaleza jurídico-procesal del detective privado. El testigo-perito». *Actualidad Jurídica Aranzadi*, núm. 396, ISSN 1132-0257, pp. 1-5.

obtenidas mediante métodos profesionales dentro de la legalidad. Según esta doctrina, el detective actúa como un observador cualificado, que emplea herramientas tecnológicas y métodos de investigación especializados para documentar hechos.

La Sentencia del Tribunal Supremo (Sala Tercera) de 19 de febrero de 2008 (STS -3- de 19/02/2008, recurso 170/1995) subraya que los detectives privados son los únicos profesionales habilitados por el legislador para la obtención de información e investigación de carácter privado. Por su parte, la doctrina sostiene que el informe del detective puede considerarse una prueba documental singular, debido a que:

1. Describe hechos observados directamente por el investigador.
2. Puede incluir análisis y valoraciones basadas en su experiencia profesional.

En la STC de 6 de noviembre de 1990, se destaca que el detective desarrolla su labor de forma discreta, siguiendo conductas y documentándolas de manera que difiere sustancialmente de la actuación pericial, generalmente más pública y sujeta a supervisión por las partes. El resultado de dicha labor —el informe del detective— se ha calificado de diversas maneras por la jurisprudencia: a veces como testimonio documental, otras como prueba documental o testigo "impropio".

En todo caso, su intervención procesal se traduce en el aporte, por parte de quien lo contrata, de un informe escrito que refleja todo cuanto vio u oyó, así como la constancia documental, fotográfica, videográfica o sonora de los hechos investigados. Dicha prueba, en principio, debe ratificarse en juicio mediante la comparecencia testifical del propio detective privado (DP). Además, tal y como indica acertadamente el TS (ATS 1395/2017) se puede configurar, incluso, como "prueba de cargo":

> *"En este caso, tal como acertadamente establece la Sala, el encargo que recibió el detective privado perseguía constatar sospechas sobre una posible infracción del acusado al existir descuadres en la caja, lo que en sentido estricto no puede interpretarse como investigación de un delito de apropiación indebida. De ahí que la mera constatación de desajustes en la contabilidad y en el número de abonos realizados no permiten hablar de que se encargara al detective la investigación de un delito de apropiación indebida"* (en este sentido también, la STS 908/2016, de 30 de noviembre).
>
> *Por todo ello, nada impide, como ha hecho la Sala, que pueda ser valorado como prueba de cargo el informe junto con el CD que contiene la grabación".*

En este importante auto 1395/2017 del Tribunal Supremo (ponente Manuel Marchena) se identifica a la prueba aportada por los detectives privados (informe escrito y grabaciones en CD) como prueba documental, aunque se presenta en el juicio con apoyo o ratificación testifical del propio detective. El ponente señala que:

- El informe elaborado por los detectives privados y el CD con imágenes grabadas se valora conjuntamente con otras pruebas (testificales y documentales puras), pero en ningún momento lo califica como prueba testifical exclusivamente.
- Se refiere específicamente al material del detective (informe y grabación en CD) como "documental" a efectos de valoración conjunta. El Tribunal indica que este material puede constituir prueba de cargo legítima y apta para sustentar la condena.

Por tanto, siguiendo los criterios jurisprudenciales y doctrinales habituales:

- El informe del detective en sede penal es, en sí mismo, prueba documental.
- La declaración del detective en juicio, si ratifica el informe, será prueba testifical.
- Las grabaciones audiovisuales obtenidas (u otras pruebas) por los detectives son consideradas prueba documental (videográfica) en este contexto, no prueba testifical ni pericial.

Así, la sentencia entiende esta prueba como documental, aunque habitualmente se presente y valore con apoyo de la declaración testifical del detective que realizó el informe. La STS 908/2016, Sala Segunda, de lo Penal, en sentido similar, identifica la prueba del detective (el informe elaborado y la declaración posterior en juicio por parte de los investigadores privados) como una prueba mixta, pero principalmente se analiza desde la perspectiva de la prueba documental apoyada en la testifical.

El Tribunal se refiere expresamente al "*informe emitido por los detectives privados*" como una prueba documental. El informe escrito se valora inicialmente como documental, dado que contiene datos recogidos de las observaciones directas del detective. La sentencia habla específicamente de "*la declaración testifical*" de los detectives. Esta declaración tiene la función de ratificar y explicar el contenido del informe previamente presentado. Considera, por tanto, que se trata de una prueba mixta, aunque el informe es inicialmente documental, esta sentencia recalca la importancia de la declaración testifical del detective para darle soporte, contexto y credibilidad en el juicio.

El problema sobre la prueba en esta STS no fue el tipo de prueba (documental o testifical), sino su obtención ilícita. El Tribunal Supremo deja claro que la prueba documental del detective (el informe y los datos que contiene) está viciada porque fue obtenida vulnerando el derecho fundamental a la protección de datos (artículo 18.4 CE):

- El informe se basó en datos especialmente protegidos revelados indebidamente al detective.
- Esta ilicitud inicial contaminó todo lo posterior (tanto la documental como la declaración testifical del detective).

Por tanto, concluye que esta prueba, aunque documental con apoyo testifical, debe quedar excluida del proceso por la vulneración del derecho fundamental (doctrina de los frutos del árbol envenenado).

El Tribunal Constitucional no se ha pronunciado con rotundidad en sentencia sobre el valor probatorio de los informes de los DP, toda vez que en los recursos de amparo presentados a este respecto ha inadmitido la cuestión por no apreciar relevancia constitucional suficiente. Así, en el ATC 262/1988, de 29 de febrero, se consideró que no se habían vulnerado garantías procesales al haberse ratificado en juicio un informe de detective. Del mismo modo, en autos de 3 de mayo y 16 de julio de 1990 se admitió el valor testifical del informe del detective y la posibilidad de que el fallo se basase en él.

PRUEBA PERICIAL E INFORME DEL DETECTIVE PRIVADO

Siguiendo a Pérez Hernández[113], la prueba del detective no es pericial sino testifical, por los siguientes motivos:

1. **Procedimiento de aportación:**
   - La prueba del detective se presenta a instancia de una de las partes.
   - En cambio, la pericial civil exige señalar el objeto de la pericia y el número de peritos.

[113] Pérez Hernández, Marta, Sobre la naturaleza jurídica de la prueba de detectives privados», *Revista Española de Derecho Procesal*, vol. 12, núm. 1, 1998, pp. 85-102. Véase para las diferencias y analogías son desatacadas por Viguer Soler, P. L., "Los informes de detectives privados en el proceso civil (1)", Práctica de Tribunales, núm. 66, 2009, Wolters Kluwer, Smarteca, pág. 5 y ss.

2. **Distinciones según la jurisdicción:**
   - En el proceso laboral (art. 93.1 LRJS), la pericial puede proponerse y practicarse durante el procedimiento o bien aportarse para su ratificación posterior.
   - En el proceso penal, las partes pueden designar peritos de parte (arts. 471 y 724 LECRim.).
3. **Nombramiento:**
   - El juez no designa al detective, a diferencia de lo que ocurre con los peritos judiciales.
   - El detective interviene por encargo de quien lo contrata, sin requisito de pluralidad.
4. **Recusación:**
   - Existen reglas específicas sobre la recusación de peritos (arts. 124 a 128 LEC y 456-485 LECRim.).
   - Estas no afectan a los detectives en cuanto tales.
5. **Naturaleza del conocimiento:**
   - El informe del detective no se fundamenta en conocimientos científicos (característicos de los peritos), aunque requiere habilidades prácticas y formativas.
   - El TS (STS de 6 de noviembre de 1990) indica que la labor de seguimiento sin ser descubierto u observar determinadas conductas exige ciertas destrezas especiales.
6. **Titulación:**
   - Según art. 340 LEC a los peritos se les exige el título que la ley requiera para el ejercicio de su profesión.
   - Los detectives, de acuerdo con la Ley 5/2014 de Seguridad Privada y su normativa reglamentaria, deben contar con habilitación profesional y formación universitaria, lo que cubre asimismo el requisito de capacitación.
7. **Publicidad o confidencialidad:**
   - El carácter reservado de las investigaciones del detective resulta incompatible con la naturaleza de la prueba pericial, habitualmente sujeta a mayor publicidad e intervención de las partes.

- El detective suele conocer los hechos **antes** de que se presente la demanda, mientras que el perito, por regla general, tiene contacto con los hechos cuando practica la pericia.

Sin embargo, nada impide que un detective privado actúe como perito en un proceso penal, por ejemplo, realizando una pericial sobre la reconstrucción de hechos. Así, en la Sentencia del Tribunal Superior de Justicia de Cataluña 109/2025, de 28 de marzo, se establece "que desde el lugar donde se encontraba podía saber que se dirigía a un espacio cerrado, posiblemente un baño, tal y como se desprende de la prueba documental aportada por la defensa donde se puede observar el interior desde donde accedió la denunciante (folios 148 y siguientes de la pericial videográfica y de reconstrucción de los hechos realizada por D. Francisco Marco y que no ha sido impugnada).(...)" (st. pág. 29/61/)".

Prueba testifical e informe del detective privado

Siguiendo a Pérez Hernández[114], aun cuando la jurisprudencia califique a menudo la prueba de detective como testifical, no encaja plenamente en esa categoría. Entre otras razones:

1. **Elección de la fuente de prueba:**
    - El testigo ordinario no se elige libremente, sino que comparece por su relación directa con los hechos.
    - El detective, en cambio, es contratado expresamente por una de las partes.

2. **Aporte documental:**
    - El testigo no aporta un informe escrito, mientras que el detective aporta un informe que, de no presentarse, impide considerar probada su intervención (SAP de Barcelona de 28 de octubre de 1992).

3. **Valoración probatoria:**
    - La prueba testifical se valora según la sana crítica, pero los informes de detective pueden, por sí mismos, fundamentar la decisión judicial si se ratifican en juicio y se contrastan debidamente.

---

114 Pérez Hernández, Marta, Sobre la naturaleza jurídica de la prueba de detectives privados», *Revista Española de Derecho Procesal*, vol. 12, núm. 1, 1998, pp. 85-102

El concepto "prueba de detective"

El concepto «prueba de detectives» no es exacto. En este sentido, De Madrid[115] señala que "los resultados que presenta el detective en su informe «escrito» (en el ámbito civil por ejemplo) no es exactamente una prueba de punto de partida. Éste se puede considerar prueba cuando en la sentencia el juzgador lo considera como tal en el apartado «hechos probados»".

El concepto que debe utilizarse es el de "informe de detective" o "informe de investigación". El escrito recoge los diversos medios de prueba que ha obtenido el detective. El informe puede contener conjuntamente las observaciones del detective (que supondría también un medio de prueba testifical), fotografías, y un conjunto de informaciones que pueden ser obtenidas del internet, de registros públicos (tráfico, registro de la propiedad, etc.), de la interrogación de otros testigos de los hechos (como el caso de testigos de accidentes tráfico que no se presentan a juicio), y otras variaciones posibles como la transcripción de grabaciones telefónicas de conversaciones con sujetos implicados en la investigación. Un «todo en uno»", señala De Madrid.

Frente a todo lo anterior, debemos estudiar la jurisdicción civil dado que la LEC señala en su artículo 4 la supletoriedad de dicha norma "*En defecto de disposiciones en las leyes que regulan los procesos penales, contencioso-administrativos, laborales y militares, serán de aplicación, a todos ellos, los preceptos de la presente Ley*".

Jurisdicción civil

En el proceso civil, el detective privado tiene un reconocimiento legal expreso como medio de prueba. La Ley de Enjuiciamiento Civil configura la prueba del detective como una modalidad híbrida de documento-testimonio. El informe escrito del detective se presenta normalmente junto con la demanda o la contestación (art. 265.5 LEC) como un documento privado que apoya las alegaciones fácticas de la parte que lo aporta. A diferencia de un peritaje, como hemos indicado, el informe del detective no contiene valoraciones técnicas especializadas, sino la narración de hechos constatados en su investigación (vigilancias, seguimientos, averiguaciones

115 De Madrid/Dávila Rico, E, La investigación y prueba de detectives privados en el ámbito del derecho de familia en problemática actual de los procesos de familia especial atención a la prueba, Pamplona,

diversas). Por tanto, el detective no es un perito en el proceso civil, ya que no emite opinión científica ni asesoramiento técnico al juez, sino que proporciona prueba de hechos. La propia LEC lo deja claro al prever que si los hechos relatados en el informe no son admitidos por la parte contraria, deberá practicarse prueba testifical sobre ellos. En consecuencia, el detective actúa en juicio como testigo que ratifica su informe. El tribunal interrogará al detective exclusivamente acerca de los hechos consignados en el informe (art. 380.1 LEC), otorgándole así la oportunidad de confirmar bajo juramento la veracidad de lo investigado y de aclarar extremos del escrito.

La jurisprudencia civil y la doctrina procesal coinciden en que el informe de detective es en realidad una "testifical documentada" o testimonio anticipado por escrito. El Tribunal Supremo ha señalado que, con independencia de la denominación que le dé el juzgador, estos informes no constituyen prueba documental en sentido estricto, sino manifestaciones testimoniales por escrito. En otras palabras, tienen el valor de la declaración de quien relata unos hechos, solo que inicialmente plasmada en un documento. Por ello, una vez ratificado en juicio, el informe de detective adquiere plena eficacia probatoria como testimonio. Cabe destacar que el detective, por su cualificación, suele ser considerado un testigo de excepción: su testimonio "goza de un valor especial debido a su profesión", en el sentido de que suele ofrecer un relato objetivo y detallado, apoyado en evidencias (fotografías, vídeos, etc.) obtenidas durante la investigación. No obstante, sigue siendo un testigo "común" en cuanto a régimen jurídico, no un perito: el detective carece de conocimientos científicos especiales sobre los hechos discutidos, limitándose a aportar la información fáctica que recabó.

En la práctica civil, los informes de detectives han resultado particularmente útiles en ámbitos como el Derecho de familia (p.ej., para probar la convivencia de un excónyuge con una nueva pareja, la ocultación de ingresos, el incumplimiento de custodias) y en litigios civiles o mercantiles sobre incumplimientos contractuales, competencia desleal, fraude, etc. Por ejemplo, la Audiencia Provincial de Málaga[116] admitió como válida la prueba aportada por un detective que demostró la convivencia de la exesposa del demandante con una tercera persona en la vivienda familiar, hecho que tenía relevancia para extinguir el derecho de aquella al uso del domicilio. En ese caso, el detective había filmado a la nueva pareja entrando y saliendo del inmueble, sin invadir la privacidad domiciliaria más allá de lo observable desde el exterior, por lo que la prueba fue considerada lícita y

[116] SAP Málaga 443/2024, de 20 de marzo.

suficiente. Este ejemplo ilustra cómo los tribunales civiles valoran positivamente los informes de detectives siempre que se obtengan respetando los límites legales (v.gr. sin entrar en la vivienda ni vulnerar la intimidad, conforme a la LSP y se sometan a la pertinente contradicción en juicio mediante la declaración del autor. En definitiva, en el proceso civil el detective privado actúa como testigo cualificado, cuya prueba se articula mediante un informe documental (prueba preconstituida) que debe ser confirmado oralmente en el plenario.

En este caso, señala la SAP Málaga 443/2024, 20 de marzo de 2024, tras indicar que los informes de detectives están infravalorados que:

> *"habida cuenta ser un hecho probado que la demandada mantiene una relación afectiva estable con una nueva pareja, que reside en el domicilio que se le asignó a hijo menor al serle concedida la guarda y custodia, sin que sea atendible la denunciada infravaloración del informe de detectives, habida cuenta que cuando un detective está habilitado para tal función, las leyes son claras en cuanto al valor judicial de sus informes, y así el artículo 265 de la Ley 1/2000, de 7 de enero, de Enjuiciamiento Civil, reconoce expresamente el informe como "forma específica y distinta de prueba testifical", y, además, en el artículo 380.2 se expone que "si los informes contuvieren también valoraciones fundadas en conocimientos científicos, artísticos técnicos o prácticos de sus autores, se estará a lo dispuesto en el apartado 4 del artículo 370, sobre el testigo-perito", cabiendo destacar que el Tribunal Supremo reconoce a un detective privado habilitado como "testigo cualificado en un proceso judicial", de manera que se convierte en un medio de prueba dotado de exclusividad por su condición de profesional legalmente habilitado por el Ministerio del Interior y porque su testimonio viene respaldado por hechos e informaciones observados y/o escuchados por él mismo y verificados, por lo que no se trata de un testigo casual, todo lo cual nos reconduce al dictado de una sentencia confirmatoria de la recurrida en apelación en todos y cada uno de sus apartados, sin que se desvirtúe la conclusión porque esa convivencia no sea continuada, dado que la Sala Primera del Tribunal Supremo efectúa diversas matizaciones al respecto, como la señalada en sentencia de 9 de febrero de 2012 en la que se afirma que "aunque al parecer no se produjo una convivencia continuada bajo el mismo techo, se habían producido continuas permanencias y/o visitas de uno en el domicilio del otro, encuentros de manera pública en compañía del tercero en su vehículo y en diversos establecimientos hoteleros de la ciudad y sus alrededores", sentando como conclusión a renglón seguido que "este tipo de convivencia debe considerarse como vida marital (...)", y en ese ámbito de actuación acontece ser muy relevante las afirmaciones vertidas por el informante acerca de que (i) la pareja de la Sra. Flora, entra y sale con sus propias llaves del domicilio de la demandada, DIRECCION000, (ii) que es habitual que la pareja de la investigada, entre con un atuendo y salgo con otro distinto, hecho que evidencia que sus pertenencias se encuentren en dicha vivienda, (iii) que éste realiza actividades propias de la convivencia, como pasear al perro familiar por los entornos del domicilio, así como relacionarse con los padres y con los dos hijos menores de edad de la Sra., Flora, además de estacionar habitualmente en las*

inmediaciones los vehículos que utiliza, y (iv) asimismo, observa a la pareja de la Sra., Flora entrar en el inmueble por las noches y salir por las mañanas, seguimiento llevado a cabo en el año 2021 en meses de mayo (días 13, 14, 15, 20, 21, 26 y 27) y junio (días 6 y 7), lo que desvirtúa por completo la tesis defendida por la parte demandada y hace reconducirnos hacia el dictado de una sentencia revocatoria de la apelada en los términos que se concretarán en la parte dispositiva de la presente resolución".

También la Sala Primera, en STS 622/2004, indica:

"La jurisprudencia de esta Sala (sentencias de 30 de noviembre de 1992, 2 de diciembre de 1996 y 12 de junio de 1999) ha venido admitiendo como medios probatorios las cintas magnéticas, videos y cualquier otro medio de reproducción hablada o representación visual , y hoy el art. 382 de la Ley 1/2000, de 7 de enero, de Enjuiciamiento Civil regula, entre los medios de prueba, "la reproducción ante el tribunal de palabras, imágenes y sonidos captados mediante instrumentos de filmación, grabación y otros semejantes", e igualmente admite estos medios de prueba el art. 299.2 de esta Ley. De ahí la licitud de la obtención de estos medios de prueba siempre que esa abstención 4 / 5 no se haya realizado en forma contraria a Derecho o con vulneración de los derechos fundamentales de las personas a que tales grabaciones o filmaciones se refieran, Asimismo, hace un recordatorio del límite legal contenido en el Reglamento de Seguridad Privada en cuanto a la utilización de los medios para la investigación: de ahí que el art. 102 del Real Decreto 2364/1994 ponga como límite a la actuación de los detectives privados el que en ningún caso podrán utilizar para sus investigaciones medios personales o técnicos que atenten contra el derecho al honor, intimidad personal o familiar, a la propia imagen o al secreto de las comunicaciones" (art. 102)."

Jurisdicción mercantil

La jurisdicción mercantil, a pesar de su especialización, comparte con la civil las mismas normas procesales (la LEC) y por tanto el mismo régimen probatorio. Así, en los litigios mercantiles –que versan típicamente sobre asuntos societarios, competencia desleal, propiedad industrial, etc.– los detectives privados también pueden ser empleados para investigar y acreditar determinados hechos relevantes para el pleito. La LSP incluye expresamente el ámbito mercantil entre los objetos legítimos de la investigación privada, lo que abarca, por ejemplo, averiguaciones sobre violaciones de pactos de no competencia, uso indebido de secretos empresariales, infracciones de derechos de marca, o cualquier conducta desleal en el mercado.

Cuando tales informes se aportan en un proceso mercantil, se aplican las mismas reglas que en civil: el informe del detective es un documento probatorio (art. 265.5 LEC) y sus contenidos deben ratificarse mediante testimonio si son negados por la contraparte. No existe en mercantil ninguna categoría distinta que eleve al detective a perito. Incluso si la materia en disputa es técnica (por ejemplo, una infracción de patentes), el detective solo aportará hechos (v.gr. la constatación de que tal producto se vende en cierto establecimiento), pero la valoración pericial sobre la violación de la patente corresponderá a un perito especializado, no al detective. En ocasiones, no obstante, el detective y el perito pueden complementarse: el detective recaba las pruebas fácticas (p.ej., adquiere una muestra del producto falsificado para presentarla al juicio), y luego un perito químico, informático o del área que corresponda, realiza el análisis técnico de esa muestra. Cada uno mantiene su rol diferenciado. La jurisprudencia mercantil ha avalado la utilización de detectives en casos de competencia desleal y otros fraudes empresariales, tratándolos igualmente como testigos. Por ejemplo, el Tribunal Supremo (Sala 1ª) ha llegado a admitir la licitud de investigaciones privadas incluso respecto de posibles ilícitos concurrenciales o societarios, entendiendo que el detective no "investiga delitos" sino que documenta hechos que pueden luego ser utilizados en un procedimiento judicial.

La SAP de Valencia (361/2018) señala:

> *"La Sentencia de la Sala Primera del Tribunal Supremo de 17 de octubre de 2012 declara que " los informes de los detectives privados no tienen necesariamente un carácter de prueba plena ni son dogma de fe, pero tampoco carecen de valor probatorio . Como ya tenemos dicho en otras resoluciones (por ejemplo, Sentencia de esta Sección de 5 de junio de 2007), ha de partirse de lo previsto en el artículo 265.5 de la Ley de Enjuiciamiento Civil, que dispone que los informes elaborados por profesionales de la investigación privada legalmente habilitados, sobre hechos relevantes en que las partes apoyen sus pretensiones, tendrán el carácter de prueba documental, pero con la precisión de que si tales hechos no fueran reconocidos como ciertos por la parte contraria, se practicará prueba testifical. De este precepto se deduce que esta prueba tiene un carácter mixto (documental-testifical), en tanto en cuanto viene constituida por la observación que efectúan determinados profesionales sobre el objeto del encargo, debidamente documentada, siendo en una segunda fase, y por medio de la prueba testifical, donde adquiere auténtico valor probatorio si la parte contraria la impugna. Pudiendo añadirse que ya con anterioridad a la actual Ley de Enjuiciamiento Civil, el Tribunal Supremo había admitido este tipo de pruebas, pero matizando que los informes de las agencias de detectives no podían calificarse de prueba documental, puesto que precisarían de una ratificación o expresión oral de su contenido en el momento procesal idóneo, mediante una prueba testifical (verbigracia, Sentencias del Tribunal Supremo de 10 de noviembre de 1993 y 16 de enero de 1999 , entre otras). Y en este caso, se dan los requisitos expuestos, porque no sólo se aportan los informe de los detectives, con sus soportes audiovisuales, sino que también acude al juicio los autores de los mismos y los ratifican y explican."*

En resumen, en el proceso mercantil el detective privado tampoco es considerado perito sino un proveedor de prueba testifical por escrito. Sus informes se admiten con valor condicionadamente testimonial y deben ser objeto de ratificación oral en el juicio, bajo las mismas garantías procesales que en civil. La experiencia demuestra que esta evidencia puede ser determinante en pleitos mercantiles complejos, siempre que esté obtenida de forma legítima y que el juez la valore críticamente junto con el resto del acervo probatorio.

Jurisdicción laboral

Es probablemente en el ámbito laboral donde más se ha debatido y refinado el estatuto procesal del detective privado, dada la frecuente utilización de sus servicios para controlar eventuales incumplimientos de trabajadores (bajas fingidas, competencia desleal, uso indebido de tiempo laboral, etc.). Los tribunales de lo social han forjado una abundante jurisprudencia sobre la validez y límites de estas pruebas, conciliando el poder de dirección del empresario (art. 20.3 del Estatuto de los Trabajadores) con los derechos fundamentales del trabajador, en especial su derecho a la intimidad (art. 18 CE).

Al igual que en civil, el detective en un juicio laboral no actúa como perito sino como testigo. Ya desde antiguas sentencias, el Tribunal Supremo definió al detective privado como un "testigo de excepción o privilegiado" en el proceso laboral. Esto significa que, aunque su testimonio versa sobre hechos investigados profesionalmente, no deja de ser un testigo común en cuanto a la necesidad de declarar personalmente sobre lo que vio y oyó. Por ejemplo, la Sala de lo Social del TS en sentencia de 6 de noviembre de 1990 explicó que los detectives pueden intervenir de varios modos en juicio: aportando su informe como prueba documental, y a la vez compareciendo como testigos de aquellos hechos que no hayan podido ser acreditados mediante documentos gráficos (fotografías, vídeos). En dicha resolución y en otras coetáneas, el Supremo resaltó que el testimonio del detective goza de especial fuerza persuasiva por su objetividad, pero a la vez negó que un detective pueda actuar como perito judicial, dado que sus informes carecen de carácter científico o técnico especializado. Esta doctrina consolidó la idea de que la prueba de detective es básicamente testifical (aunque con la peculiaridad de iniciarse con un informe escrito). De hecho, en sentencia de 15 de octubre de 2014 (recurso 1654/2013) relativa a un despido, el Tribunal Supremo reiteró que los informes de agencias de investigación privada *"no constituyen prueba documental sino manifestaciones testimoniales por escrito"*, remachando así su naturaleza testimonial.

Como señala Miranzo Díaz, a la hora de abordar la prueba de informes de detectives en la jurisprudencia y la doctrina[117] ha sido prácticamente unánime en afirmar la naturaleza de prueba testifical de los informes de detectives. De hecho, es clásica ya la doctrina del TS, que sostiene que aunque los informes de los detectives privados se presenten por escrito no pueden considerarse como "auténticos documentos" en el sentido procesal del término, sino como "*meras manifestaciones testimoniales formuladas por escrito que por ello no pierden su verdadero carácter de prueba testifical o de una denominada prueba testifical impropia, que solo habría adquirido todo su valor procesal como tal prueba testifical de haber sido ratificada en juicio por sus firmantes*" (STS 15.10.2014).

Miranzo, además, indica que "el informe de investigación no es en realidad un documento privado que refleje un acto o negocio jurídico, sino un escrito que incorpora el relato de las indagaciones realizadas, de los hechos observados por el investigador, y de los resultados obtenidos en su encargo profesional, sin valoración de ningún tipo. Un documento, en suma, que refleja las manifestaciones de un tercero. De esta forma, el investigador accede al proceso exclusivamente para dar cuenta de lo presenciado, y como testigo que es de unos hechos, ha de hacerlo a través de la prueba testifical"[118]. En este sentido, el informe del detective es, como ha subrayado la jurisprudencia, "testimonio documentado", es decir, la expresión escrita de la declaración de una persona que ha sido testigo directo de los hechos (TSJ Madrid 16 enero 2020, recurso 659/2019). Y ello con independencia de que a esta declaración testifical impropia, dentro de la libertad de apreciación que tiene el juzgador, se le suela reconocer en la práctica judicial un valor añadido por la garantía de profesionalidad que ofrece el detective (STSJ Castilla y León 24 de julio de 2020, recurso 235/2020).

A la misma conclusión conduce art. 265.1 LEC cuando dispone que para que el informe del detective adquiera valor probatorio, en el caso de que los hechos recogidos en el informe no sean reconocidos por las partes,

---

[117] Por todos, Miranzo Díez, J. J. (2022). *Control y vigilancia de las personas trabajadoras en situación de incapacidad temporal. El informe de detectives privados.* Revista de Derecho de la Seguridad Social, Laborum, 31, 63-84.

[118] Miranzo Díez, J. J. (2022). *Control y vigilancia de las personas trabajadoras en situación de incapacidad temporal. El informe de detectives privados.* Revista de Derecho de la Seguridad Social, Laborum, 31, 63-84

deberá ser ratificado en el acto del juicio por el detective, ratificación que introduce el informe en el debate procesal y abre la posibilidad al interrogatorio de las partes sobre su contenido[119].

De este modo, afirmada por la jurisprudencia la naturaleza de prueba testifical del informe de detectives, la consecuencia inmediata es que dicha prueba es inhábil a los efectos de la revisión de los hechos declarados probados en el recurso de suplicación, pues esta modificación de los hechos probados ha de fundamentarse exclusivamente, como se sabe, en las pruebas documentales y periciales practicadas en la instancia.

Las SSTS/Social 10-febrero-1990 (sentencia número 170/1990 , casación por infracción ley) y 13-marzo-1991 (recurso 320/1990), rechazan las revisiones fácticas pretendidas con base en informes de agencias privadas de investigación, argumentando: a) la primera que « *La base sobre la que construye el ... motivo de casación estriba en la contradicción existente entre los justificantes de la Central sindical de trabajadores gallegos, que acreditan la presencia en la misma del demandante durante los días y horas que en ellos se indica, y la no presencia del trabajador en dicha Central sindical demostrada -se dice en el motivo- "a través de una exhaustiva investigación y seguimiento"* » *y afirma que* « *Así planteado el motivo revisorio, es visto que todo él se basa en el crédito que merece a la parte la labor de investigación llevada a cabo por los detectives privados y desde el informe de éstos elabora los nuevos hechos probados. Pero el motivo no puede prosperar porque el repetido informe, ratificado por sus autores en el acto del juicio, no perdió, por haberse incorporado al escrito elaborado por la Agencia de investigación, su verdadero carácter de prueba testifical, incapaz para sostener con él y demostrar la equivocación evidente del Juzgador, según establece el art. 167.5 de la Ley de Procedimiento Laboral* »; *y b) razonándose en la segunda sentencia citada que* « *se apoya fundamentalmente en una interpretación subjetiva de los informes de las agencias privadas de investigación, que, con independencia de la calificación que les haya atribuido el juzgador, no constituyen prueba documental sino manifestaciones testimoniales por escrito* (Sentencias de 19 de julio , 2 de octubre de 1989 y 10 de febrero de 1990).

La STS/IV 24-febrero-1992 (recurso 1059/1991), aun tratándose de un supuesto en que se aprecia la inexistencia de contradicción, razona que

---

[119] Distinto es el caso, ciertamente anómalo, en cuanto se aparta del cometido del investigador privado, de que el informe del detective pudiera contener además valoraciones técnicas fundadas en conocimientos científicos, artísticos, técnicos o prácticos (art. 380.2 LEC) que el juez no posee, supuesto en el que entonces resultarían de aplicación las reglas previstas en la norma procesal civil para el denominado "testigo-perito" (art. 370.4 LEC).

« *La totalidad de las sentencias invocadas como término de comparación sientan la doctrina uniforme de negar valor documental, a efectos de revisión de hechos en un recurso de casación, a los informes de detectives privados ..., exponiendo que se trata de una prueba testifical impropia, que adquiere todo su valor procesal como tal prueba testifical cuando el informe ha sido ratificado en juicio por su firmante* », *que* « *En vía de suplicación, la Sala de lo Social del TSJ no accedió a la revisión fáctica precisamente porque el recurrente se amparaba en el citado informe de detectives que ... carece de valor documental a estos efectos* ».

Igualmente sobre los documentos que reflejan manifestaciones de terceros y su valor probatorio, la STS/IV 11-julio-2000 (recurso 911/2000) afirma que « *su análisis muestra que dicho escrito ... no es más que una simple nota firmada por solo 4 de los 15 miembros que integran la Comisión Negociadora ... en la que "certifican"–para lo que evidentemente carecen de facultades -"que la firma del Preacuerdo del II Convenio Colectivo ha sido realizada de forma unánime por todos los miembros de la misma ". No se trata pues de un autentico documento sino de una prueba testifical impropia, que solo habría adquirido todo su valor procesal como tal prueba testifical, si la nota hubiera sido ratificada en juicio por sus firmantes, y no lo fue. En todo caso, como prueba testifical que es, queda a la libre apreciación del juzgador y no puede fundar la denuncia de un error de hecho en casación".*

Con relación en general a la prueba testifical y su no encaje a través de la documental a efectos de la revisión fáctica en los recursos, en especial en el de casación ordinaria, es reiterada doctrina de la Sala, — contenida, entre otras muchas, en las SSTS/IV 25-marzo-2014 (recurso 161/2013), 29-abril-2014 (recurso 242/2013), 21-mayo-2014 (recurso 182/2013) y 1-julio-2014 (recurso 101/2013), aun referida a precepto procesal análogo sobre la revisión fáctica en casación ordinaria (el referido art. 207.d LRJS) —, que « la variación del relato de hechos únicamente puede basarse en prueba documental, porque el art. 207 LRJS sólo acepta -en la casación laboral común u ordinaria- el motivo de "error en la apreciación de la prueba" que esté "basado en documentos que obren en autos que demuestren la equivocación del juzgador"» (recientes, SSTS 19/04/11 -recurso 16/09 -; 22/06/11 -recurso 153/10 -; y 18/06/12 -recurso 221/10 -); y que en esta línea hemos rechazado que la modificación fáctica pueda ampararse en la prueba testifical, tal como palmariamente se desprende de la redacción literal -antes transcrita- del art. 207.d) LRJS y hemos manifestado reiteradamente desde las antiguas SSTS de 29/12/60 y 01/02/61 (así, SSTS 13/05/08 -recurso 107/07 -; y 18/06/13 -recurso 108/12 -) ... » y que « *en todo caso se imponen -en este mismo plano general- ciertas precisiones: a) aunque la prueba testifical no puede ser objeto de análisis en este extraordinario recurso, pese a todo en algunos supuestos puede ofrecer «un índice de comprensión sobre el propio contenido de los documentos en los que la parte» encuentra fundamento para las modificaciones propuestas (en tal sentido, SSTS 09/07/12 -recurso 162/11 -; y 18/06/13 -recurso 108/12 -)... ».*

En suma, según la doctrina del TS los documentos que reflejan manifestaciones de terceros, entre ellos, los informes de detectives privados, no es dable configurarlos como prueba documental a los efectos de fundamentar la revisión fáctica en suplicación, — ni tampoco el error de hecho en casación ordinaria —, al no tratarse de un auténtico documento sino de meras manifestaciones testimoniales formuladas por escrito que por ello no pierden su verdadero carácter de prueba testifical o de una denominada prueba testifical impropia, que solo habría adquirido todo su valor procesal como tal prueba testifical de haber sido ratificada en juicio por sus firmantes, cuya valoración queda a la libre apreciación del juzgador de instancia, como se deduce, además, palmariamente de la redacción literal de los preceptos procesales reguladores; y ello, aunque la prueba testifical en algunos supuestos pueda ofrecer « un índice de comprensión sobre el propio contenido de los documentos en los que la parte » encuentra fundamento para las modificaciones propuestas.

Por tanto, el informe de detective es, como hemos dicho ya desde el principio de este manual, una prueba documentada, donde se reflejan meras manifestaciones. La sentencia de contraste niega absolutamente la adecuación de esa modificación de los hechos probados, y señala como doctrina reiterada y pacífica de la Sala (STS 155/2020) que "*los documentos que reflejan manifestaciones de terceros, entre ellos, los informes de detectives privados, no es dable configurarlos como prueba documental a los efectos de fundamentar la revisión fáctica en suplicación (art. 193.c LRJS), — ni tampoco el error de hecho en casación ordinaria (art. 207.d LRJS) —, al no tratarse de un auténtico documento sino de meras manifestaciones testimoniales formuladas por escrito que por ello no pierden su verdadero carácter de prueba testifical o de una denominada prueba testifical impropia, que solo habría adquirido todo su valor procesal como tal prueba testifical de haber sido ratificada en juicio por sus firmantes, cuya valoración queda a la libre apreciación del juzgador de instancia, como se deduce, además, palmariamente de la redacción literal de los preceptos procesales reguladores; y ello, aunque la prueba testifical en algunos supuestos pueda ofrecer " un índice de comprensión sobre el propio contenido de los documentos en los que la parte " encuentra fundamento para las modificaciones propuestas*".

Así, siguiendo esta doctrina se debe afirmar que "*los escritos en que se reflejan manifestaciones de terceros no pueden ser considerados, en principio, como prueba documental a los efectos de fundamentar la revisión fáctica en suplicación a que se refiere el art. 193 c) LRJS, "... ni tampoco el error de hecho en casación ordinaria (art. 207.d LRJS) —, al no tratarse de un auténtico documento sino de meras manifestaciones testimoniales formuladas por escrito que por ello no pierden su verdadero carácter de prueba testifical o de una denominada prueba testifical impropia, que solo habría adquirido todo su valor procesal como tal prueba testifical de haber sido ratificada en juicio por sus firmantes, cuya valoración queda a la libre apreciación del juzgador de instancia, como se deduce, además, palmariamente de la redacción literal de los preceptos procesales reguladores..."* (STS citada de 15/10/2014 (rcud. 1654/2013)".

Sin embargo, y esto es muy importante, tal y como indica Areta Martinez[120] "el informe de un detective privado puede llevar un anexo con documentos públicos, documentos privados, medios de reproducción de la imagen, la palabra y el sonido (fotografías, grabaciones de vídeo y de voz), etc. Conviene clarificar si los elementos anexos al informe del detective privado son aptos para fundamentar la revisión fáctica en suplicación. Para ello hay que examinar: 1°) si alguno de los elementos adjuntos al informe tiene naturaleza de prueba documental, y 2°) caso de tener naturaleza de prueba documental, si reúne la condición de literosuficiente, es decir, que por sí solo acredita de manera fehaciente aquello que la parte recurrente pretende que se incluya como probado en un ordinal fáctico. En relación con la grabación de vídeo, la STS-SOC núm. 325/2022, de 6 de abril (RCUD núm. 1370/2020), reitera que no tiene naturaleza de prueba documental a efectos de fundar la revisión de hechos probados; y ello es así porque la LEC, que resulta de aplicación supletoria al proceso laboral en materia de prueba (disposición final cuarta LRJS), dispensa un tratamiento autónomo a los medios de reproducción de la palabra, el sonido y la imagen (artículos 299.2 y 382 a 384 LEC), diferenciándolos de la prueba documental (artículos 299.1.2°, 299.1.3° y 317 a 334 LEC). Siendo esto así, cabe entender que las fotografías, las grabaciones de sonido que se adjuntan como anexo al informe del detective privado tampoco tienen naturaleza de prueba documental para instar la revisión fáctica. Sin embargo, si el informe del detective privado anexa documentos públicos o documentos privados que reúnen la condición de literosuficiente, sí puedan fundar la revisión fáctica en suplicación".

---

120 Areta Martínez, M., "*¿En qué casos el pluriempleo es causa de despido disciplinario?, ¿y qué valor probatorio tiene el informe de un detective privado en el proceso de despido?", Revista de jurisprudencia laboral, 8/2023,*

SOBRE LA NATURALEZA DOCUMENTAL DEL INFORME DE DETECTIVE PRIVADO

El TS, en sentencia de 17.6.96, diferencia el informe de los detectives de la testifical en juicio del propio profesional. Así, señala que *"aportó la empresa como prueba el informe realizado por el detective, con el correspondiente reportaje fotográfico, compareciendo asimismo como testigo dicho detective, que ratificó el informe y manifestó que la persona que aparecía fotografiada era D. Ginés M. R. El Juzgado dictó sentencia declaratoria de la procedencia del despido, en la que estimó acreditadas las causas alegadas por la empresa en la carta de despido todo ello en atención al informe realizado por el detective y a su declaración en el acto del juicio".* Con posterioridad, se demostró que el detective se había equivocado de persona y se le acusa de falsedad documental y de falso testimonio. El TS debe, para ello, comprobar si el informe es o no una prueba documental.

El Alto Tribunal, señala que *"el informe no es un documento, sino un testimonio documentado o, más exactamente, un testimonio que se prestó en juicio con el apoyo de un documento y de un medio mecánico de reproducción de la imagen de los que menciona el art. 90.1 LPL: las fotografías que se acompañan al informe y a las que se refiere el testimonio. Si todos estos elementos -el informe escrito, las fotografías y la declaración testifical propiamente dicha- se consideran parte de la prueba testifical practicada en el juicio mediante el examen del detective, entonces su alegación como causa de revisión tendría que haberse realizado por la causa 3.ª art. 1796 LEC (condena por falso testimonio en la declaración que sirvió de fundamento a la sentencia), que es evidente que no concurre en el presente caso, pues no ha existido condena alguna. Pero aun considerando las fotografías como fuente autónoma de prueba lo que no puede predicarse del informe que es sólo la expresión escrita de la declaración del testigo, es decir, un testimonio documentado sin más valor que el testifical según reiterada y conocida doctrina-, las conclusiones serían las mismas".*

La doctrina no era pacífica sobre el tratamiento que, como medio de prueba, había que atribuir a estas formas de reproducción de la imagen[121]: había quienes sostenían que en la noción de documento lo fundamental es la existencia de un objeto que incorpora una representación con posible

---

[121] Autores como Gómez Orbaneja (Gómez Orbaneja, *Derecho Procesal Civil,* Madrid, 1979, pp. 339 y ss.) y Montero Aroca (Montero Aroca, *La prueba en el derecho civil,* 1998, p. 145) consideraban que la escritura constituía un requisito necesario para atribuir la condición de documento a un determinado objeto o soporte. Otros como Serrá Domínguez (Serra Domínguez, Prueba documental en Enciclopedia Jurídica Seix) negaban que la expresión escrita constituyese una nota esencial en la noción de documento.

valor probatorio y que puede ser trasladado a presencia judicial e incorporado a las actuaciones, las fotografías serían un documento. Pero para la tesis que considera que la noción de documento debe limitarse a las declaraciones de voluntad manifestadas por escrito, estaríamos ante una forma especial de reconocimiento judicial, en la que la imagen del objeto que el juez examina se independiza de ese objeto y puede ser presentada en el acto de juicio, aunque lo representado, en cuanto acción pasada, haya desaparecido".

En buena medida, como señala Ormazábal Sánchez[122], la nueva Ley de Enjuiciamiento Civil han quedado claros la mayoría de estos extremos. Así, el art. 292.2 LECi introduce los denominados medios de reproducción de la palabra, el sonido y la imagen, así como los instrumentos que permiten archivar y conocer o reproducir datos, cifras y operaciones matemáticas llevadas a cabo con fines contables o de otra clase relevantes para el proceso. Se trata de un medio de prueba diferente al de la prueba documental contemplado en el art. 333 que contempla expresamente los denominados documentos que no incorporan predominantemente textos escritos, tales como dibujos, planos y mapas. A juicio del autor citado[123], se debe concluir que la noción de documento es la de soporte u objeto mueble, fácilmente trasladable a presencia judicial, susceptible de ser copiado o reproducido también con facilidad, y capaz o idóneo para incorporar signos gráficos –de escritura u otro tipo—inmediatamente legibles o visualizables quedando los soportes tecnológicos del art. 382 LECi como fuentes sobre las que rige idéntica disciplina a la establecida para los documentos aunque la ley les designe como objetos[124].

En suma, el informe de un detective es un documento en toda su parte escrita y sus anexos documentales y gráficos. Por otro lado, podrá incorporar objetos tecnológicos como vídeos o archivos de sonido y otros medios de prueba más atípicos, como por ejemplo, unos restos de un incendio aportados en autos.

---

122 Ormazábal Sánchez, G., La prueba documental y los medios e instrumentos idóneos para reproducir imágenes o sonidos o archivar y conocer datos, Madrid, 2000, p. 20.

123 Ormazábal Sánchez, G., La prueba documental y los medios e instrumentos idóneos para reproducir imágenes o sonidos o archivar y conocer datos, Madrid, 2000, p. 22.

124 Illescas Rus, A., "La prueba en la LEC 1/2000 en el proceso civil y sus repercusiones en los litigios derivados del contrato de seguro", *Congreso de Responsabilidad Civil*, Madrid, noviembre de 2001, p. 48.

En cuanto, a la clase de documento del informe de detective, Pérez Hernández, no lo considera como documento privado porque el informe no contiene una declaración de voluntad constitutiva de un determinado acto o negocio ni proporciona datos de un acto jurídico, esto es, "no es un documento en el que se formalice acto alguno entre particulares. Además, el informe no necesita, como el documento privado, ser aceptado como auténtico o legítimo por la contraparte o, en su defecto, reconocido bajo juramento en presencia judicial"[125]. Concluye la autora que, sin equiparar el informe de detective privado con el informe pericial, porque se trata de medios de prueba diferentes, hay que decir que no es prueba documental ni informe pericial ni testimonio documental, por lo que su valor no debería ser el de ninguna de estas categorías, convirtiéndose en una categoría distinta de todas ellas, encaminada a llevar a juicio una garantía procesal.

La distinción entre documento público y documento privado es tan importante que da lugar a otros tantos medios de prueba[126]. Así, para la LECi se considera documento privado, a efectos de prueba en el proceso, aquellos que no son documentos públicos[127]. Esta norma considera, además, al informe como documentos relativos al fondo del asunto (Art. 265 LECi). La LECi, además, indica en el apartado 5º in fine de ese precepto que sobre los hechos que relata el DP se practicará prueba testifical si no fueren reconocidos como ciertos. Se trata, por ende, de un documento privado.

El Juzgado de Instrucción de El Ejido el 22 de junio de 1993 en el fundamento tercero de derecho, se refiere a la prueba que los detectives como "*de una relevancia notabilísima*" y así lo refleja en la sentencia al señalar que *"en el acto del juicio tuvo una relevancia notabilísima la prueba*

---

125 Pérez Hernández, Marta, Sobre la naturaleza jurídica de la prueba de detectives privados», Revista Española de Derecho Procesal, vol. 12, núm. 1, 1998.

126 Ormazábal Sánchez, G., La prueba documental y los medios e instrumentos idóneos para reproducir imágenes o sonidos o archivar y conocer datos, Madrid, 2000, p. 24.

127 Según el art. 317 LECi son documentos públicos, las resoluciones y diligencias de actuaciones judiciales de toda especie y los testimonios que de las mismas expidan los Secretarios Judiciales; los autorizados por Notario con arreglo a Derecho; Los intervenidos por Corredores de Comercio Colegiados y las certificaciones de las operaciones en que hubiesen intervenido, expedidas por ellos con referencia al Libro Registro que deben llevar conforme a Derecho; las certificaciones que expiden los Registradores de la Propiedad y Mercantiles de los asientos registrales; los expedidos por funcionarios públicos legalmente facultados para dar fe de disposiciones y actuaciones de aquellos órganos, Administraciones o entidades.

documental aportada por la defensa, consistente en la aportación de un vídeo de la vida ordinaria del perjudicado...así como la documental del reportaje fotográfico que responde a la plasmación fotográfica de esa filmación" de los detectives. El juzgador, por tanto, califica la prueba gráfica de detectives de "documental", cuando el Tribunal Supremo califica dicha prueba de mera testifical. Concluye el fundamento tercero diciendo que "*la importancia de ese vídeo es tan contundente, que motivó inclusive una vez motivado el mismo, que el Sr. Médico Forense cambiara su criterio*".

La AP de Palma de Mallorca, el 16 de septiembre de 1992, en trámite de apelación, pone en duda una prueba pericial médica, cuando en el fundamento quinto de derecho dice que "*tal afirmación -la de los peritos médicos- se ve cuestionada por el reportaje fotográfico obrante a los folios X y por la declaración testifical de los detectives*". Además, diferencia la prueba propiamente testifical de la ratificación en juicio del reportaje fotográfico, que aunque no lo califique como documental de forma expresa, sí tácitamente.

Para mayor incertidumbre, el TS, en sentencia de 6 de noviembre de 1990, señala que "*el testimonio emitido por los detectives privados tiene, en favor de su veracidad, no sólo la garantía de profesionalidad exigible y, en principio, presumible en una profesión reglamentada legalmente, sino también la que, de modo innegable, proporciona la precisa y continuada dedicación al objeto del ulterior testimonio a emitir y las complementarias acreditaciones gráficas o sonoras de que suele ir acompañado, lo que no obsta, obviamente, a la neutralización de dicho medio probatorio por otro u otros, de superior o idéntico valor justificativo, obrantes en los autos*".

Sin embargo, la STS de 20 de marzo de 1984, señala que "*el informe emitido por el detective privado a quien la empresa confió la vigilancia de los movimientos del trabajador en la jornada laboral no es identificable a la prueba documental, sino que es simple y puramente testimonial*"[128].

Esas sentencias parten de la doctrina uniforme sentada por el TS que tiene declarado, en realidad, que la prueba de detectives es una mera testifical, 'pero a efectos casacionales', dado que para evidenciar un error de hecho la prueba debe ser ratificada en juicio. El TS, además, le ha negado la posibilidad de demostración de un error de hecho a efectos casacionales, dado que la considera como mera testifical.

En este sentido, la STS de 24 de febrero de 1992 señala que "*las sentencias invocadas como término de comparación sientan la doctrina uniforme de negar valor documental a efectos de revisión de hechos en un recurso de casación, a los*

---

[128] En idéntico sentido, las SsTS de 6 y 28 Sep. 1983.

informes de detectives privados aportados al proceso, exponiendo que se trata de una prueba testifical impropia, que adquiere todo su valor procesal como tal prueba testifical cuando el informe ha sido ratificado en juicio por su firmante. Es sorprendente que de esta doctrina, deduzca el recurrente, que si el informe no tenía carácter documental, entonces no debió ser valorado por el juzgador; pues con ello se desconoce que el juzgador puede y debe valorar la totalidad de las pruebas practicadas, incluida la testifical y es precisamente el recurrente el que tiene que amparar su pretensión revisoria en vía de suplicación en pruebas documentales o periciales -art. 190 b) LPL; en consecuencia ha de entenderse que la sentencia impugnada ha sido coherente con la doctrina mantenida en las sentencias invocadas como contraste, por lo que no hay contradicción entre ellas"[129].

En este sentido, STSJ País Vasco , 18 de Mayo de 2010 señala que se trata de *"una prueba inhábil para fundar la rectificación fáctica en suplicación, como es la testifical, naturaleza de la que participa el informe de la agencia de detectives privados contratada por la empresa, ratificado en el juicio, que no pierde ese carácter por el hecho de haberse recogido por escrito (sentencias de 6 de noviembre de 1990, RJ 8552, y 24 de febrero de 1992, RJ 1055, de la Sala de lo Social del Tribunal Supremo); prueba que, además, ya ha sido valorada por el juzgador que expresa sus dudas sobre su fiabilidad, teniendo además en cuenta que el demandante acudía indistintamente a las obras de ambas sociedades"*. En el recurso de suplicación, para modificar los hechos probados en la sentencia, solo se pueden aportar ciertos tipos de pruebas, como la prueba documental o pericial. La prueba testifical no es válida para modificar los hechos probados en esta fase.

Sin embargo, no es lo mismo que se le niegue valor documental a efectos casacionales o de suplicación a que se le niegue cualquier valor probatorio en el proceso. En este sentido, la jurisprudencia ha sido clara en considerar que el informe de detective privado, en tanto que recoge una declaración sobre hechos percibidos por sus sentidos y, en ocasiones, apoyados en elementos gráficos o sonoros, tiene el valor de una prueba testifical documentada, pero no de prueba documental en sentido estricto.

La distinción fundamental radica en que la prueba documental recoge actos o declaraciones de voluntad con relevancia jurídica, mientras que el informe de un detective se limita a plasmar observaciones, que posteriormente deben ser ratificadas en juicio. Como han señalado varias

---

[129] En el mismo sentido, las SsTS de 20.3.85, 8.10.86, 26.2 y 5.2 87, 29.7.88, 30 y 11.5, 12.7 y 23.11.90 y 13.2.92.

resoluciones, el valor probatorio del informe de detective se fortalece si es acompañado de otros medios de prueba, como fotografías o vídeos, que pueden tener consideración de prueba documental o medios de reproducción de la realidad, según la LECi.

En conclusión, la doctrina mayoritaria establece que el informe de detective es un documento en cuanto a su soporte escrito, pero su valor procesal es el de una prueba testifical que debe ser ratificada en juicio. Esta diferenciación es clave a la hora de evaluar su fuerza probatoria y su admisibilidad en distintos tipos de procesos, especialmente en el ámbito laboral y penal, donde su impacto puede ser determinante en la resolución de los casos. El informe de un detective privado es una prueba testifical documentada, no una prueba documental en sentido estricto. Puede incluir anexos (fotografías, vídeos, grabaciones), que sí pueden considerarse pruebas documentales o medios de reproducción de la realidad. Pero el propio informe, sin ratificación en juicio, no tiene el valor autónomo de un documento.

CONCLUSIONES

1. **Naturaleza jurídica de la prueba del detective**:
   - El informe del detective privado es una prueba **mixta** (documental-testifical), no encajando plenamente en ninguna categoría tradicional (documental, testifical o pericial).
   - La jurisprudencia lo considera generalmente como una **prueba testifical documentada**, es decir, la declaración escrita del detective, ratificada posteriormente en juicio.

2. **Posición del detective privado en distintos órdenes jurisdiccionales**:
   - **Jurisdicción Penal**:
     - El detective actúa esencialmente como **testigo cualificado**, aportando pruebas documentadas (informe y anexos gráficos o audiovisuales).
     - La prueba se valora como documental inicialmente, pero requiere la ratificación oral (testifical) para adquirir pleno valor probatorio.
     - Es inadmisible si se obtiene vulnerando derechos fundamentales (doctrina del "fruto del árbol envenenado").

   - Nada obsta que el detective actúe como perito si tiene los conocimientos para emitir un informe pericial.
- **Jurisdicción Civil y Mercantil**:
   - Reconocimiento explícito del informe del detective privado en la Ley de Enjuiciamiento Civil (LEC) como medio de prueba documental que debe ser ratificado oralmente.
   - Considerado "testimonio documentado", esencialmente testifical, no pericial.
   - Habitualmente utilizado para demostrar hechos relevantes en ámbitos como derecho de familia o competencia desleal, siempre que no vulneren la intimidad.
- **Jurisdicción Laboral**:
   - Considerado claramente como una prueba documentada, testifical "privilegiada" o "cualificada", no documental en sentido estricto para efectos procesales de recurso (suplicación o casación).
   - El informe del detective pierde su fuerza probatoria si no se ratifica en juicio.
   - Su valor está limitado, no permitiendo revisión fáctica en recursos superiores debido a su carácter testimonial.

3. **Límites fundamentales en la obtención de pruebas**:
   - Legalidad, proporcionalidad y respeto a derechos fundamentales son esenciales para la validez de la prueba.
   - El detective no puede investigar delitos perseguibles de oficio, debiendo denunciar inmediatamente cualquier sospecha.
   - Las pruebas obtenidas vulnerando estos principios resultan inadmisibles en juicio.
4. **Naturaleza específica del informe de detective**:
   - No constituye pericial por ausencia de opinión técnica especializada, sino que refleja hechos objetivos observados por el detective.
   - Aunque incluye anexos audiovisuales (fotos, vídeos), estos se valoran independientemente como medios de reproducción de la realidad y no como documentos estrictamente.

- Se trata de un "tertium genus" probatorio, o categoría intermedia, valorada según la sana crítica judicial.

En definitiva, la prueba obtenida por detectives privados se configura como un medio específico y singular en el proceso judicial español, que exige rigor en su obtención y presentación para conservar validez probatoria.

Capítulo 13

Los límites a la prueba de detective

La intervención de detectives privados como medio de prueba se ha vuelto frecuente en diversos procesos judiciales, especialmente en el ámbito laboral y civil. Sus informes y testimonios pueden resultar determinantes para acreditar incumplimientos contractuales (como fraudes laborales o violaciones de medidas familiares) que de otro modo serían difíciles de probar. Sin embargo, la obtención de evidencia mediante detectives plantea importantes desafíos jurídicos y como ya se ha dicho, debe compatibilizarse la eficacia probatoria con el escrupuloso respeto a los derechos fundamentales de las personas investigadas.

En otras palabras, la búsqueda de la verdad en juicio no puede obtenerse a cualquier precio, sino dentro de límites de legalidad y proporcionalidad. Esto ha motivado abundante jurisprudencia y doctrina que delimitan qué actuaciones de un detective son lícitas y cuáles constituyen prueba prohibida, abordando principios como la proporcionalidad de la medida, la habilitación profesional del detective y la garantía de la intimidad y otras libertades esenciales.

A continuación, se analizan esos límites, las resoluciones judiciales clave en la materia, los principios doctrinales fundamentales y el control judicial sobre la validez de estas pruebas, incluyendo la doctrina del *"fruto del árbol envenenado"*.

VALOR PROBATORIO INTRASCENDENTE DEL INFORME DE INVESTIGACIÓN

El informe de detective se aporta para sustentar una demanda (art. 265.5 LEC) o para demostrar un indicio de criminalidad. En este sentido, la AAP de Valladolid (373/2011) indica: "*En el caso que nos ocupa existen tales indicios que se sustentan: 1º) en el informe del detective privado elaborado a instancia de la aseguradora, el cual tiene valor como indicio sin perjuicio del que pueda conferírsele en la fase del enjuiciamiento a la vista de los demás medios probatorios*". Sin embargo, si el informe no tiene pertinencia probatoria cuando recoge meras sospechas, opiniones o, como señala, la STS 1611/1988 *"se insertan consideraciones particulares"*. Tampoco se acepta cuando no aporta elementos nuevos o es irrelevante.

En otros casos, la jurisprudencia le niega valor probatorio por ser intrascendente (*"no aporta nada"*, en ATS 836/2021 de 16 de septiembre), no aporta dato alguno (APP Barcelona 397/2011), o es artero (APP 201/2006, de 8 de mayo). Sin embargo, tal y como señala la STS 851/2021: *"que los informes se elaboraron con la única finalidad de que sirvieran como prueba, y a tal efecto fueron aportados a los procedimientos que la Sra. Juliana tenía en trámite con su exmarido, por lo que no tuvieron otra difusión que la resultante de su aportación en sede judicial "dentro de las atribuciones del derecho de defensa que asistía a la requirente", siendo innumerables las resoluciones judiciales que admiten el valor probatorio de los informes de detectives privados"*.

En este sentido, la STS 851/2021, de 9 de diciembre señala que:

> *"Son hechos probados que los informes se realizaron por un profesional legalmente habilitado; que fueron encargados por la codemandada Sra. Juliana previa acreditación ante dicho profesional del interés legítimo que ostentaba, consistente en su derecho a exigir del investigado el pago de las cantidades que adeudaba en concepto de pensiones fijadas a su cargo en el proceso de divorcio; que, por tanto, la finalidad exclusiva de los informes fue servir como prueba en los juicios que pendían entre los excónyuges, relacionados con la negativa del exmarido a hacerse cargo de dichas obligaciones familiares; que efectivamente se aportaron como prueba en diferentes procedimientos, "principalmente de carácter civil", y fueron admitidos sin que por el hoy recurrente se impugnara su ilicitud ni esta se apreciara de oficio; y, en fin, que no tuvieron otra divulgación fuera de esos procesos.*
>
> *En estas circunstancias, la realización de los informes y su posterior aportación como prueba en los juicios pendientes entre las partes contaba con la habilitación resultante de lo previsto en arts. 265.5 LEC y 48 a 50 LSP porque, a diferencia del caso de la sentencia 278/2021, en el presente los informes eran medios de prueba de los que la codemandada pretendía valerse en ejercicio de su derecho de defensa, de los que objetivamente podía resultar datos de interés para conseguir la efectividad de las obligaciones pecuniarias impuestas al hoy recurrente -en esencia, que continuaba desempeñando su actividad profesional como letrado-, en la medida en que este dato podía coadyuvar a desvirtuar alegaciones del hoy recurrente sobre su falta de recursos económicos o sobre la insuficiencia de sus ingresos.*
>
> *Desde la perspectiva de la proporcionalidad, el juicio de ponderación de la sentencia recurrida consistente en priorizar el derecho de defensa es conforme con la normativa y la jurisprudencia expuestas.*
>
> *Esta conclusión se funda, en primer lugar, en la idoneidad y necesidad de la investigación, pues los hechos probados indican una situación previa de incumplimientos reiterados, incluso con previa sentencia penal condenatoria por impago de pensiones cuando se encargó el segundo informe, de*

intentos infructuosos de trabar embargos sobre los honorarios del hoy recurrente (folio 45 de las actuaciones de primera instancia) y de la imposibilidad o gran dificultad para la codemandada de obtener por otros medios los datos sobre la situación económica del hoy recurrente que sí podían averiguarse mediante la investigación privada de un detective, en la medida en que la legislación vigente (art. 48. 1 a) LSP) permite acudir a estas averiguaciones para la obtención y aportación, por cuenta de terceros legitimados -en este caso la Sra. Juliana-, de información y "pruebas" sobre "conductas o hechos privados" relacionados, entre otros aspectos, con el ámbito laboral del investigado, y la investigación consistió en una entrevista con el hoy recurrente en su despacho profesional en la que el detective, haciéndose pasar por cliente, consiguió que el investigado mostrara que él personalmente se encargaba de prestar los servicios profesionales.

Se funda, en segundo lugar, en que constituye un límite legal que las pesquisas no tengan lugar en domicilios o lugares reservados, limites que fueron respetados en la elaboración de ambos informes porque para el primero se concertó una entrevista con el hoy recurrente en su despacho profesional y para el segundo se le hizo un breve seguimiento durante unas pocas horas y en plena calle, razones estas últimas por las que el caso no es similar al de la sentencia 278/2021 que sí apreció intromisión ilegítima en la intimidad.

En tercer lugar, por lo que se refiere al derecho a la propia imagen, a pesar de no discutirse la captación de las imágenes mediante un dispositivo oculto, y por tanto sin consentimiento del hoy recurrente, ni su reproducción igualmente inconsentida en ambos informes, la sentencia recurrida pondera correctamente el factor (que también menciona el Ministerio Fiscal) consistente en su carácter meramente accesorio, orientado a dotar de mayor certidumbre a los informes, a lo que cabe añadir, también en línea con el Ministerio Fiscal y con la sentencia 196/2007, que no se difundieron para el conocimiento general y que tampoco se desprende de las mismas "ningún elemento de desdoro para el interesado", ya que en el informe de 2015 aparece de medio cuerpo en la mesa de su despacho y en el de 2017 en la vía pública, realizando actividades cotidianas como conducir un vehículo o acceder a un domicilio.

Finalmente, respecto del derecho a la intimidad, del informe de 2015 no resulta que se invadiera el ámbito reservado, personal y familiar del hoy recurrente, ya que el despacho era el lugar de trabajo donde recibía a los clientes, su comportamiento con la detective no sería distinto del que había tenido con cualquier otro cliente y los datos incorporados al informe o bien eran públicos, como la ubicación del despacho, o bien habrían sido voluntariamente divulgados a cualquier otro cliente, como el importe de sus honorarios. Y del informe de 2017, a pesar de que la hoja de encargo aludiera a la relación del hoy recurrente con su secretaria, resulta, como razona el tribunal sentenciador, que también el interés de la demandada en este segundo informe fue recabar datos económicos para garantizar la efectividad de las pensiones impagadas, máxime cuando ya constaba una condena penal de su exmarido, en la medida en que la convivencia de su exmarido con otra persona pudiera tener alguna relación con la reiterada desatención de sus obligaciones familiares de carácter económico.

En definitiva, señala la STS mencionada: "*la investigación cuestionada se sirvió de medios no desproporcionados para probar en juicio la actividad profesional del hoy recurrente y desvirtuar así la carencia de ingresos en que se escudaba para justificar una conducta tan reprobable que llegó a ser constitutiva de delito. Sería un contrasentido reconocer una indemnización por daño moral, fundada en la vulneración de sus derechos a la intimidad y a la propia imagen, a quien, como el recurrente, se resistió durante años a cumplir sus deberes familiares, fue penalmente condenado por ese incumplimiento y, en fin, dio lugar a que su exesposa tuviera que apuntar todos los medios legales a su alcance para intentar la efectividad de los derechos que ella y los hijos habidos de su matrimonio con el recurrente tenían reconocidos por sentencia firme*".

FALTA DE FIABILIDAD DE SU TESTIMONIO

El informe de detective carece de cualquier valor sino se reconoce en el proceso judicial y se ratifica (Art. 380.1.2 LEC). En este sentido es unánime la jurisprudencia a restarle valor sino se ratifica (por todas, SAP Tenerife 506/2002, de 10 de mayo) que se debe ratificar y que lo debe hacer el detective que realizó la investigación (SAP Cantabria 406/2015) para, tal y como señala Gil Plana[130], sea sometido a la contradicción de las partes.

El artículo 37 LSP señala:

1. Los detectives privados se encargarán de la ejecución personal de los servicios de investigación privada a los que se refiere el artículo 48, mediante la realización de averiguaciones en relación con personas, hechos y conductas privadas.
2. En el ejercicio de sus funciones, los detectives privados vendrán obligados a:
    c) Ratificar el contenido de sus informes de investigación ante las autoridades judiciales o policiales cuando fueren requeridos para ello.

130 Gil Plana, J., "Las vicisitudes probatorias del informe de detectives" en Tálens Visconti y Valls Genovard, Las actividades de detectives privados en el ámbito laboral, 2018, pp.349-351.

En sus repuestas el detective[131] no debe contradecir el informe (SAP Barcelona 911/2022 de 13 de diciembre), no debe contradecirse en la propia declaración (SAP Coruña 13/2010, de 22 de marzo), debe ser espontáneo y no transmitir una declaración "aprendida" (SAP Barcelona, 911/2022, de 13 de diciembre), no debe mostrar hostil hacia quien le interroga (SAP Barcelona 911, 2022), no debe especular (SAP Huelva 157/2015, de 20 de abril) y debe ser precisa (SAP Asturias 136/2016).

En suma, tal y como indica la STS 833/17, de 18 de diciembre, cuando de la declaración testifical *"no parece que parámetros como persistencia, verosimilitud y ausencia de contradicciones o de motivos espurios en la declaración sean suficientes, ni los únicos atendibles, para satisfacer aquel canon que legitime esa valoración por pretendidamente racional. La justificación constitucional exigible debe ir más allá de las meras impresiones subjetivas sentidas por el receptor de la prueba. Y, desde luego, de las insistencias externas al proceso, por numerosas e incluso comprensibles que puedan ser éstas. (...)"*. En consecuencia, no es que el contenido de una testifical que supere ese triple filtro deba ser tenido como válidamente inculpatorio. Lo único que cabe sostener es que un testimonio que no lo hiciera debería ser desestimado "a limine" como medio de prueba; mientras que, en el caso contrario, resultará atendible en principio, y, por tanto, estará justificado pasar -en un segundo momento- a confrontar sus aportaciones con las de otra procedencia, para confirmar la calidad de los datos -vid. en este sentido SSTS 2ª 263/2017 de 7 de abril y 28/2018 de 18 de enero -.

Ahondando en esta cuestión -la de la fiabilidad de los testigos- la STS de 9 de septiembre de 2021 señala que la información trasmitida por un testigo debe ser objeto de una atribución de valor reconstructivo. Para ello, deben identificarse elementos contextuales tales como las circunstancias psicofísicas y psico-socio-culturales en las que se desenvuelve el testigo; las relaciones que le vinculaban con la persona acusada; el grado de compatibilidad de la versión ofrecida con lo que desde la experiencia resulte posible; la existencia de corroboraciones objetivas periféricas y de las causas que, en su caso, impiden dicha corroboración; la persistencia en la voluntad incriminatoria; la constancia en la narración de los hechos y la correlativa ausencia de modificaciones o alteraciones en lo que se describe; la concreción o la genericidad del relato atendiendo a la potencialidad de precisión que puede presumirse en el testigo atendiendo

---

131 Lafont Nicuesa, La investigación física y tecnológica de crímenes por el detective privado, op. Cit. Pp. 90 y ss.

a las circunstancias concretas; la coherencia interna y externa del relato, en particular su compatibilidad "fenomenológica" con otros hechos o circunstancia espacio-temporales que hayan quedado acreditadas por otros medios de prueba.

Desde las exigencias cognitivo-materiales derivadas del principio de presunción de inocencia resulta mucho más consecuente poner el acento en la fiabilidad de la información trasmitida que en la credibilidad del testigo, como juicio de valor personal (STC 75/2013, de 8 de abril). Lo fiable de la información hace referencia a las condiciones fenomenológicas de producción probable de lo relatado mientras que lo creíble atiende más a un plano subjetivo, a que el testigo no ha mentido, por lo tanto, más abierto a valoraciones y prejuicios de tipo culturalistas e intuitivistas. Lo primero -lo fiable- exige mayores cargas de justificación al juez que atribuye valor a la información. Lo segundo -lo creíble- favorece la utilización de fórmulas de justificación con menor carga cognitiva. De ahí, que la valoración de la prueba en serio, comprometida con el valor de justicia, deba realizarse mediante la exposición analítica y completa de las razones que permitan justificar la atribución de valor. Justificar no es otra cosa que justificarse, dar razones compartibles en términos sociales, comunicativos y epistémicos.

Y, en este sentido, no puede olvidarse que la fiabilidad, como elemento para otorgar valor reconstructivo a la información suministrada por un testigo, se nutre en muy buena medida del grado de compatibilidad de dicha información con el resultado que arrojan el resto de las pruebas que integran el cuadro probatorio plenario y las demás circunstancias contextuales que han quedado acreditadas.

Concluye la SAP 911/2022, sobre un informe de investigación, que el detective en su declaración en la vista:

> *"(...) prácticamente en todas las respuestas con independencia de lo preguntado insiste en mencionar repetidamente los términos "fisioterapia", "tratamiento" y "diagnóstico" (...) sin ninguna espontaneidad en su relato. A preguntas del letrado de la defensa se muestra evasivo y hostil, respondiendo con un "no" categórico al ser inquirido sobre si había ido al centro con su mujer, para después, al ser repreguntado, reconocer que su esposa estaba, "pero fuera" (...) Ello contrasta con el contenido de su propio informe, en el que recogió que el osteópata le dijo que "probablemente" padecía una tendinitis (sin más concreción), en coincidencia con lo que el acusado manifestó en la vista.*
>
> *El testigo manifestó en más de una ocasión en el plenario que el acusado le afirmó que le enviaría por correo electrónico un informe con el "diagnóstico y el tratamiento" (...). Por el contrario, en su informe el detective solo alude a que concertó con el profesional que le enviaría por mail la factura por la sesión. Resulta poco plausible atendiendo a máximas de experiencia común-*

mente aceptadas que un osteópata, que regenta un centro de tal disciplina (y que como tal se publicita y denomina) y que en el ejercicio de la misma realiza una sesión de masaje, asuma el compromiso de emitir un informe con un diagnóstico lesional y un tratamiento fisioterapéutico y hasta farmacológico, pero es que además no existe ningún indicio de ello, resultando que el único mail que consta en autos es uno enviado por el acusado al día siguiente de la sesión de masaje (folio 19). (...)

El testigo señaló igualmente que el osteópata le hizo a través del correo electrónico una propuesta de bono (para el tan aludido tratamiento) y que dicha propuesta la adjuntó a su informe. De nuevo, dicha afirmación carece del más mínimo soporte probatorio, pues el único mail adjunto al informe es el citado del folio 19 de la causa, en el que ninguna referencia se hace a una continuación de las sesiones ni a bono alguno (...)

Sobre esta ausencia de corroboración periférica objetiva y las causas que pudieren impedir tal corroboración, es definitiva una circunstancia (que igualmente es apuntada por la defensa en su escrito de recurso): el informe asevera que como documento de prueba número uno existen unas grabaciones de la visita que se aportarán al proceso judicial. De las mismas sin embargo no existe constancia alguna, pues nunca se aportaron ni se intentaron aportar. Esto es, habiéndose procedido de forma irregular a la investigación de un delito público, pero obteniendo supuestamente pruebas de su comisión (imágenes y grabaciones -de audio o audiovisuales-) incomprensiblemente se hace uso del material consistente en imágenes (que nada aporta al esclarecimiento de los hechos) pero no de las grabaciones (que a priori serían las que acreditarían ese afirmado diagnóstico, atribución de la condición de fisioterapeuta y mención constante al carácter fisioterapéutico del tan manido tratamiento).

Todos estos elementos de impersistencia, tachas de credibilidad y ausencia de corroboración periférica, son de tanta entidad que entendemos comprometen la fiabilidad de la información trasmitida por el testigo en que se asienta la condena hasta límites irreductibles".

USO DE IDENTIDADES FICTICIAS Y PRINCIPIO DE LICITUD

Tal y como indica Lafont[132] lo "habitual es que el detective actúe ocultando lo que es". En el mismo sentido, Sánchez Melgar señala que "en la mayoría de los casos, la posibilidad de ocultación de la identidad profesional forma parte de la esencia de la actividad"[133]. En España son, por tanto, válidas

[132] Lafont Nicuesa, L, La investigación física y tecnológica por el detective privado y su valor probatorio, Madrid, 2023, p. 87.

[133] Citado en Lafont, La investigación física y tecnológica por el detective privado y su valor probatorio, Madrid, 2023, op. cit.

las conocidas como investigaciones con pretexto ("pretext investigations") en las que el detective utiliza una identidad distinta para sus investigaciones.

En la STSJ Canarias 407/2023 se indica: *"El trabajador, una vez en la reunión con el supuesto cliente (detective privado que se hacía llamar Indalecio, persona irreal), una explicación larga y extensa sobre el proyecto empresarial, refiriéndose como un proyecto conjunto de ambos, su pareja y él. El actor realizó todo un asesoramiento financiero integral del proyecto (archivos de audio). En estos archivos de audios se escucha al actor".* Sin embargo, concluye: "*Pues bien, eso es lo que, según resulta de los hechos probados 8º y 9º, llevó a cabo el detective, habiéndose pasar por cliente potencial de la inmobiliaria, y proponiendo un negocio inmobiliario que precisaba asesoramiento financiero, es decir, solicitando, por mucho que fuera con nombre simulado, unos servicios que de manera pública ya venía ofreciendo "X" y que no se iniciaron a mera instancia o solicitud del detective. De los hechos probados no se desprende en modo alguno que el detective insistiera en que le atendiese el socio de "X" que llevaba a cabo el asesoramiento financiero, y, desde luego, en momento alguno pidió que ese asesoramiento lo llevara a cabo precisamente el demandante; ni siquiera está claro que el detective supiera quien iba a ser la persona que acudiría a la cita concertada para el 23 de septiembre, y el demandante, en una de las distintas versiones contradictorias de los hechos que fue dando en instancia y vuelve a dar en el recurso (lo que resulta fatal para su credibilidad) llega a afirmar que el otro socio de "X", con dilatada experiencia financiera, era una tercera persona y que simplemente acompañó a Doña Esperanza a la reunión en Las Palmas a título personal (y pese a lo cual, acudió a tal reunión y espontáneamente efectuó el asesoramiento financiero ofrecido por "X")"*-

El problema no surge del engaño, sino que si para recabar la prueba se recurre al engaño o la suplantación indebida que inducen a la persona investigada a actuar de manera no espontánea, puede incurrirse en ilicitud. Aunque un detective puede actuar de incógnito (p. ej., simular ser un cliente para observar una conducta irregular que el investigado ya realiza por su propia voluntad), no puede provocar activamente la infracción. La diferencia entre observación encubierta lícita y provocación ilícita es sutil pero crucial. La jurisprudencia ha dejado claro que cuando el detective crea un escenario artificial para forzar una conducta del investigado, la prueba deviene nula. Así, la STS 440/2017, de 19 de junio señala:

> *"....No estamos en una conversación fluida y normal, sino dirigida, tendenciosa, artera y seductora, intentando que el interlocutor diga lo que le place al "provocador", debemos recordar aquí la jurisprudencia acerca de la provocación delictiva, que por conocida no necesita ser citada, que por lesiva a los más mínimos principios constitucionales debe ser declarad anula y no será usada para ser valorada como prueba en este juicio".*

Otro caso ilustrativo es el de un detective que, bajo identidad falsa, concierta una *"entrevista de trabajo"* con un empleado para evidenciar que éste realiza actividades incompatibles con su jornada laboral. El Tribunal Supremo declaró ilícita dicha prueba por ser fruto de una maniobra coactiva y simulada: la detective insistió en reunirse únicamente en horario de trabajo del empleado, induciéndolo así a ausentarse de sus labores, lo que vulneró su dignidad y libre autodeterminación (art. 10 CE). La sentencia (STS de 19 de febrero de 2020) calificó esta táctica de *"procedimientos ilícitos o éticamente reprobables"* que vician la licitud de la prueba obtenida. Por tanto, el principio de licitud impone que el detective no puede "crear" la prueba mediante engaño o incitación, limitándose a investigar hechos ya existentes o conductas espontáneas del investigado. La obtención de información mediante identidades falsas será legítima solo si sirve para observar actos voluntarios del sujeto en ámbitos no privados, pero no si conlleva manipular la voluntad ajena para generar un incumplimiento. Es decir, puede crear escenarios artificiales, pero no forzar.

Como señala Lafont "el detective no puede asumir una posición de superioridad o desplegar una presión inadecuada pero no tiene que decir quién es"; en el mismo sentido Sánchez Melgar indica que "no por ocultar que no es un detective y fingir que es un particular más, siempre en el investigado el dolo de delinquir". En este sentido, la doctrina jurídica está dividida. Existen sentencias que invalidan la prueba ("Si se exige entonces autorización judicial para los agentes encubiertos, parece lógico que los detectives privados, al margen de que no revelen su identidad como tales detectives, lo que parece elemental, porque frustraría la razón de ser de su actuación, no puedan realizar tal cobertura con identidad falsa, como ha sucedido en el caso actual, creando la confianza, basada en el error, que lleve, a obtener finalmente (a través de la insistencia) la eventual conducta antijurídica" (STSJ Cantabria 482/2021, 25 de Junio de 2021) y otras, que por el contrario, entienden que no genera ningún tipo de afectación (SAP Alicante 115/2018):

> *"Por otra parte, es cierto que el acceso domiciliario se obtuvo con engaño, pues no había una voluntad verdadera de compra, pero es igualmente cierto que la casa estaba en venta y la percepción y trato con la vendedora era accesible a cualquiera que manifestara interés en la adquisición. La entrevista además se realizó directamente por los detectives que perseguían una finalidad legítima de comprobar la veracidad y fundamento de la reclamación económica efectuada por la víctima del accidente, por lo que el uso de la grabación resulta perfectamente admisible, en apoyo de sus propios testimonios".*

En la SJSO 6877/2021 el investigado alega los detectives utilizaron un disfraz. Se solicita en este sentido la nulidad de pleno derecho de la prueba de detective, por entender que se trata de una prueba ilícita obtenida con vulneración de derechos fundamentales prohibida por el artículo 90.2 LRJS, entendiendo que los detectives, aprovechándose de una identidad falsa indujeron mediante engaño al trabajador demandante a realizar determinadas revelaciones que serían posteriormente convertidas en prueba de cargo por la empresa. En este sentido debe señalarse que los detectives se hicieron pasar por operadores de telecomunicaciones de telefonía, y las manifestaciones del trabajador se produjeron de manera espontánea en el curso de una conversación en la terraza de un bar, *no apreciándose una clara acción coactiva sobre la voluntad del trabajador, así como la utilización de procedimientos ilícitos o éticamente reprobables que incitaran al trabajador a realizar tales manifestaciones ni a realizar el comportamiento que luego fue sancionado con el despido, sin que por tanto se vulnerara el derecho a la dignidad del trabajador, asegurada por el artículo 10 CE, ni a su libre y espontánea determinación.*

En suma, las investigaciones con falsa identidad o con pretexto son plenamente válidas en nuestra jurisprudencia. Lo que no es válido es usar una situación de dominio para obtener la información como sería, por ejemplo, engañar a alguien haciéndole creer que se tiene una posición de superioridad que no tiene.

Provocación

En línea con lo anterior, la figura del detective no debe confundirse con la del *agente encubierto provocador*. La provocación para cometer ilícitos está vedada incluso a la policía (salvo operaciones muy tasadas contra el crimen organizado, bajo control judicial); con mayor motivo se prohíbe a investigadores privados. Cualquier prueba obtenida mediante instigación o trampa intencional se considerará prueba prohibida por violación de derechos fundamentales.

Ya adelantamos el ejemplo de la sentencia del Tribunal Supremo de 19 de febrero de 2020, en la cual se abordó un despido sustentado en un informe de detective que logró probar que el trabajador ejercía una actividad externa durante su jornada laboral mediante una estratagema. La detective, contratada por la empresa, se hizo pasar por cliente y concertó reiteradamente una cita profesional con el trabajador (abogado) exigiendo que fuese en horario de oficina, para constatar que éste abandonaba su puesto para atender a su supuesto cliente. El TS declaró nulo dicho medio de prueba al entender que la conducta de la detective fue claramente provocadora y coactiva, lesionando derechos fundamentales del empleado. En efecto, al no tratarse de una observación pasiva sino de una provocación activa del incumplimiento, se vulneró la dignidad del trabajador (art. 10 CE) y el principio de voluntad no viciada. Esta sentencia sentó un importante límite: las investigaciones privadas no pueden crear las condiciones de la falta que buscan demostrar. Si lo hacen, toda la prueba derivada estará contaminada de ilicitud.

> *"Citada la doctrina del Tribunal Supremo fijada en la Sentencia de fecha 155/2020 de 19 de febrero, cuando establece que las pruebas obtenidas por el detective en la que provoca una actuación del trabajador, forzando, se dice, en este caso al trabajador a obtener una consulta en otra consulta distinta a la que se llama, tras insistir una y otra vez, " supuso una clara acción coactiva sobre la voluntad del trabajador, así como la utilización de procedimientos ilícitos o éticamente reprobables, que vulneró el derecho a la dignidad del trabajador, asegurada en la Constitución art.10, así como a su libre y espontánea determinación. Dicha prueba no debió admitirse por la sentencia recurrida, ni tampoco permitir que desplegara plenos efectos probatorios, pues el órgano judicial no puede fundar su decisión en pruebas obtenidas, directa o indirectamente, violentando derechos fundamentales y libertades públicas u obtenidas ilícitamente".*

En otro caso, juzgado por la Audiencia Provincial de Barcelona (1129/2023) se intenta poner de manifiesto que *"del informe de la detective privada aportado por la denunciante se desprende que esta presionó a la Sra. Natividad para que le realizara la manicura porque le habían gustado mucho sus trabajos, habiendo insistido en muchas ocasiones, si bien esta señora ni vio una sala de espera, ni a otros clientes esperando, ni un sistema de horarios/citas y no puede apreciarse la recurrencia de la prestación de servicios de manicura. Y es que según alegó la investigada, pactó un precio con la supuesta clienta para que se hiciera cargo de los materiales que iba a utilizar porque no la conocía de nada, habiendo precisado el importe de estos y habiendo asegurado que " perdió dinero y que lo hace porque le gusta, no por ganar dinero".*

Indica el tribunal:

> *"Y es que si bien la parte apelante alega que del referido informe del detective privado no se puede desprender la perpetración de los hechos que se le imputan, lo cierto es que en el mismo se contienen unas conversaciones entre el referido profesional y la investigada (reconocidas por esta) en que claramente puede observarse como la Sra. Natividad, sin mostrar sorpresa alguna o decir que por norma general no presta tal tipo de servicios, responde de forma totalmente natural a la "supuesta" clienta que solicita una manicura semipermanente y le indica incluso que ciertos horarios ya están llenos, que el precio es de 25 euros y que no dispone de centro, pero que lo hace en su domicilio. Y ello, además, lo hace en primer lugar a través de la red social Instagram, en la que tiene abierto un perfil en que cuelga fotografías de uñas pintadas y es a dónde se dirige la detective, a pesar de que más tarde hablan por*

Whatsapp. Además, en las fotografías aportadas en dicho informe se puede observar que la investigada dispone de un espacio preparado para prestar los referidos servicios, con aparatos, catálogo de colores y material apto para ello (no reputándose que ello sea lógico para una sola sesión aislada y, además, para alguien que no conoce)".

En resumen, no todo vale en la investigación privada. Los límites están dados por: (a) la interdicción de vulnerar derechos fundamentales (intimidad, domicilio, comunicaciones, datos personales, dignidad, etc.), (b) la prohibición de emplear medios o técnicas no autorizadas por el ordenamiento para detectives (vigilancias invasivas, dispositivos ocultos no permitidos, grabaciones en lugares reservados, etc.), y (c) la proscripción de la provocación o abuso de la persona investigada. Cualquier exceso en estos aspectos convertirá la prueba del detective en prueba prohibida, con la consiguiente nulidad de su aporte al proceso judicial.

INFORMES DE DETECTIVE SIN "SOSPECHAS PREVIAS"

Tradicionalmente, la jurisprudencia social exigía que el empresario alegara algún indicio o sospecha previa de incumplimiento antes de encargar la investigación a un detective, so pena de considerar la investigación como una *"expedición de pesca"* indiscriminada contra la intimidad del trabajador. Sin embargo, esta exigencia no figuraba expresamente en ninguna norma y recientemente ha sido revisada. La Sala de lo Social del Tribunal Supremo, en su sentencia 551/2023, de 12 de septiembre (recurso 3677/2023), unificó doctrina y declaró que la licitud o ilicitud de la prueba del detective no depende de la existencia de sospechas previas, sino de la forma en que se lleve a cabo la propia investigación. En palabras del TS, *"la clave del juicio de ilicitud de la prueba no reside en la causa o motivo que la soporta. La concurrencia de ligeras sospechas, de meros indicios o de indicios relevantes no determinan la licitud o ilicitud de la prueba en sí misma considerada"*. Lo relevante es evaluar si la investigación vulneró o no derechos fundamentales del trabajador. De este modo, no puede tacharse de ilícita una prueba simplemente porque la empresa no tuviera sospechas fundadas iniciales; habrá que analizar si el seguimiento del detective (con o sin indicios previos) respetó los principios de razonabilidad, necesidad, idoneidad y proporcionalidad que impone la Ley de Seguridad Privada. Esta sentencia supone un punto de inflexión: elimina un obstáculo formal (la necesidad de indicios previos) y centra el análisis en el comportamiento intrínseco de la investigación. Así, se podrán admitir informes de detectives aun cuando surjan de actuaciones proactivas de control empresarial, siempre que no rebasen límites constitucionales. Por el contrario, aunque existan sospechas previas muy fundadas, la prueba será igualmente ilícita si el detective para obtenerla lesionó derechos fundamentales (por ejemplo, entrando sin permiso en un domicilio o grabando conversaciones privadas). En síntesis, el TS establece que el fin (descubrir un incumplimiento laboral) no justifica los medios ilícitos, pero tampoco requiere una justificación previa del fin más allá del interés legítimo del empleador en controlar el correcto cumplimiento del contrato.

VIGILANCIA SINGULAR O INTENSA

Un ámbito especialmente sensible es el control de trabajadores con protección especial, como los representantes de personal o sindicalistas. La jurisprudencia ha reiterado que los representantes de los trabajadores tienen derecho a desempeñar sus funciones sin ser sometidos a una vigilancia individualizada discriminatoria, pues ello podría coartar su libertad sindical. Ya en 1989, el TS (STS de 29/09/1989) proscribió las vigilancias singulares a delegados sindicales por su potencial efecto disuasorio sobre la actividad representativa. No obstante, esto no significa que un representante esté blindado ante cualquier control: si existen sospechas de abuso de sus prerrogativas (por ejemplo, utilizar indebidamente el crédito horario sindical), la empresa puede recabar prueba mediante detective siempre que la medida sea proporcionada y justificada. Así lo reconoció el Tribunal Supremo en sentencia de 13 de marzo de 2012 (Recurso 1498/2011), avalando como legítima la investigación a un delegado de personal que aparentemente empleaba horas sindicales remuneradas para atender un negocio propio. En ese caso, el detective simplemente verificó, durante los únicos días en que el empresario sospechaba irregularidad, que el representante había solicitado crédito horario para ausentarse y lo estaba usando en su negocio personal, sin extender la vigilancia más allá de la jornada laboral pactada. El TS consideró que tal control puntual y delimitado no constituía "vigilancia singular" abusiva, sino un medio razonable de comprobar un posible fraude específico, sin lesionar derechos fundamentales del representante. De nuevo aparece aquí el juicio de proporcionalidad: la medida de investigación se circunscribió a lo necesario (dos días concretos) y perseguía proteger un interés legítimo empresarial sin interferir en la actividad sindical general del individuo. La validez de la prueba de detective fue confirmada, sentando la idea de que incluso en situaciones sensibles, la prueba privada es admisible si se usa de forma ponderada, equilibrada y respetuosa con los derechos del trabajador.

Por lo que respecta a la proporcionalidad de este tipo de actuaciones, la citada sentencia 278/2021 consideró que la actuación del detective, además de no contar con habilitación legal, no era proporcionada, razonando para ello, en lo que ahora interesa, que la actuación del detective no estuvo amparada por el derecho de defensa de quien hizo el encargo (la exmujer que pretendía usar el informe como prueba en el proceso de familia) toda vez que "*fue el hoy recurrente, en su desempeño profesional como detective privado, el único responsable de colocar el dispositivo GPS en el vehículo del demandante, por más que este hecho -la colocación- fuera conocido -que no quiere decir consentido- por quien efectuó el encargo*", y que "*los datos del demandante que interesaba obtener a los fines del procedimiento de modificación de medidas (que el aquí recurrido pudiera tener relación laboral o de convivencia con la exmujer de quien era demandante en dicho proceso de familia, en cuanto que esto pudiera ser relevante para la extinción o limitación de la pensión compensatoria) se podrían haber obtenido mediante otras técnicas diferentes del seguimiento permanente del hoy recurrido mediante un GPS colocado en su vehículo*". En el juicio sobre la falta de proporcionalidad también se valoró que el seguimiento fue "*permanente e indiscriminado*", "*exhaustivo y continuo*", "*durante las 24 horas del día y durante un lapso de cuatro meses*" y que, por ende, "*existían alternativas menos invasivas para obtener los datos que se consideraban útiles a los fines del procedimiento de familia*". De ahí que se descartara que el caso fuese equiparable a los de las sentencias 622/2004, de 2 de julio (grabación desde una ventana de la vivienda del cliente, de imágenes de la puerta de la vivienda de su esposa) o 196/2007, de 22 de febrero (grabación accidental de la imagen de un tercero).

Como ya se ha dicho, el Tribunal Constitucional (TC) no se ha pronunciado en profundidad sobre la prueba de detectives en particular, pero su doctrina sobre intromisiones en derechos fundamentales fija el marco de referencia. En decisiones como la STC 186/2000, STC 29/2013, STC 14/2003, entre otras, el TC ha establecido que la constitucionalidad de cualquier medida restrictiva de derechos fundamentales depende de la estricta observancia del principio de proporcionalidad. Es decir, siempre que esté en juego un derecho fundamental (v.gr., la intimidad del art. 18.1 CE), cualquier injerencia debe superar un triple examen: que persiga un fin legítimo, que sea necesaria (sin alternativa menos lesiva) y que resulte proporcionada en sentido estricto. Además, el TC ha sostenido que los derechos como la intimidad otorgan al individuo un ámbito reservado libre de intromisiones ajenas no queridas, condición indispensable para su desarrollo personal. Aplicando esta doctrina a la prueba de detectives, el TC ha respaldado la invalidez de aquellas indagaciones privadas que supongan una intromisión ilegítima. Un ejemplo es la STC 29/2013, relativa a la instalación de cámaras ocultas por parte del empleador sin informar al trabajador: el TC avaló la nulidad de la prueba por falta de proporcionalidad (no había justificación suficiente ni se respetaron garantías). También la STC 173/2011 declaró vulnerado el derecho a la intimidad de un trabajador vigilado por detectives cuando no concurrían requisitos de necesidad ni proporcionalidad. En suma, el enfoque constitucional pone el acento en proteger la esfera privada y la dignidad frente a injerencias de la investigación privada, requiriendo un escrutinio estricto de su justificación.

A nivel europeo, la jurisprudencia del TEDH ha ido evolucionando en materia de vigilancia de particulares. Tradicionalmente, Estrasburgo era muy celoso del derecho a la vida privada (art. 8 CEDH) frente a cualquier tipo de monitorización encubierta. No obstante, en años recientes ha reconocido que, bajo ciertas condiciones, es legítimo que tanto Estados como empleadores lleven a cabo vigilancias ocultas proporcionalmente justificadas. Un caso emblemático es *López Ribalda y otros vs. España* (Gran Sala, 17/10/2019), en el que el TEDH admitió que la instalación de cámaras ocultas en un supermercado para descubrir a empleados que robaban no vulneró el art. 8 CEDH, dados el motivo legítimo (esclarecer robos reiterados), la duración limitada de la medida, el carácter focalizado sobre quienes levantaban sospechas y la existencia de garantías en el uso de las grabaciones. De forma similar, en el caso *Köpke vs. Alemania* (TEDH, Dec. 2010) se declaró inadmisible la demanda de una trabajadora filmada ocultamente tras indicios de hurto, considerando el TEDH que la injerencia fue medida y proporcionada a la gravedad de la falta. La posición europea, por tanto, no prohíbe absolutamente la obtención de pruebas mediante vigilancias privadas, pero exige un juicio riguroso de proporcionalidad. Entre los factores evaluados por el TEDH se incluyen: (i) la existencia de una razón legítima y seria para la investigación (p. ej., prevenir pérdidas económicas por delitos); (ii) la falta de medios menos intrusivos igualmente eficaces para lograr ese fin; (iii) el alcance y duración de la medida (debe ser puntual, específica y no masiva); (iv) las medidas de protección de los datos recabados y el acceso restringido a los mismos; y (v) las consecuencias de la vigilancia para el interesado. Cuando se cumplen esos requisitos, el TEDH ha validado el uso de pruebas obtenidas por medios encubiertos en procedimientos disciplinarios o penales, enfatizando que el derecho a la protección de datos personales no es absoluto y cede ante intereses prevalentes si concurren suficientes garantías. La influencia de este enfoque se deja sentir en la jurisprudencia española, que cada vez incorpora más expresamente el test de proporcionalidad europeo en sus resoluciones. No obstante, cabe señalar que el TEDH evalúa la responsabilidad estatal en violaciones de derechos; en contextos puramente privados (como la actuación de un detective contratado por un particular), su doctrina se refleja indirectamente a través de las obligaciones positivas del Estado de garantizar la privacidad frente a terceros. En cualquier caso, la comparación muestra una convergencia en principios: legitimidad del fin, necesidad del medio y proporcionalidad de la intromisión son piedras angulares tanto en Estrasburgo como en Madrid para juzgar la validez de estas pruebas.

LA TACHA DEL DETECTIVE

En cuanto a la posibilidad de tachar a los detectives, el art. 380 LEC dispone que no procederá la tacha del testigo por interés en el asunto cuando el informe se haya elaborado por encargo de una de las partes. La tacha es un mecanismo procesal para cuestionar la credibilidad del testigo, no su capacidad para testificar. El TS ha indicado (STS de 6 de mayo de 1983) que la tacha no impide valorar el testimonio, sino que obliga al juez a apreciar con cautela la veracidad de la declaración. Dado que el detective ejerce una profesión liberal, no depende directamente de una de las partes litigantes, por lo que no se le puede tachar como si fuese un subordinado.

En síntesis, el detective en el proceso laboral es un testigo cualificado cuyo informe escrito sirve para documentar incumplimientos laborales, debiendo ratificarse en juicio si el trabajador niega los hechos investigados. Su testimonio tiene valor probatorio reconocido por la jurisprudencia, habiéndose aceptado despidos procedentes basados fundamentalmente en las pruebas obtenidas por detectives. Ahora bien, siempre se somete a un escrutinio reforzado de licitud: si la investigación privada vulneró la intimidad (por ejemplo, vigilando al empleado en lugares o momentos verdaderamente privados, o mediante ardid provocativo), la prueba será excluida y el despido declarado nulo por violación de derechos fundamentales. Por el contrario, si la vigilancia se circunscribe a ámbitos públicos o actividades relacionadas con el trabajo (v.gr. el detective sigue al trabajador por la vía pública durante su horario laboral) y responde a una finalidad legítima de la empresa, los tribunales la consideran lícita. El equilibrio entre control empresarial y privacidad del empleado se calibra caso por caso, a la luz de la proporcionalidad. En todo caso, una vez admitido el informe, el detective declarará en el acto de juicio sobre los hechos observados, quedando su narración sujeta a la libre valoración judicial, al igual que cualquier otra prueba testifical.

EL DETECTIVE PRIVADO COMO TESTIGO DE REFERENCIA

El *Auto* del Tribunal Constitucional (ATC) 262/1988, de 29 de febrero, rechazó calificar a un detective como testigo de referencia —esto es, quien relata hechos que conoce de oídas—, por cuanto los detectives conocen los hechos por observación propia. Solo excepcionalmente, si el detective relatara hechos manifestados por terceros, podría aplicarse la figura del testigo de referencia. En la mayoría de los casos, el detective relata lo que él mismo presenció o grabó. Ya en las SSTC 209/2001 y 219/2002 exponen que el testimonio de referencia solo puede basarse en la imposibilidad real de contar con el testigo directo.

Aplicada al detective, la STS 440/2017 de 19 de junio indica:

> *"En esta situación es claro que con independencia del debate relativo a si es o no nulo los informes fundados en cámara oculta, grabados por uno de los que conversan con el desconocimiento del otro, el Tribunal de instancia no eludió la concreta valoración de tales informes los que consideró claramente tendenciosos y cercanos a la teoría de la provocación del delito, y en el otro tratando de suplantar al testigo —perfectamente conocido por la acusación particular— por la del detective que habló con él".*

RESPONSABILIDAD POR LA PRUEBA ILÍCITA: DETECTIVE Y CLIENTE

Cuando una prueba de detective es declarada ilícita por haberse obtenido con vulneración de derechos, no solo carece de valor en el proceso judicial, sino que además puede generar responsabilidades adicionales para quienes la promovieron. En el plano procesal, la consecuencia principal es la nulidad de la prueba y la imposibilidad de considerarla para fundar una decisión (despido, condena, etc.). Pero extraprocesalmente pueden derivarse acciones de resarcimiento o sancionadoras.

El detective que haya quebrantado la ley en su investigación puede afrontar sanciones administrativas conforme a la Ley de Seguridad Privada (que tipifica infracciones graves, con multas o incluso retirada de licencia) e incluso puede ser demandado civilmente por intromisión ilegítima en derechos de la personalidad. La víctima de la vigilancia ilícita tiene expedita la vía de protección jurisdiccional civil del honor, intimidad o propia imagen (Ley Orgánica 1/1982), reclamando la correspondiente indemnización por daños morales. De hecho, en la sentencia del Tribunal Supremo 278/2021 (caso del GPS clandestino), el detective fue condenado a indemnizar con 5.000 euros al afectado por la intromisión en su vida privada.

También podría alcanzar la responsabilidad al cliente que encargó la investigación, si se prueba que actuó con dolo o negligencia en la vulneración de derechos (aunque en ocasiones los tribunales exoneran al cliente al considerar que el principal responsable es el detective como profesional). En cualquier caso, la empresa que utilice medios ilícitos de obtención de pruebas se arriesga no solo a perder el pleito, sino a ser condenada por vulneración de derechos fundamentales. En el ámbito laboral, si un despido se apoya en una prueba ilícita que además implica violación de derechos del trabajador (p. ej., violación de intimidad), cabe la declaración de nulidad del despido por lesión de derechos fundamentales, con obligación de readmitir al trabajador y pagarle los salarios de tramitación. Así lo prevé el art. 55.5 ET y la jurisprudencia en materia de despidos nulos por violación de derechos fundamentales. Alternativamente, aunque no se declare la nulidad, el trabajador podría reclamar una indemnización adicional por el daño moral sufrido, al amparo del art. 183 de la LRJS. Por tanto, el empleador que recurre a detectives debe cerciorarse de que la investigación respete la legalidad, pues de lo contrario el remedio puede ser peor que la enfermedad: no solo perderá la justificación del despido (que será improcedente o nulo), sino que puede verse condenado a compensar al trabajador. En resumen, la prueba ilícita "contamina" el proceso y tiene repercusiones más allá de él, actuando como elemento disuasorio: tanto detectives como clientes saben que traspasar los límites puede implicar consecuencias jurídicas severas. Este principio de responsabilidad compartida refuerza la importancia de ceñirse a los principios de validez mencionados al encargar y practicar la investigación privada.

CONCLUSIÓN

El análisis desarrollado en este capítulo permite concluir que la intervención de los detectives privados como medio probatorio, aunque válida y aceptada en múltiples contextos judiciales, está condicionada al riguroso respeto de ciertos principios fundamentales. En primer lugar, resulta evidente que la relevancia probatoria de sus informes está intrínsecamente vinculada a la calidad objetiva y sustancial de la evidencia proporcionada, descartándose aquellos informes que presenten contenidos meramente especulativos, subjetivos o carentes de relevancia.

Por otro lado, desde un enfoque procesal, se impone la necesidad ineludible de que el detective ratifique personalmente su informe en juicio, lo que permite someterlo al principio de contradicción procesal. Este requisito garantiza la transparencia y confiabilidad del medio probatorio, a la vez que expone claramente las debilidades inherentes a testimonios inconsistentes o poco espontáneos.

En relación con la obtención lícita de la evidencia, la jurisprudencia analizada revela la importancia crítica del principio de licitud en el actuar del detective. Aunque se admite ampliamente el uso de identidades ficticias como herramienta de investigación, esta técnica encuentra un límite fundamental en la prohibición absoluta de inducir artificialmente o provocar el comportamiento que se pretende demostrar, evitando así escenarios que vulneren la dignidad y la libre autodeterminación de los investigados.

Asimismo, la jurisprudencia constitucional y europea destaca el papel determinante de la proporcionalidad en la actuación del detective privado. Es imperativo que cualquier medida adoptada se limite estrictamente a lo necesario para lograr el fin legítimo perseguido, evitando cualquier intrusión desproporcionada que pueda afectar la esfera íntima o la privacidad del sujeto investigado.

Otro aporte relevante del presente análisis es la redefinición jurisprudencial respecto a la necesidad de sospechas previas antes de iniciar una investigación privada. El Tribunal Supremo español ha establecido recientemente que la licitud de estas investigaciones no depende tanto de la existencia previa de sospechas, sino fundamentalmente de cómo se lleve a cabo la propia investigación y del respeto a los derechos fundamentales involucrados.

Finalmente, se concluye que la responsabilidad derivada del uso indebido o ilícito de la investigación privada puede recaer tanto sobre el detective como sobre quien contrata sus servicios. Este hecho subraya la importancia de una actuación responsable y ética por parte de ambos actores, dado que cualquier transgresión no solo conlleva la exclusión de la prueba en juicio, sino que también puede derivar en responsabilidades civiles, administrativas e incluso penales.

En definitiva, la jurisprudencia y doctrina analizadas consolidan un marco riguroso que busca asegurar que el empleo de detectives privados como medio de prueba se ajuste siempre al equilibrio exigido entre eficacia probatoria y respeto integral de los derechos fundamentales.

Capítulo 14

Análisis jurídico sobre la prueba ilícita, la doctrina del "fruto del árbol envenenado" y la desconexión de antijuricidad en el ordenamiento procesal español

INTRODUCCIÓN

El ordenamiento procesal español ha desarrollado mecanismos específicos para garantizar la licitud de la prueba en los procedimientos judiciales, evitando que aquellas obtenidas con vulneración de derechos fundamentales puedan surtir efecto en un juicio. Dos normas son esenciales en esta materia: el artículo 11.1 de la Ley Orgánica del Poder Judicial (LOPJ) y el artículo 90.2 de la Ley Reguladora de la Jurisdicción Social (LRJS).

El artículo 11.1 de la LOPJ establece que "no surtirán efecto las pruebas obtenidas, directa o indirectamente, violentando derechos o libertades fundamentales". Por su parte, el artículo 90.2 de la LRJS, aplicable específicamente a los procesos laborales, dispone que "no se admitirán pruebas que tuvieran su origen o que se hubieran obtenido, directa o indirectamente, mediante procedimientos que supongan violación de derechos fundamentales o libertades públicas".

Esta última norma refuerza el principio de inadmisibilidad ex ante, es decir, impide que las pruebas ilícitas puedan siquiera ser admitidas en juicio. La inclusión de la expresión "directa o indirectamente" en ambas disposiciones incorpora al ordenamiento español la doctrina del "fruto del árbol envenenado", originaria del derecho anglosajón, que extiende la exclusión no solo a la prueba obtenida ilícitamente, sino también a aquellas derivadas de ella.

EL CONTROL DE LA LICITUD DE LA PRUEBA EN EL PROCESO JUDICIAL

El control sobre la legalidad de la prueba opera en dos momentos procesales fundamentales:

1. **Fase de admisión de la prueba:** El tribunal debe verificar si la prueba ha sido obtenida de manera lícita antes de su incorporación al proceso. Si existe indicio de vulneración de derechos fundamentales, el juez está obligado a rechazar su admisión.
2. **Fase de valoración de la prueba:** Incluso si la prueba ha sido admitida, el tribunal debe considerar su eficacia probatoria al momento de dictar sentencia.

En esta línea, cuando una de las partes propone un informe o testimonio de detective, la contraparte puede oponerse a su admisión alegando su ilicitud, conforme al artículo 287.1 de la Ley de Enjuiciamiento Civil (LEC) y al artículo 90.2 de la LRJS.

LA PRUEBA IRREGULAR VS. LA PRUEBA ILÍCITA

No toda prueba obtenida de manera defectuosa es ilícita en el sentido de que vulnere derechos fundamentales. La STS 288/2020, de 4 de junio, distingue entre pruebas obtenidas irregularmente y pruebas obtenidas con vulneración de derechos fundamentales. En este sentido, establece que:

> *"Las consecuencias de una u otra declaración de ilicitud, constitucional o de legalidad ordinaria, son distintas. Las primeras, la actuación contraria a la Constitución, supone su nulidad y la prohibición de valorar las diligencias conectadas con la prueba nula, en tanto que los efectos de las declaradas irregulares concluyen, normalmente, en la expulsión del acervo probatorio."*

Por ejemplo, en la SAP Pontevedra 33/2018, el tribunal concluyó que una prueba obtenida irregularmente, pero sin vulneración de derechos fundamentales, podía ser utilizada en juicio, aunque el detective perdía su condición y su declaración quedaba reducida a una mera testifical. Por ello en estos casos, los tribunales vienen despojando al detective de su condición, dejando su declaración como una mera testifical. La importancia de este marco normativo reside en garantizar la integridad del proceso judicial, asegurando que el objetivo de averiguación de la verdad nunca prevalezca sobre la dignidad y los derechos fundamentales de la persona. Así, por ejemplo, si mediante un GPS ilegal se descubrieron ciertos lugares que frecuentaba el investigado y luego se obtuvieron testigos de esos hechos independientes, podría impugnarse también esa prueba derivada. No obstante, la aplicación de esta doctrina en España tiene matices: nuestros tribunales suelen requerir un nexo suficientemente directo entre la ilicitud y la evidencia derivada. Si la relación causal es remota o si la misma evidencia se habría podido obtener por fuentes independientes lícitas, podría argumentarse su admisión (similar a las doctrinas anglosajonas de la fuente independiente o del descubrimiento inevitable, aunque no reguladas expresamente en nuestra ley). En cualquier caso, la regla general es de exclusión total de la prueba contaminada, como corolario de la necesidad de preservar el *fair play* procesal y los derechos fundamentales.

Como efecto adicional, cuando se expulsa una prueba ilícita que era pilar esencial de la pretensión de una parte, lo más probable es que dicha parte vea decaer su posición. Por ejemplo, en un juicio por despido en que el único soporte probatorio de la causa era un informe de detective ilícito, la consecuencia será que el despido se declare improcedente (o nulo, si además se aprecia vulneración de derechos fundamentales del trabajador). De igual forma, en un proceso civil, una demanda basada en pruebas ilícitas puede ser desestimada por falta de prueba lícita de los hechos alegados. Esto refuerza la importancia del control judicial ex ante: evita que un procedimiento se contamine y previene que se dicten resoluciones sustantivas fundadas en pruebas inadmisibles.

Sin embargo, cuando meramente el detective ha excedido sus funciones, pero no ha vulnerado derechos fundamentales, su actuación puede ser tenida en cuenta como la de un mero testigo. En este sentido, la SAP Pontevedra 33/2018, indica:

> *"Sin embargo, en este supuesto, aunque la actuación del detective privado no se hubiera ajustado con exactitud a lo dispuesto en dicha normativa, la presunta infracción que pudiera haberse cometido al haber actuado irregularmente no determina la ilicitud por vulneración de derechos o libertades constitucionales ni invalida la prueba obtenida por aquél, sin perjuicio de la responsabilidad que pudiera exigírsele en ámbito jurídico no penal. Nos encontraríamos con que la información se ha obtenido de forma irregular pero no de forma ilícita con vulneración de derechos o libertades constitucionales... y su posición sería la de testigo y con tal posición ha declarado en el Plenario".*

En síntesis, el marco normativo-procesal español garantiza un férreo control sobre la prueba del detective. Los jueces actúan como guardianes de la constitucionalidad de la prueba, impidiendo que se introduzcan elementos probatorios obtenidos con menoscabo de derechos básicos.

Artículos como el 11.1 LOPJ y el 90.2 LRJS consagran el principio de que la protección de los derechos fundamentales prevalece sobre cualquier valor probatorio: la eficacia de la prueba nunca legitimará su obtención ilegítima. Este celo jurídico-material por los derechos fundamentales constituye una manifestación del Estado de Derecho en el proceso, asegurando que, en palabras del Tribunal Constitucional, la función de averiguación de la verdad no se realice a costa de la dignidad y libertades de la persona.

La STS 288/2020, de 4 de junio, distingue entre pruebas obtenidas irregularmente y pruebas obtenidas con vulneración de derechos fundamentales. En este sentido, establece que:

> *"En el supuesto de la casación, no estamos en presencia de una actuación nula por su práctica vulnerando un derecho fundamental, sino de una actuación de un investigador privado que encomendada una indagación detecta la actuación anómala de una persona. La sentencia de la Audiencia provincial afirma que es una actuación de investigación irregular, al superar los márgenes de sus posibilidades de actuación. El tribunal de instancia lo declara así, al afirmar, "así las cosas, creemos que no podemos entrar a valorar como posible prueba de cargo la manifestación que Valeriano, debe decir Virgilio, hizo en el Documento que figura en el tantas veces repetido Folio 32 cuando, en este caso, ni siquiera la llevo a cabo a presencia ni la dirigió a ningún agente o miembro de la Policía Judicial a que se refiere el artículo 283 de la Ley de Enjuiciamiento Criminal , sino que la remitió a Severiano quien, al declarar como testigo, manifestó ser detective privado lo que significa que su acción se produjo al margen de la ley al tener limitadas su intervención en la investigación solamente de delitos privados, pues tratándose de la investigación de un posible delito de estafa, perseguible de oficio, tenía prohibido, como establece el artículo 37.4 de la Ley de Seguridad ciudadana, llevarla a cabo ya que para ese supuesto su obligación era presentar la correspondiente denuncia ante la autoridad competente de modo que, por tal motivo, el de la ilegalidad de su acción, tampoco el testimonio del dicho detective puede ser valorado como prueba".*

Se trata de un supuesto de irregularidad en la prueba, no de nulidad por vulneración de un derecho fundamental. Su consecuencia no será otra que la de no poder ser objeto de valoración, no formar parte del acervo probatorio que el tribunal puede, y debe, valorar. Así, como se indica en la STS 817/2012, de 23 de octubre, al señalar las diferencias entre una prueba nula, por vulneración de derechos fundamentales y una actividad que no reúne tal consideración:

> *"Las consecuencias de una u otra declaración de ilicitud, constitucional o de legalidad ordinaria, son distintas. Las primeras, la actuación contraria a la Constitución, supone su nulidad y la prohibición de valorar las diligencias conectadas con la prueba nula, en tanto que los efectos de las declaradas irregulares concluyen, normalmente, en la expulsión del acervo probatorio. Respecto a su extensión a otras pruebas dependerá de la afectación del derecho*

de defensa como ocurre con toda declaración de irregularidad". En el caso objeto de la casación la declaración de irregularidad afecta sólo a la propia actuación de investigación irregular, sin afectar a otras pruebas que, además, son independientes".

Por otra parte, la STS de 12 de marzo de 1990 afirmó que *"...los resultados de una investigación privada que pudiera realizar detectives contratados al respecto por alguna de las partes, cuando, como es frecuente, aparecen en el sumario como si de una prueba documental se tratara, es claro que no pueden servir al juzgador de fundamento para estimar acreditados los hechos correspondientes, pues no es propiamente una prueba documental, ya que simplemente recoge lo que una o varias personas han percibido en relación con el trabajo desempeñado en su oficio. Pero si, como ha ocurrido en el caso presente, el detective que practicó la investigación privada acude a juicio oral y allí declara con las formalidades propias de tal acto solemne y cumpliendo, por tanto, con las exigencias correspondientes a los principios de inmediación, publicidad, oralidad y contradicción, es evidente que nos encontramos ante una verdadera prueba testifical que puede ser tenida en cuenta por el Tribunal para formar su convicción en orden a la determinación de los hechos probados conforme a lo dispuesto en el art. 741 de la Ley de Enjuiciamiento Criminal".*

Por ello, la jurisprudencia ha mantenido la validez de determinados medios probatorios por la desconexión de antijuridicidad con la prueba obtenida con tal vulneración. Así en la *STS, Sala 2ª, núm. 471/2014 de 2 de junio, recurso 2424/2013* se afirma que " *conviene comenzar recordando al respecto cómo la denominada "desconexión de antijuridicidad" se incorpora a nuestro ordenamiento a partir de la STC 81/1998, de 2 de abril (seguida por otras de ese mismo Tribunal y numerosas de esta Sala como las de 30 de octubre de 2012 o 18 de abril de 2013), como excepción a la regla general de nulidad probatoria del material obtenido con violación de derechos constitucionales, con eficacia tanto intrínseca a esa misma diligencia infractora como proyectada a todas aquellas informaciones obtenidas indirectamente a partir de ella, de acuerdo con las previsiones en este sentido contenidas en el artículo 11.1 de la Ley Orgánica del Poder Judicial".*

LA DOCTRINA DEL "FRUTO DEL ÁRBOL ENVENENADO" Y SU APLICACIÓN EN ESPAÑA

La exclusión de la prueba ilícita y de sus derivados responde a la doctrina del "*fruit of the poisonous tree*" (fruto del árbol envenenado). Según esta teoría, si un detective vulnera la intimidad de una persona para obtener X evidencia, y de ella se extrae ulteriormente Y evidencia, tanto X como Y deberán excluirse del proceso.

El Tribunal Constitucional, en su Sentencia 81/1998, consolidó esta doctrina en el ordenamiento español, estableciendo que *"la ineficacia de la prueba ilícita tiene efectos reflejos o indirectos, arrastrando a todas las restantes pruebas aunque hayan sido obtenidas o practicadas de forma lícita siempre que tengan su origen en la primera"*.

Sin embargo, la jurisprudencia ha reconocido excepciones en las que la prueba derivada de una ilícita puede ser admitida. La STS 471/2014, de 2 de junio, establece que:

> *"La denominada 'desconexión de antijuridicidad' se incorpora a nuestro ordenamiento a partir de la STC 81/1998, de 2 de abril, como excepción a la regla general de nulidad probatoria del material obtenido con violación de derechos constitucionales."*

La STS 116/2017, de 23 de febrero, que consagra la llamada doctrina Falciani, marca un punto de inflexión al limitar la aplicación de la exclusión probatoria del artículo 11.1 de la LOPJ únicamente a pruebas obtenidas por agentes públicos, quedando excluidas de dicha prohibición aquellas pruebas recabadas por particulares —como podría ser un detective privado—, incluso si en su origen vulneran derechos fundamentales. El Tribunal Supremo entiende que la regla de exclusión tiene una función disuasoria frente a excesos estatales, y no como una garantía intrínseca del derecho fundamental lesionado, permitiendo así la admisión de pruebas ilícitas si su origen está "absolutamente desconectado" del aparato estatal.

Este criterio afecta directamente al trabajo de los detectives privados, ya que si actúan sin mandato judicial o excediendo los límites legales, sus pruebas podrían seguir siendo válidas si cumplen dos condiciones: que no haya participación o instigación de poderes públicos y que el derecho afectado no se haya vulnerado en su núcleo esencial. Sin embargo, la sentencia reconoce que también los particulares deben percibir que no pueden valerse de pruebas obtenidas mediante la deliberada infracción de derechos fundamentales, por lo que abre la puerta a un juicio de ponderación caso por caso, dependiendo de si la afectación a la intimidad o a otros derechos es leve o grave, y si se actúa con finalidad legítima o interés propio.

En definitiva, esta doctrina representa una relajación del principio del "fruto del árbol envenenado" en el ámbito privado, pero no lo anula completamente. En el caso del detective, si su actuación vulnera derechos sin autorización judicial, la validez de sus pruebas dependerá de si se percibe una proporcionalidad entre la lesión y el interés perseguido. Así, aunque la regla general de exclusión probatoria ha quedado restringida al ámbito público, los jueces conservarán la potestad de valorar la licitud y eficacia de una prueba privada ilícita, siempre bajo el prisma de la buena fe, la finalidad probatoria y la intensidad de la intromisión en derechos fundamentales.

APLICACIÓN EN LA JURISPRUDENCIA ESPAÑOLA

Un ejemplo claro de aplicación de la doctrina del fruto del árbol envenenado sin posibilidad de desconexión se encuentra en la Sentencia del Tribunal Superior de Justicia de Cataluña (TSJC) 6539/2013, de 14 de octubre de 2013.

En este caso, una trabajadora fue despedida disciplinariamente luego de que un detective privado, contratado por un supermercado, la interceptara fuera del centro de trabajo y registrara su bolso sin cumplir con los requisitos legales del artículo 18 del Estatuto de los Trabajadores (ET).

El TSJC concluyó que la prueba obtenida no podía ser utilizada en el proceso, pues su obtención vulneró el derecho fundamental a la intimidad de la trabajadora.

> *"El empresario no puede registrar al trabajador o sus efectos personales fuera del centro de trabajo y del tiempo de trabajo, pues en ese caso sus facultades de policía privada o de autotutela tendrían un alcance completamente desproporcionado."*
>
> *"La ineficacia de la prueba ilícita tiene efectos reflejos o indirectos, arrastrando a todas las restantes pruebas aunque hayan sido obtenidas o practicadas de forma lícita siempre que tengan su origen en la primera."*

Dado que la ilicitud del registro contaminaba cualquier otra prueba derivada de él, el TSJC declaró el despido improcedente y ordenó la readmisión de la trabajadora o el pago de una indemnización.

CONCLUSIONES

- El ordenamiento procesal español establece un riguroso control sobre la prueba ilícita mediante el artículo 11.1 LOPJ y el artículo 90.2 LRJS, asegurando que ninguna prueba obtenida con vulneración de derechos fundamentales pueda ser utilizada en un proceso judicial.
- La doctrina del fruto del árbol envenenado impide que pruebas derivadas de una fuente ilícita puedan ser valoradas, a menos que exista una clara desconexión de antijuridicidad.

- En el caso de la sentencia 6539/2023, el TSJC aplicó la regla general de exclusión probatoria, eliminando toda la prueba derivada de un registro ilegal y declarando el despido improcedente.
- Sin embargo, en otros casos, como la STS 288/2020 y la SAP Pontevedra 33/2018, se ha permitido la prueba si no se vulneraron derechos fundamentales.

Este marco normativo y jurisprudencial garantiza el respeto a los derechos fundamentales en el proceso judicial, reafirmando que la búsqueda de la verdad no puede realizarse a costa de la legalidad y la dignidad de las personas.

Capítulo 15

Casos concretos en la jurisprudencia sobre los informes de investigación

La función de los detectives privados en el entramado judicial español se ha erigido como un pilar fundamental en la búsqueda de la verdad, al tiempo que su intervención debe regirse por un riguroso marco normativo, ético y doctrinal. Tal como he manifestado el investigador privado se convierte en un garante de la verdad y en un pilar fundamental del sistema jurídico contemporáneo. En este contexto, los detectives desempeñan un papel crucial en ámbitos tan diversos como el civil, laboral, mercantil y penal, aportando elementos probatorios que, en muchos casos, resultan ser lo más importante para la resolución de conflictos.

EL DETECTIVE EN EL ÁMBITO CIVIL

El uso de informes elaborados por detectives privados está plenamente reconocido en la Ley de Enjuiciamiento Civil (LEC), en concreto en el art. 265.1.5°, el cual establece que "a toda demanda o contestación se acompañarán informes elaborados por profesionales de la investigación privada legalmente habilitados, sobre hechos relevantes en que se apoyen sus pretensiones". Tal disposición otorga a dichos informes un carácter híbrido, ya que, al ser ratificados en juicio, se convierten en pruebas testificales documentales. Esta declaración resalta la importancia de la ratificación, considerada "lo más importante" para conferir solidez y veracidad a la evidencia obtenida.

En el Derecho de familia, la labor del detective es esencial para documentar hechos que pueden modificar derechos y obligaciones fundamentales. Por ejemplo, la Sentencia del Tribunal Supremo 641/2018 establece que:

> *"Cuando el progenitor custodio inicia una convivencia marital con una nueva pareja en la vivienda familiar, esta pierde su carácter de hogar del núcleo familiar original, condicionándose el derecho de uso a la conservación de dicha naturaleza."*

Esta textualidad es crucial para comprender que la intervención del detective, al documentar la convivencia de una nueva pareja en el hogar, aporta pruebas objetivas para modificar o extinguir derechos de uso. De igual forma, la Sentencia del Tribunal Supremo 381/2015 resalta que los informes de detectives, siempre que se obtengan respetando la legalidad, pueden influir decisivamente en la evaluación de conductas relacionadas con la custodia compartida.

En litigios contractuales, se han admitido informes que documentan incumplimientos o fraudes, en materia de arrendamientos urbanos, como se ejemplifica en la SAP de Madrid 593/2018, en la que se afirmó que:

> *"En el año 2005, continúa indicando la demanda, ante el impago de las rentas, la propiedad solicitó a una agencia de detectives información sobre la situación del piso, por medio de la cual averiguó que el inquilino había fallecido el 27 de febrero de 2003 y su esposa unos años antes, y que además el inquilino no vivía en el piso objeto de autos desde hacía tiempo, estando ocupado por doña Ángeles, sin haber notificado el fallecimiento del arrendatario ni pagar renta alguna..,"*

Esta cita textual ilustra la importancia de contar con pruebas robustas y objetivas, que son, en muchos casos, lo más importante para lograr una decisión judicial justa. En la STS 388/2013 se analiza un informe y su capacidad revisoria. El detective privado realizó un informe para demostrar que el negocio seguía operando con normalidad y generaba ingresos significativos. A través de vigilancia, entrevistas y análisis financiero, confirmó la actividad del local y la discrepancia en las cuentas del demandado. La demandante intentó utilizar este informe para reabrir el caso, argumentando que la sentencia previa se basó en información errónea. Sin embargo, el Tribunal Supremo determinó que el informe no era un documento "recobrado" ni modificaba sustancialmente la sentencia original. Por ello, rechazó su validez para justificar la revisión del fallo.

EL DETECTIVE EN EL ÁMBITO LABORAL

El artículo 20.3 del Estatuto de los Trabajadores (ET) faculta al empleador para vigilar y controlar el cumplimiento de las obligaciones laborales, siempre respetando la dignidad y la intimidad del trabajador. Como ha afirmado el Tribunal Constitucional en la STC 98/2000:

> *"La intervención del detective en el control de la actividad laboral es legítima siempre que se respeten los derechos fundamentales, especialmente la intimidad y la dignidad del trabajador."*

Este principio es esencial y, según la doctrina, "es lo más importante" para asegurar que la utilización de métodos de investigación privada se encuentre enmarcada dentro de límites estrictos.

En la práctica, la intervención del detective en el ámbito laboral se dirige a identificar conductas que evidencien fraude o incumplimientos contractuales. Por ejemplo, la STS 551/2023, de 12 de septiembre, reafirma que:

> *"Los informes de detectives no vulneran la intimidad del trabajador, salvo en investigaciones ilegítimas; no se exige un juicio de proporcionalidad ex ante, sino que se anula la prueba solo si la investigación es contraria a derecho."*

En este sentido, la STC 98/2000 se ha convertido en una de las piedras angulares en la regulación del uso de detectives privados en España. El caso trataba de un trabajador que se encontraba de baja médica pero realizaba actividades incompatibles con su estado de salud. El Tribunal Constitucional avaló el uso de detectives para obtener pruebas siempre que se respeten los principios de proporcionalidad y no se vulneren derechos fundamentales como la intimidad. Tras este análisis, concluye la sentencia analizada que

> *" la intimidad del recurrente no resulta agredida por el mero hecho de filmar cómo desempeñaba las tareas encomendadas en su puesto de trabajo, pues esa medida no resulta arbitraria ni caprichosa, ni se pretendía con la misma divulgar su conducta, sino que se trataba de obtener un conocimiento de cuál era su comportamiento laboral, pretensión justificada por la circunstancia de haberse detectado irregularidades en la actuación profesional del trabajador, constitutivas de transgresión de la buena fe contractual. Se trataba, en suma, de verificar las fundadas sospechas de la empresa sobre la torticera conducta del trabajador, sospechas que efectivamente quedaron corroboradas por las grabaciones videográficas, y de tener una prueba fehaciente de la comisión de tales hechos, para el caso de que el trabajador impugnase, como así lo hizo, la sanción de despido disciplinario que la empresa le impuso por tales hechos".*

Las decisiones judiciales han consolidado el papel de los detectives privados en la vigilancia empresarial, siempre bajo el marco del respeto a la legalidad y la proporcionalidad. A continuación, repasamos algunos fallos clave que han marcado la jurisprudencia en este ámbito.

Así, la Sentencia del Tribunal Supremo 1263/2013 se declaró procedente el despido de un empleado tras el informe de un detective que demostró que realizaba tareas remuneradas para otra empresa durante su baja médica. El tribunal argumentó que el control se llevó a cabo en espacios públicos y no violó la privacidad del trabajador.

En Cataluña, el Tribunal Superior de Justicia dictó la sentencia 707/2015, en la que se confirmó el despido de un trabajador que, estando de baja médica, realizaba otra actividad remunerada. Un detective privado documentó esta situación y la justicia consideró que la vigilancia fue proporcional, necesaria y realizada en espacios públicos, por lo que las pruebas fueron plenamente válidas.

Por otro lado, el Tribunal Supremo, en su sentencia 390/2016, resolvió un caso de competencia desleal en el que un trabajador fue investigado por detectives. La empresa sospechaba que realizaba actividades contrarias a sus intereses, y las pruebas recopiladas fuera del ámbito privado confirmaron la infracción. La sentencia estableció que el seguimiento de detectives no vulneró su derecho a la intimidad, reafirmando la legitimidad de su uso en estos casos.

En otro caso relevante, el Tribunal Supremo, en su sentencia 33/2021, se pronunció sobre una situación de apropiación indebida dentro de una empresa. Gracias a la investigación de un detective privado, se logró probar la responsabilidad del trabajador. El tribunal subrayó que la actuación fue adecuada y proporcionada a la gravedad de los hechos, validando el uso de esta figura para esclarecer situaciones de fraude empresarial.

El Tribunal Superior de Justicia de Madrid, en la sentencia 535/2018, abordó la legalidad del uso de detectives para documentar el uso indebido de recursos empresariales por parte de un empleado. En este caso, el informe presentado evidenció que el trabajador destinaba bienes de la empresa a fines personales. La justicia concluyó que la vigilancia se realizó dentro del marco legal y sin vulnerar la privacidad del trabajador, por lo que la prueba fue aceptada.

Finalmente, en la sentencia 77/2020 del Tribunal Supremo, se resolvió un caso de absentismo laboral detectado mediante el seguimiento de un detective privado. El tribunal dictaminó que, siempre que se respeten los principios legales, las pruebas obtenidas de esta manera son completamente válidas en juicio.

En conjunto, estas sentencias refuerzan el papel del detective privado como una herramienta legítima para la supervisión en el ámbito laboral, siempre que se respeten los principios de proporcionalidad, necesidad y legalidad.

En conclusión, el uso de detectives privados en el ámbito laboral es una herramienta legítima dentro de los límites establecidos por la legislación y la jurisprudencia. Sin embargo, su aplicación debe ser siempre proporcional y respetuosa con los derechos fundamentales de los trabajadores. La correcta utilización de esta figura permite a las empresas detectar fraudes y conductas ilícitas sin vulnerar la privacidad ni el derecho a la intimidad de los empleados, asegurando así un equilibrio entre el control empresarial y el respeto a la legalidad vigente.

Son multitud las resoluciones judiciales que abordan despidos procedentes e improcedentes, clasificándolos en dos categorías principales:

1. Despidos procedentes por actividades contraproducentes

Se analiza la conducta de trabajadores en baja por IT que han incurrido en actividades que contradicen su estado de salud y justifican su despido.

- **Por cargas cognitivas elevadas**
  - **STSJ AND 13740/2021**: Docente auxiliar en baja por depresión que participó en congresos en Polonia. Se determinó que las actividades intelectuales y comunicativas realizadas eran incompatibles con su cuadro clínico, violando la buena fe contractual.
  - **STSJ CV 7319/2023 y ATS 5933/2024**: Trabajador de máquinas de vending que participó en competiciones oficiales de fútbol. Se estableció que competir en eventos deportivos exigentes no era compatible con su baja por depresión.
  - **STSJ ICAN 4018/2024:** Trabajador de profesión limpiador, durante su IT por ansiedad, realiza una actividad laboral como autónomo, concretamente, técnico frigorista. Se determino que cómo autónomo, suma el nivel de exigencia y responsabilidad de las funciones que le son propias el que corresponde a ser empresario de uno mismo, evidencia la capacidad para trabajar.

- **Por consumo de alcohol**
  - **STSJ CV 6156/2020**: Conductor mecánico que ejercía como DJ y consumía alcohol durante su baja. Se declaró el despido procedente por transgredir la buena fe contractual y retrasar su recuperación.
  - **STSJ M 7569/2022**: Camarero con baja por depresión que consumía alcohol regularmente. Se concluyó que el alcohol afectaba su tratamiento y recuperación, justificando el despido.
  - **STSJ CAT 7816/2024**: Caso de despido improcedente, ya que el consumo de alcohol fue puntual y no afectó la recuperación del trabajador.

Despidos procedentes por realizar actividades laborales

Los tribunales han ratificado despidos de trabajadores que, estando de baja, realizaban actividades profesionales remuneradas o no, consideradas incompatibles con su condición médica.

- **STSJ CAT 5669/2022**: Auxiliar de jardinería con baja por ansiedad que trabajaba en el bar de su madre. Se consideró un incumplimiento grave.
- **STSJ ICAN 3565/2023**: Cocinero en baja por ansiedad que trabajaba como tapicero, alegando que era un "hobby". Se determinó que la carga de trabajo era incompatible con su recuperación.
- **STSJ AND 1229/2023**: Policía portuario con baja por depresión que trabajaba en el restaurante de un familiar. La actividad comprometía su proceso curativo.
- **STSJ CV 5376/2023**: Trabajadora de una residencia de ancianos con baja por depresión que cuidaba de una menor y realizaba tareas domésticas. Se ratificó el despido.
- **STSJ AND 13188/2024**: Vigilante de seguridad en baja por trastorno adaptativo que realizaba asesoramiento nutricional y entrenamientos personales. Se estableció que había vulneración de la buena fe contractual.
- **STSJ AND 12812/2024**: Trabajadora de un campo de golf con baja por trastorno de conducta que trabajaba como camarera en un club de petanca. Se consideró actividad incompatible con su situación médica.
- **STSJ AND 15606/2024**: Dependiente con baja por trastorno depresivo mayor que actuaba en eventos como vocalista de un grupo. Se concluyó que había fingido incapacidad para trabajar en su empleo mientras participaba en conciertos.
- **STSJ AND 4772/2024**: Administrativo con baja por ansiedad que trabajaba en su propia gestoría, desempeñando las mismas funciones que en su empresa. Se confirmó el despido.

En suma, el uso de detectives privados ha sido clave en la recopilación de pruebas para demostrar incumplimientos contractuales de trabajadores en situación de IT. Las sentencias analizadas muestran una tendencia judicial a considerar procedentes los despidos cuando se detectan actividades laborales o conductas que agravan la enfermedad del trabajador, perjudican su recuperación o evidencian fraude. Sin embargo, hay casos donde los tribunales han declarado el despido improcedente si no se prueba que la actividad perjudica la recuperación del empleado.

Este análisis es especialmente útil para abogados y detectives en la prevención del fraude laboral y en la defensa de empresas ante litigios relacionados con bajas médicas. En la SAP Jaen 246/2020 de 20 de marzo, la sentencia destaca el papel del detective privado en la acreditación del incumplimiento de una cláusula de confidencialidad. Se resalta que el informe presentado por el detective constituye una prueba esencial en el proceso, aunque su eficacia fue cuestionada en sede judicial. El tribunal valoró que la información recopilada por el detective se basaba en conversaciones informales y testimonios indirectos, lo que generó dudas sobre su contundencia probatoria.

EL DETECTIVE EN EL ÁMBITO MERCANTIL

El ámbito mercantil exige mecanismos efectivos para proteger la integridad y competitividad de las empresas. La Ley 3/1991, de Competencia Desleal, tipifica conductas ilícitas tales como actos de confusión y la explotación indebida de secretos empresariales. La STS 533/2009 del Tribunal Supremo, en su exposición de motivos, estableció que:

> *"La prueba obtenida mediante informes y material audiovisual del detective confirma la existencia de un grave incumplimiento contractual, demostrando de forma fehaciente la conducta desleal."*

Esta textualidad resalta la importancia de contar con pruebas robustas y demuestra que, en el ámbito mercantil, la evidencia recopilada por los detectives es, en muchos casos, lo más importante para la defensa de los derechos empresariales. Por ejemplo, la STS 1169/2006 analiza un caso de competencia desleal entre dos empresas del sector mercantil. La empresa X demandó a Y alegando que antiguos empleados de su plantilla crearon una nueva empresa utilizando información confidencial y captando clientela de manera desleal.

El Tribunal Supremo determinó que la creación de la nueva entidad y la captación de clientes no constituían, por sí solas, una conducta desleal en virtud del artículo 5 de la Ley de Competencia Desleal (LCD), ya que no afectaban de manera sustancial a la estructura competitiva del mercado. Se estableció que la oferta de precios más bajos, sin que se demostrara una intención de eliminar a la competencia mediante prácticas abusivas, es legal dentro de la libre competencia.

En relación con la labor del detective privado, el recurso alegó que la prueba aportada por este profesional carecía de concreción y no era suficiente para probar la existencia de actos de denigración o captación irregular de clientela. El Tribunal consideró que el informe del detective, aunque adverado en autos, no aportaba pruebas concluyentes para acreditar que los demandados hubieran incurrido en prácticas ilícitas. Además, se señaló que la sentencia recurrida se basó en el testimonio de un único testigo, empleado de la parte actora, sin que existiera una prueba sólida que corroborara los actos de competencia desleal alegados.

Finalmente, el Tribunal Supremo estimó el recurso de casación, anuló la sentencia de la Audiencia Provincial y confirmó la resolución de primera instancia, que había desestimado la demanda. Se concluyó que no se había demostrado la existencia de competencia desleal con pruebas suficientemente acreditadas, incluyendo las aportadas por el detective privado.

En cambio, la SAP Valencia 361/218, resalta la relevancia de la prueba de investigación en casos de competencia desleal y propiedad intelectual. El fallo reconoce la validez de los informes de detectives como prueba documental y testifical, consolidando su papel en la acreditación de hechos controvertidos. Se evidencia la importancia del trabajo de campo y la observación encubierta para recopilar información clave. Además, se destaca la necesidad de métodos lícitos y éticos en la obtención de pruebas. La resolución refuerza la utilidad del detective en la protección de secretos empresariales y derechos de autor.

La STS 129/2005 de 4 de marzo, el Tribunal reafirmó el principio de libertad probatoria, indicando que las "Diligencias de Comprobación de Hechos" de la Ley de Patentes no son el único método válido para acreditar una infracción. Además, se estableció que la prueba obtenida a través del detective privado era válida, ya que demostraba un hecho objetivo sin infringir derechos

La investigación de fraudes contractuales y societarios también recurre a la labor de los detectives privados, quienes documentan la manipulación de contratos, el desvío de recursos y la simulación de insolvencia. M.ª Ángeles Valls destaca que:

> *"El uso de técnicas de investigación privada en el ámbito mercantil refuerza la capacidad del juez para dirimir controversias en las que se ocultan activos o se vulneran derechos de propiedad intelectual."*

Esta cita evidencia el rol decisivo del detective en la protección de la integridad del mercado.

EL DETECTIVE EN EL ÁMBITO PENAL

En el proceso penal, la intervención del detective privado se inscribe dentro del derecho de defensa (art. 24 CE) y se orienta a la recopilación de pruebas que contribuyen a la reconstrucción fáctica. El Tribunal Supremo ha afirmado en la STS 908/2016:

> *"El informe de un detective privado, debidamente ratificado, se constituye en una prueba híbrida de valor testifical y documental, cuya credibilidad depende de la objetividad y profesionalidad del investigador."*

Esta declaración es de especial importancia, ya que refuerza la idea de que la evidencia obtenida por el detective es, en muchos casos, lo más importante para garantizar un debido proceso. Otro ejemplo, aunque del ámbito mercantil con derivaciones penales, es la SJ Mer número 5 de Barcelona de 7 de enero de 2016 se declara que la comercialización de cartuchos de tinta por parte de los demandados constituye una violación de los derechos de exclusiva derivados de unas patentes. Se acredita que los cartuchos intervenidos por el detective reproducen literalmente las características técnicas protegidas por las citadas patentes, conforme al dictamen pericial presentado en la causa. Se establece, además, la existencia de importación y distribución ilícita de los cartuchos infractores, verificándose que los mismos fueron adquiridos en distintos establecimientos de los demandados. Para ello, se otorga validez probatoria a la actuación del detective, quien realizó compras en los comercios investigados y remitió los productos para su análisis pericial.

En este sentido, el tribunal rechaza los argumentos de los demandados sobre la falta de acreditación del origen y la cadena de custodia de los cartuchos peritados, considerando que dichos alegatos no fueron acompañados de prueba suficiente que desvirtuara la evidencia presentada por el demandante. En el caso, además, el tribunal aplica la doctrina del levantamiento del velo, considerando que esta sociedad fue constituida para eludir responsabilidades y dar continuidad a la actividad infractora. En consecuencia, se declara su responsabilidad solidaria respecto de las condenas impuestas a su predecesora, además de condenarla al pago una indemnización.

El caso contra Dani Alves, en el que el informe del detective Francisco Marco fue determinante gracias a la utilización de técnicas lícitas (análisis de imágenes de cámaras de seguridad y testimonios), ejemplifica cómo la actuación del investigador puede influir decisivamente en la resolución del proceso penal. La ATS Penal de 19/10/2017 dejó claro que:

> *"La intervención del detective no debe confundirse con funciones propias de la policía judicial, pues su cometido es complementario y enfocado en confirmar o refutar hipótesis planteadas por las partes."*

En la Sentencia del Tribunal Supremo 754/2007, se analiza la posible estafa procesal en un caso de administración desleal y apropiación indebida. Un detective privado fue clave en la investigación, aportando pruebas sobre un presunto doble sistema de facturación y ocultación de ingresos en la empresa afectada. Sin embargo, el Tribunal determinó que las pruebas presentadas no demostraban de manera concluyente que el acusado se hubiera apropiado de los fondos. Aunque el informe del detective evidenciaba anomalías contables, no se acreditó el destino final del dinero ni la existencia de engaño suficiente para inducir al juez a dictar una resolución errónea. En consecuencia, el recurso de casación fue desestimado.

La Sentencia 33/2023 de la Audiencia Provincial de Murcia condena a Virgilio y Leticia por falsedad documental y tentativa de estafa procesal. Ambos acusados simularon un accidente de tráfico para reclamar fraudulentamente una indemnización a Catalana Occidente. Un detective privado, contratado por la aseguradora, descubrió la falsedad tras entrevistas con los acusados y análisis de redes sociales. Leticia reconoció los hechos en juicio, lo que llevó a su condena atenuada. Virgilio insistió en su versión falsa, agravando su responsabilidad. La sentencia impone a Virgilio 2 años de prisión y multa, y a Leticia 6 meses por cada delito y multa. Además, deben pagar a la aseguradora 2.183,83 euros por los honorarios del detective. El tribunal destacó la importancia del informe de investigación en desvelar el fraude. Se les impusieron también costas procesales. Indica:

> *"Ello, no obstante, la intervención del detective en juicio y su valor como prueba testifical es clara. Su testimonio ha gozado de credibilidad para este tribunal. Además, apoyado su discurso en el informe que redactó en 2015 que recogió lo que le fueron contando los acusados en la entrevista que mantuvo con ellos en febrero de 2015. Además, fue ratificado íntegramente en juicio y sometido contradictoriamente a todas aquellas cuestiones y preguntas que las partes consideraron. Además, coincidente absolutamente con la versión mantenida por la acusada en el juicio oral. Abundan matices que confirman, en contra de lo mantenido por el acusado, que refleja las respuestas que este le fue dando al investigador; así el acusado mantuvo en el juicio oral que se entrevistó con el detective, y que este fue haciéndole*

preguntas, y aludió a un detalle sin el cual hubiera imposible el desconocimiento alegado de su contenido, consistente en el croquis que plasma el documento al final de su declaración, matiz que refirió claramente el acusado, siendo firmado por este, lo que afirmó el detective, pues si bien negó en juicio que se correspondiera con su firma tampoco propuso una pericial caligráfica para aclarar tal cuestión".

CONCLUSIONES

El detective privado se ha consolidado como una figura esencial en el sistema judicial español, aportando pruebas fundamentales en ámbitos civiles, laborales, mercantiles y penales. Su trabajo se enmarca en un estricto cumplimiento normativo, garantizando la obtención de pruebas de manera legítima y respetando los derechos fundamentales de las personas investigadas.

1. Papel del Detective en el Ámbito Civil

- Los informes de detectives están reconocidos como pruebas válidas en el artículo 265.1.5° de la Ley de Enjuiciamiento Civil.
- En el derecho de familia, su labor es clave en procesos de custodia y uso de la vivienda familiar.
- En litigios contractuales, se han admitido informes para documentar incumplimientos y fraudes en arrendamientos y otras disputas contractuales.
- La jurisprudencia ha establecido que, aunque los informes son una prueba válida, su fuerza depende de la ratificación en juicio y del respeto a la legalidad en su obtención.

2. Papel del Detective en el Ámbito Laboral

- Su intervención es clave en la detección de fraudes laborales, especialmente en casos de bajas médicas fraudulentas.
- El Tribunal Constitucional ha reconocido la legitimidad de su uso siempre que se respete la intimidad y la dignidad del trabajador.
- La doctrina jurisprudencial ha establecido que el despido es procedente cuando el informe del detective demuestra actividades incompatibles con la incapacidad del trabajador.

- Existen precedentes que confirman la validez de los informes en la detección de absentismo, competencia desleal y uso indebido de recursos empresariales.

3. Papel del Detective en el Ámbito Mercantil

- Es una herramienta clave en la protección contra la competencia desleal y la defensa de secretos empresariales.
- La jurisprudencia ha validado informes de detectives en casos de fraude contractual, espionaje industrial y violación de derechos de propiedad intelectual.
- La obtención de pruebas debe ser realizada conforme a principios de proporcionalidad y legalidad, pues la falta de concreción en la investigación puede debilitar su valor probatorio.

4. Papel del Detective en el Ámbito Penal

- Su labor se inscribe en el derecho de defensa y contribuye a la reconstrucción de hechos en procedimientos judiciales.
- Los informes de detectives tienen un valor híbrido, combinando prueba documental y testifical, siempre que sean ratificados en juicio.
- Se han utilizado con éxito en investigaciones sobre estafas, falsedad documental, apropiación indebida y fraude a aseguradoras.
- La jurisprudencia ha confirmado que su labor no sustituye la de la policía judicial, sino que complementa las pruebas presentadas por las partes en litigio.
- Reflexión Final

El detective privado es un actor clave en la obtención de pruebas dentro del marco jurídico español. Su intervención ha sido reconocida por la jurisprudencia en múltiples ámbitos, siempre que se respeten los principios de legalidad, proporcionalidad y derechos fundamentales. Su labor contribuye a esclarecer conflictos, garantizar la justicia y prevenir fraudes, consolidándose como un pilar del sistema judicial contemporáneo.

Capítulo 16

Responsabilidades del detective

El ejercicio de la profesión de detective privado implica, al igual que en cualquier otra actividad profesional, la posibilidad de incurrir en distintos tipos de responsabilidad. En particular, pueden concurrir responsabilidades penal, civil y administrativa. Este triple régimen de responsabilidad se justifica tanto por la propia actividad de los detectives, que a menudo se realiza en un marco de protección de derechos fundamentales (intimidad, honor, protección de datos personales, etc.), como por la relación de sujeción especial que mantienen con la Administración en virtud de la legislación de seguridad privada.

RESPONSABILIDAD PENAL

Diversos autores han abordado la cuestión de la potencial responsabilidad penal de los detectives privados. Serrano Brutagueño[134] destacaba la posible comisión de delitos como allanamiento de morada, interceptación de comunicaciones, amenazas, coacciones o incluso tenencia ilícita de armas. Sin embargo, tal afirmación —en la que se alude a la "propensión" de los detectives a cometer dichos delitos— puede calificarse, cuando menos, de anacrónica y carente de un sustento empírico sólido, dado que no se dispone de estadísticas específicas que acrediten una elevada tasa de criminalidad entre estos profesionales.

En línea con la jurisprudencia penal ordinaria, el detective privado responderá penalmente con arreglo al Código Penal por las acciones u omisiones típicas, antijurídicas y culpables que realice como autor o partícipe (arts. 27 a 29 CP). Por tanto, no existe un trato diferenciado respecto de otros ciudadanos: las normas penales se aplican con los mismos criterios de imputación. Adicionalmente, si el detective actúa como administrador de una sociedad de detectives y lleva a cabo una conducta

---

134 Serrano Butragueño, *Los detectives privados como sujetos procesales. Análisis jurisprudencial.* Dykinson, Madrid.

subsumible en los llamados delitos societarios u ocasiona un perjuicio patrimonial punible, también podría incurrir en responsabilidad penal.

Por otro lado, la consideración de que la actividad del detective privado pueda generar recelos sobre la validez de la prueba que aporta en un proceso judicial ha sido constatada en la práctica forense. Tal como señala Pérez Hernández[135], algunos jueces "revaloran" la prueba aportada por detectives, mientras que otros la "infravaloran" por razones subjetivas o prejuicios sobre la profesión. No obstante, esa fluctuación jurisprudencial debe enmarcarse en los principios generales de la valoración de la prueba (arts. 741 y ss. de la Ley de Enjuiciamiento Criminal), de modo que no debiera suponer, en puridad jurídica, una merma a la fiabilidad intrínseca de un informe pericial o testifical elaborado por un detective.

RESPONSABILIDAD CIVIL

El artículo 110 del Reglamento de Seguridad Privada (RSP) prevé expresamente que los detectives privados "responderán civilmente de las acciones u omisiones en que, durante la ejecución de sus servicios, incurran los detectives dependientes o asociados que con ellos estén vinculados". Esta previsión encuadra la responsabilidad del detective bajo la figura de la responsabilidad civil profesional, entendida como la obligación de reparar los daños causados en el ejercicio de la actividad investigadora.

Siguiendo la doctrina clásica (Castán TobeñasS, Lacruz Berdejo, De La Oliva Santos Briz), la responsabilidad civil surge cuando se produce un daño o perjuicio que debe ser reparado, bien por incumplimiento contractual (arts. 1101 y ss. del Código Civil, en adelante Cci) o por la comisión de un acto ilícito extracontractual (arts. 1902 y ss. Cci). En el ámbito de la investigación privada:

- Responsabilidad contractual: el detective incurre en ella cuando, incumpliendo las obligaciones asumidas en el contrato con su cliente (lex artis, deberes de confidencialidad, diligencia debida, etc.), causa un perjuicio a este último.

135 Pérez Hernández *Sobre la naturaleza jurídica de la prueba de detectives privados.* Revista Española de Derecho Procesal, 12(1), 85-102

- Responsabilidad extracontractual: procede en relación con terceros que no guardan vínculo contractual con el detective, pero que resultan perjudicados por la actuación de aquel (por ejemplo, vulneración de derechos fundamentales de un tercero durante la investigación).

La norma del art. 110 RSP introduce una obligación de responder también por los hechos de los detectives "asociados o dependientes", la cual puede interpretarse de forma directa o subsidiaria (arts. 1903 Cci y 120 CP en caso de delitos). La doctrina civilista considera que se trata de un supuesto de responsabilidad por hecho ajeno basada en una presunción de culpa "in vigilando" o "in eligendo".

RESPONSABILIDAD ADMINISTRATIVA

La responsabilidad administrativa de los detectives privados está regulada en el título VI (régimen sancionador) de la Ley de Seguridad Privada (LSP) y desarrollada en el RSP (arts. 151 a 153 para el personal de seguridad privada). Estas infracciones se clasifican en muy graves, graves y leves, de acuerdo con la sistemática siguiente:

Infracciones muy graves (art. 151 RSP):

- Prestación de servicios sin habilitación (art. 151.1).
- Falta de reserva sobre las investigaciones (art. 151.3).
- Condena por delito doloso cometido en el ejercicio de la profesión (art. 151.4).
- Negativa a colaborar con la Administración de Justicia o con las Fuerzas y Cuerpos de Seguridad (art. 151.5).

Infracciones graves (art. 152 RSP):

- Apertura de despachos sin reunir requisitos o sin comunicación previa (art. 152.1.a)).
- Realizar funciones que excedan del ámbito del detective, en particular la investigación de delitos perseguibles de oficio (art. 152.1.b)).
- Incumplir la obligación de presentar el informe anual de actividades (art. 152.7).

- No denunciar los delitos conocidos en el ejercicio de sus funciones (art. 152.9).

Infracciones leves (art. 153 RSP):

- No comunicar variaciones de datos registrales (art. 153.3).
- Publicidad sin habilitación o sin indicar número de registro (art. 153.4).
- Falta de diligencia en el libro-registro (art. 153.5).
- No mostrar la documentación profesional o no identificarse adecuadamente (art. 153.12).

Las sanciones asociadas a cada categoría se contemplan en el capítulo II, pudiendo llegar a la cancelación de la inscripción o a multas de elevada cuantía, diseñadas en su día para empresas de seguridad de gran tamaño. En la práctica, se ha criticado el carácter desproporcionado de dichas sanciones en relación con la estructura económica habitual de los despachos de detectives.

Asimismo, cabe señalar que, en el ámbito de la protección de datos, con la entrada en vigor del Reglamento (UE) 2016/679 (RGPD) y la Ley Orgánica 3/2018 de Protección de Datos Personales y garantía de los derechos digitales (LOPDGDD), los detectives privados deben extremar la cautela en la recopilación y tratamiento de datos sensibles, pues cualquier incumplimiento puede acarrear sanciones administrativas muy gravosas (art. 71 y ss. LOPDGDD, en relación con los arts. 82 y ss. RGPD).

RESPONSABILIDADES DE LAS EMPRESAS Y PARTICULARES CONTRATANTES DE DETECTIVES PRIVADOS

La actividad del detective privado no solamente puede conllevar responsabilidades para el profesional que la ejerce, sino también para quienes contratan sus servicios, en la medida en que participen de forma activa o culposa en la eventual comisión de ilícitos. Sin embargo, la legislación y la doctrina mayoritarias contemplan, en términos generales, un régimen de responsabilidad menos intenso para los usuarios de estos servicios, salvo que concurran supuestos específicos de participación criminal.

CONCLUSIONES

El detective privado afronta un régimen de responsabilidad penal, civil y administrativa plenamente equiparable al de otros profesionales, si bien con particularidades derivadas de la LSP y el RSP.

En el plano penal, el detective responde como autor o partícipe, sin que quepa presumir un mayor índice de delitos "propios" de la profesión.

En el plano civil, la responsabilidad se articula habitualmente como responsabilidad profesional contractual o extracontractual, con la posibilidad de imputar al titular de la agencia la responsabilidad por hechos de sus asociados o dependientes (art. 110 RSP).

En el plano administrativo, las infracciones se clasifican en muy graves, graves y leves, con sanciones que pueden resultar desproporcionadas si se comparan con el volumen económico medio de los despachos de detectives. Además, la protección de datos cobra una relevancia capital dada la sensibilidad de la información que manejan.

Los clientes (empresas o particulares) no suelen incurrir en responsabilidad salvo que participen de manera activa en hechos ilícitos. En el ámbito administrativo, se sanciona el llamado "intrusismo pasivo" cuando contratan a detectives sin la habilitación legal pertinente.

Este régimen jurídico busca equilibrar la libertad de actuación de los detectives con la salvaguarda de derechos fundamentales y la garantía de la seguridad jurídica, articulando diversos niveles de control (penal, civil y administrativo) para prevenir abusos y salvaguardar la buena praxis de la investigación privada.

Capítulo 17

El deber de información al investigado

Tradicionalmente, tanto en el ámbito público (fuerzas de seguridad del Estado) como en el privado (detectives privados), rige la máxima de que cuantas menos personas sean conocedoras de una investigación en curso, mejor. La confidencialidad no es solo un principio operativo, sino un pilar esencial para garantizar la eficacia de las investigaciones, evitar filtraciones y minimizar el riesgo de manipulación o destrucción de pruebas.

Tal y como se ha indicado en el estudio de la simulación nada impide a que el detective oculte su identidad, es más, forma parte de su tarea (por todas, STS 1194/2024, 24 de septiembre de 2024). Es vital que la persona investigada desconozca el inicio de la investigación. De lo contrario, podría modificar su conducta para evitar ser descubierto, destruir pruebas incriminatorias o incluso actuar con mayor sigilo, dificultando la recopilación de indicios que evidencien la reiteración de una posible infracción o delito. En muchos casos, la vigilancia y la recopilación de pruebas requieren tiempo y discreción, ya que solo con la observación prolongada se puede demostrar un patrón de comportamiento ilícito. En idéntico sentido, SJS número 7 378/2021, 2 de Diciembre de 2021, de Murcia; STSJ Cataluña 2322/2015, 30 de Marzo de 2015 ; STSJ Comunidad Valenciana 1857/2020, 26 de Mayo de 2020; o la STSJ Canarias 983/2024, 28 de Junio de 2024 que indica: "*Naturalmente, exigir a un detective privado que obtenga autorización del propietario del establecimiento para investigar en su interior podría obstaculizar la investigación de posibles incumplimientos contractuales graves por parte del trabajador, y en todo caso cualquier presencia de terceros en las grabaciones es secundaria y sus derechos estarían protegidos por el secreto profesional de los detectives, siendo sus informes confidenciales y no accesibles públicamente, su divulgación a terceros constituiría una infracción de la Ley de Protección de Datos, sancionable por la Agencia de Protección de Datos. En consecuencia, se desestima el motivo*"

Sin embargo, en el ámbito de la consultoría y el *compliance* empresarial, se maneja un enfoque distinto, que prioriza la transparencia y el respeto a los derechos del investigado. Desde esta perspectiva, se defiende la necesidad de comunicar al sujeto investigado, desde el inicio de la indagación, que está siendo objeto de una investigación interna. Para ello, se emplea un documento conocido como "carta de retención documental", que no solo informa al trabajador sobre la investigación en curso, sino que también le recuerda sus deberes legales, como la obligación de colaborar, la confidencialidad y la prohibición de alterar o destruir elementos probatorios.

Este enfoque presenta un inconveniente clave: al ser advertido, el presunto infractor puede modificar su comportamiento, ocultar pruebas o incluso detener temporalmente sus acciones ilícitas. Esto dificulta gravemente la posibilidad de demostrar la continuidad del comportamiento irregular, la existencia de patrones fraudulentos o la implicación de terceros. En consecuencia, las investigaciones internas bajo este esquema suelen centrarse exclusivamente en hechos ya consumados, limitando la capacidad de detectar infracciones en tiempo real.

Cuando una investigación es realizada por un detective privado, la situación es distinta. En el ejercicio de su actividad profesional, el detective no tiene la obligación legal de informar a la persona investigada sobre la apertura o el resultado de la indagación. Esta exención se basa en el hecho de que la labor del detective privado se desarrolla dentro del marco legal establecido en la Ley 5/2014, de 4 de abril, de Seguridad Privada, y bajo los principios de necesidad, idoneidad y proporcionalidad.

A este respecto, la Agencia Española de Protección de Datos (AEPD) ha emitido diversas resoluciones que refuerzan este principio. Entre ellas, destacan las resoluciones AEPD E/00128/2004 y E/00778/2005, que establecen que los detectives privados pueden estar exentos del deber de información cuando dicha notificación pueda comprometer el propósito de la investigación.

El Reglamento General de Protección de Datos (RGPD) también contempla excepciones a la obligación de informar cuando esta acción pueda frustrar la finalidad de una investigación. Sin embargo, estas exenciones no son absolutas y deben aplicarse con estrictos criterios de proporcionalidad.

Para que la recopilación de datos por parte de un detective privado sea legítima, deben cumplirse tres condiciones esenciales:

1. Existencia de un interés legítimo: La persona o empresa que contrata la investigación debe justificar la existencia de un motivo legítimo y proporcionado, como la detección de fraude, competencia desleal o violaciones contractuales.

2. Confidencialidad: La obtención de pruebas debe realizarse con la máxima discreción, sin que la investigación vulnere derechos fundamentales de terceros.

3. Proporcionalidad y minimización de datos: La intervención del detective debe ser proporcional al objetivo perseguido, evitando la recolección de información irrelevante o excesiva.

Además, según la AEPD, el tratamiento de datos no requiere el consentimiento de las personas trabajadoras, pues la base jurídica es el contrato de trabajo, en relación con el art. 20.3 del ET.

En suma, las normativas de protección de datos, tanto nacionales como europeas, establecen excepciones al deber de información cuando su cumplimiento pudiera frustrar la finalidad de la investigación.

Capítulo 18

El detective privado en el derecho comparado: análisis de sus funciones y regulación

El detective privado es una figura fundamental en la obtención de información en diversas áreas del derecho, incluyendo el derecho penal, civil, mercantil y laboral. Sin embargo, la regulación de su actividad varía significativamente según la jurisdicción. Este artículo analiza la normativa aplicable en distintos países y su impacto en la profesión desde una perspectiva comparada.

MARCO JURÍDICO INTERNACIONAL

La regulación del detective privado varía ampliamente en función de la tradición jurídica de cada país. En términos generales, los sistemas jurídicos pueden clasificarse en:

Sistemas de Derecho Continental (Civil Law)

En los países de tradición jurídica continental (como España, Francia y Alemania), los detectives privados suelen estar regulados por leyes específicas y supervisados por organismos gubernamentales.

Sistemas de Derecho Anglosajón (Common Law)

En países como Estados Unidos y Reino Unido, la regulación es más flexible, con mayor énfasis en la autorización a nivel estatal o local.

Sistemas Mixtos y Otros Modelos

Algunos países tienen regulaciones que combinan elementos de ambos sistemas:

- **México y Argentina:** La actividad está regulada de manera fragmentada, con normativas locales que establecen requisitos para operar.
- **Japón:** Los detectives privados deben registrarse en la policía y su campo de acción está estrictamente delimitado.

REGULACIONES

A nivel de la **Unión Europea**, no existe una regulación específica de los detectives privados común a todos los Estados miembro –es una materia de competencia nacional. A nivel internacional, la regulación sobre los detectives privados establece, como principio fundamental, la necesidad de que su actuación se desarrolle dentro del marco legal vigente. En diversas jurisdicciones, se exige la obtención de una licencia profesional, acompañada en muchos casos de requisitos específicos en materia de formación y experiencia. Asimismo, la normativa puede incluir restricciones sobre el empleo de armas de fuego y de dispositivos tecnológicos avanzados para la recolección de información. En algunos países, los detectives privados pueden intervenir en investigaciones relacionadas con delitos públicos, a pesar de no contar con autoridad policial, salvo en aquellos casos en los que exfuncionarios de cuerpos de seguridad mantienen ciertos privilegios legales. De igual modo, se enfatiza la obligatoriedad de documentar de manera precisa y verificable los resultados de sus investigaciones, con el fin de que puedan ser utilizados en procedimientos judiciales.

Regulación de los Detectives Privados en Estados Unidos y Canadá

La regulación de los detectives privados en Estados Unidos se caracteriza por su naturaleza descentralizada, al ser competencia de cada estado. Esto ha generado un marco normativo heterogéneo, con diferencias sustanciales en cuanto a los requisitos para la obtención de licencias, la formación obligatoria y los límites legales de la profesión. Mientras algunos estados no establecen exigencias estrictas para el ejercicio de la actividad, otros han implementado regulaciones rigurosas, que incluyen certificaciones específicas y experiencia previa en el sector.

Históricamente, la actividad de los detectives privados en Estados Unidos ha estado sujeta a un proceso evolutivo en términos de regulación. Un ejemplo ilustrativo de ello es el caso del estado de Colorado, que implementó una regulación formal en 1887, la cual fue posteriormente declarada inconstitucional en 1977. Actualmente, estados como Florida han desarrollado sistemas de licencias diferenciadas para los investigadores privados, mientras que en Nueva York se requiere una experiencia mínima de tres años, además de la aprobación de un examen estatal.

La ausencia de una licencia federal en Estados Unidos ha llevado a que cada estado establezca criterios específicos para la regulación de esta profesión. En California, por ejemplo, la Bureau of Security and Investigative Services (BSIS) exige la acreditación de formación y experiencia para la obtención de una licencia, mientras que en Nueva York la Division of Licensing Services supervisa el otorgamiento de credenciales con requisitos similares. Desde una perspectiva legislativa, el Private Detective Act of 1953 consolidó la legalidad y el reconocimiento de la función de los detectives privados en la recopilación de información para procedimientos legales. Paralelamente, la jurisprudencia ha desempeñado un papel clave en la delimitación de su marco de actuación.

Diversas resoluciones judiciales han contribuido a establecer los límites legales de la profesión en Estados Unidos. En el caso Forster v. Manchester (1963), el Tribunal Supremo de Pensilvania determinó que la vigilancia en espacios públicos no constituía una violación del derecho a la privacidad, siempre que se realizara de manera discreta. De manera similar, en Ryan v. U.S. Air Force et al. (2013), el Quinto Circuito concluyó que la utilización de tecnología de zoom comercial para la observación de actividades en espacios abiertos no vulneraba la Cuarta Enmienda, siempre que la observación se realizara desde un punto de acceso legalmente permitido. Otros precedentes judiciales, como Tucker v. American Employers Insurance Co. (1965), confirmaron la legalidad de la vigilancia a reclamantes de seguros en la vía pública, siempre que no se recurriera a prácticas intimidatorias. En McClain v. Boise Cascade (1975), un tribunal de Oregón admitió las pruebas obtenidas mediante una "leve" intrusión en propiedad privada, argumentando que la afectación de los derechos individuales había sido mínima y que la evidencia resultaba crucial para el litigio. Finalmente, en Hall v. State of Texas (1992), se establecieron criterios más rigurosos para la admisibilidad de grabaciones obtenidas por detectives privados en procesos judiciales, exigiendo la verificación de su autenticidad y su correcta documentación.

En el contexto canadiense, la regulación de los detectives privados se encuentra igualmente descentralizada, ya que es competencia de cada provincia. En Ontario, el Private Security and Investigative Services Act, 2005 establece un conjunto de requisitos que incluyen la formación certificada y la superación de exámenes para la obtención de una licencia profesional. Además, la jurisprudencia canadiense ha delimitado los parámetros legales de la profesión, con especial énfasis en la admisibilidad de pruebas obtenidas mediante vigilancia y la protección de la privacidad individual.

Italia

En el proceso civil italiano las pruebas obtenidas por detectives son consideradas "pruebas atípicas", admitidas siempre que el detective testifique sobre ellas en juicio. La Corte di Cassazione ha avalado la plena validez probatoria del informe de un investigador privado cuando éste ratifica su contenido en audiencia, otorgándole valor de "prueba plena". Por ejemplo, en materia de separación matrimonial, la Cassazione confirmó que la infidelidad acreditada por un detective constituía prueba legítima para imputar la separación al cónyuge infiel. Igualmente, en el ámbito laboral, la Cassazione (Sez. Lavoro, sent. 17133/2013) autorizó al empleador a contratar detectives para verificar conductas indebidas del empleado (como fingir una enfermedad), considerando lícita esa vigilancia privada con fines disciplinarios.

El detective italiano debe respetar estrictamente la privacidad y la ley al obtener información. Cualquier violación de la normativa de privacidad puede inutilizar la prueba. Así lo subrayó la Cassazione en la sent. 28378/2020, que declaró inutilizables los datos recolectados por una agencia cuando ésta subcontrató investigadores no informados en el contrato, vulnerando el Código Deontológico de privacidad. La ley italiana (D. Lgs. 196/2003, Código de Protección de Datos) y los códigos deontológicos exigen que el detective actúe personalmente o informe del uso de ayudantes, y su incumplimiento conlleva la exclusión absoluta de la prueba obtenida ilícitamente.

La Corte di Cassazione ha sentado precedentes importantes: la sentencia 11516/2014 confirmó la *"plena licitud"* del uso de informes de detectives en juicio; la ord. 16735/2020 ratificó el valor probatorio de la investigación privada en caso de infidelidad conyugal; y decisiones como Cass. 12985/2006 o 19106/2015 (entre otras) han ido delineando que, siempre que el detective actúe dentro de la ley, sus hallazgos son admisibles como prueba. Por el contrario, si la obtención de la evidencia vulnera derechos fundamentales (p. ej., vigilancia en domicilios sin consentimiento), los tribunales italianos han excluido dichas pruebas por ilicitud.

La doctrina italiana califica al detective privado como un *"ausiliario di giustizia"* informal en el proceso civil, cuyo aporte probatorio -aunque no previsto expresamente en el código– se ha ido aceptando pragmáticamente. Tonini[136] subraya que los informes de detectives, corroborados oralmente en juicio, operan como testimonios cualificados y contribuyen a la tutela del derecho a probar, siempre que se respete la normativa de privacidad y el principio de proporcionalidad en la investigación. En suma, en Italia el detective privado actúa bajo un marco legal estricto pero puede proporcionar evidencia válida en juicio civil o laboral, siempre que no viole la ley en su obtención. En el proceso penal, su rol es más limitado, pues la investigación oficial recae en la policía, pero sus informes pueden provocar la apertura de diligencias o complementar la prueba, sin perjuicio de las garantías del imputado.

Francia

Francia cuenta con un amplio marco legal para los détectives privés. La profesión está regulada por el Code de la Sécurité Intérieure (CSI) (art. L621-1 y ss.) y supervisada por el Conseil National des Activités Privées de Sécurité (CNAPS), dependiente del Ministerio del Interior. Desde la Ley de 18 de marzo de 2003 se reconoce oficialmente el estatuto del detective privado, exigiendo habilitación profesional (diploma homologado y autorización CNAPS) y cumplimiento de un código de déontologie.

La jurisprudencia francesa, desde hace décadas, admite plenamente los informes de detectives como medios de prueba en juicio. Ya en un arrêt de principe de 1962, la Cour de cassation sentó que los informes de enquête privados pueden ser valorados como elementos de procedimiento. Este criterio nunca ha sido desmentido: "Le rapport de surveillance privée est admis et ne peut être rejeté au seul motif que le détective était payé" declaró la Cass. 2ª civ. el 12/10/1977. En otras palabras, el hecho de que la investigación la realice un detective contratado por parte interesada no descalifica la prueba. Los tribunales han reiterado que las constataciones de un detective son recevables en justice au même titre que tout autre mode de preuve, sujetas a las mismas reservas legales. Eso sí, el juez conserva poder soberano para apreciarlas según su convicción íntima (en lo penal, art. 427 CPP).

---

136 Tonini, Commento all'art. 22 della legge 332/95, in AA.VV., Modifiche al codice di pro- cedura penale, Cedam, Padova, 1995

La jurisprudencia pone énfasis en la loyauté de la preuve. Las pruebas obtenidas de forma ilícita o desleal –mediante *manœuvres frauduleuses*, violencia, violación de la vie privée, etc.– pueden declararse irrecevables. Por ejemplo, se excluyen pruebas que vulneren gravemente la intimidad (v.gr. grabaciones clandestinas en el domicilio). El artículo 9 del Code de procédure civile consagra que cada parte debe probar conforme a la loi, lo que implica que no todo medio de prueba es admisible y que deben respetarse la legalidad y proporcionalidad en la investigación privada. En procesos de divorcio, el Código Civil prohíbe aportar grabaciones privadas obtenidas mediante engaño o violencia (art. 259-1 C.Civ); así, un detective no puede, por encargo, vulnerar secreto de comunicaciones o entrar en espacios privados. Sin embargo, la mera entrega al cónyuge de un informe de vigilancia sobre su pareja infiel no se considera per se una violación de la intimidad, dado el ámbito confidencial en que se usa (entre esposos, abogados y juez) y la no publicidad del proceso. En materia penal, rige el principio de libertad probatoria: ninguna prueba puede descartarse *solamente* por haber sido obtenida de forma ilegal por un particular. La Cour de cassation (Cass. crim., 6/04/1994) sostuvo que ninguna disposición permite al juez penal desechar medios de prueba por su origen ilícito, debiendo limitarse a valorar su fuerza probante. Esto fue confirmado en 2012 al admitirse como válidas grabaciones privadas ilícitas aportadas en un proceso penal por atteinte à la vie privée, por cuanto podían debatirse contradictoriamente. En resumen, en Francia las pruebas de detectives son en general admisibles, pero sometidas a un control de legalidad y lealtad: si el detective traspasa límites legales (p.ej. accediendo a domicilios sin autorización, espionaje informático, etc.), la prueba será excluida y el detective se expone a sanciones civiles e incluso penales. Jurisprudencia relevante: La Cour de cassation ha reiterado el valor de las pesquisas privadas en múltiples fallos. Además de los citados de 1962 y 1977, se destaca jurisprudencia laboral que autoriza la vigilancia de empleados mediante detectives con sospecha fundada de mala conducta, siempre que no se vulneren libertades individuales (v.gr. Cass. soc. 2008, sobre filature de un salarié). En derecho de familia, sentencias han matizado el alcance de la intimidad: la Cass. 2ª civ. 19/06/1997 permitió informes de detective sobre adultery en divorcio, siempre que obtenidos sin provocar escándalo público. Doctrina jurídica: Autores franceses subrayan el equilibrio entre eficacia de la prueba y derechos fundamentales. Se destaca el principio de proportionnalité: el detective puede usar métodos discretos para revelar la verdad (incluso observar y fotografiar en lugares públicos), pero debe abstenerse de métodos déloyaux que lesionen la dignidad o privacidad. En conclusión, en el sistema francés el detective privado es un auxiliar probatorio cuyos informes y testimonios son habitualmente aceptados en juicio civil o penal, con la condición sine qua non de que su obtención haya sido lícita y respetuosa de la vie privée.

Alemania

A diferencia de los anteriores, en Alemania no existe una ley específica que regule a los detectives privados como profesión autónoma. Su actividad se considera una mera actividad comercial sujeta a registro mercantil y supervisión general del Estado. Para operar, un *Privatdetektiv* debe inscribirse ante las autoridades comerciales (Gewerbeordnung), y en ciertos casos cumplir requisitos formativos (por ejemplo, los "detektive de grandes almacenes" requieren un curso y examen de la Cámara de Comercio). No obstante, aunque carece de normativa específica, su labor está enmarcada por las leyes generales (Código Penal, Código Civil) y por los derechos fundamentales consagrados en la Ley Fundamental (Grundgesetz).

En principio, las pruebas aportadas por un detective privado son admisibles en los tribunales alemanes si se obtuvieron legalmente. Alemania sigue un criterio de ponderación (*Abwägung*): los jueces pueden excluir una evidencia si su obtención supuso una infracción grave de la ley o una vulneración arbitraria de derechos. Sin embargo, la mera ilegalidad privada no conlleva automáticamente inadmisibilidad, ya que la exclusión probatoria (Beweisverwertungsverbot) típicamente se aplica a ilícitos de autoridades. En el proceso penal, rige la doctrina de que el Artículo 2(1) en relación con 1(1) GG (derecho general de la personalidad) sólo restringe la vigilancia privada cuando faltan motivos legítimos. En concreto, la utilización de un detective para vigilar a alguien puede justificarse si existe una sospecha concreta de delito o incumplimiento contractual significativo. En el ámbito laboral, por ejemplo, los tribunales han admitido informes de detectives sobre empleados únicamente cuando el empleador tenía indicios objetivos previos de mala conducta. El Bundesarbeitsgericht (Tribunal Federal del Trabajo) ha sentenciado que solo se legitima la vigilancia encubierta de un empleado si hay sospechas factuales de infracción grave y se supera un test de proporcionalidad estricto. Un caso paradigmático es el del empleado que simuló enfermedad: el BAG (Sent. 2 AZR 395/15, 2016) validó la contratación de un detective para seguir a un trabajador con baja médica sospechosa, siempre que hubiera indicios concretos previos (en el caso, el empleado había anunciado su ausencia de antemano).

Bélgica

Bélgica cuenta con una legislación específica desde 1991. La *Loi du 19 juillet 1991 organisant la profession de détective privé* define el estatus y funciones del detective, obligando a una autorización del Ministerio del Interior y a cumplir requisitos de formación y honorabilidad. Dicha ley enumera las tareas permitidas (búsqueda de personas desaparecidas, investigaciones patrimoniales, recolección de información para litigios civiles o penales, etc.). El detective belga está sometido a un deber estricto de confidencialidad: solo puede revelar la información obtenida a su cliente o personas expresamente mandatadas por éste (art. 10 de la Ley). En 2024 se ha aprobado una nueva Ley de Investigación Privada (Ley de 8 mayo 2024) que moderniza el marco de 1991. Esta nueva ley refuerza las obligaciones hacia, por ejemplo, los empleadores que recurren a detectives: si una empresa quiere investigar a un trabajador, deberá haberlo previsto en su reglamento interno; de lo contrario, "toda prueba recabada por el detective no será admisible" en un procedimiento judicial o disciplinario.

En general, los tribunales belgas consideran legal el recurso a un detective privado como medio probatorio, sujeto a ciertas condiciones. La jurisprudencia ha señalado que un informe de detective contratado por una parte puede constituir una presunción de hecho que el juez valorará libremente. No se descarta la prueba por el solo hecho de provenir de un detective remunerado por un litigante; de hecho, la Cour de Cassation ha confirmado (arrêt del 14/09/2020) que el deber de confidencialidad del art. 10 Ley 1991 existe para proteger al cliente (que el detective no use los datos contra su propio cliente), pero no impide utilizar la información en beneficio del cliente o de terceros autorizados por éste. Esto implica que el informe puede ser aportado en juicio por quien contrató al detective u otro a quien éste autorice. Ahora bien, las reservas vienen dadas por la forma de obtención: si el detective viola la ley en su investigación, la prueba puede ser excluida. Los tribunales aplican en materia probatoria la llamada *"doctrine Antigone"* (derivada de un célebre fallo de Cass. 2003): la utilización de una prueba obtenida ilegalmente solo se prohíbe cuando la norma infringida prevea expresamente la nulidad, cuando la irregularidad comprometa la fiabilidad de la prueba, o cuando su uso implique violar el derecho a un juicio justo. Fuera de esos casos, incluso una prueba obtenida de forma ilícita por un particular podría aceptarse, ponderando intereses (se busca no incentivar infracciones, pero tampoco ignorar la verdad material).

La ley belga impone límites claros: el art. 5 de la Ley de 1991 protege la vie privée del ciudadano, prohibiendo al detective "espiar" en lugares no accesibles al público sin consentimiento. Queda vedado, por ejemplo, instalar cámaras ocultas en domicilios ajenos o captar conversaciones privadas sin autorización de todos los intervinientes. Fotografías y filmaciones de personas en la vía pública sí están permitidas, siempre que se respeten otras leyes (p. ej., no acoso). Asimismo, el detective no puede realizar actos propios de la autoridad (como interrogatorios coactivos, allanamientos, etc.).

Reino Unido

En el Reino Unido la profesión de detective privado no está sometida aún a un régimen de licencia obligatorio por parte del Estado. Si bien existe legislación sobre seguridad privada (Private Security Industry Act 2001), la sección relativa a investigadores privados no ha sido plenamente implementada, de modo que "no hay una regulación" formal a día de hoy de los requisitos para ser detective. No obstante, los detectives británicos suelen afiliarse a asociaciones profesionales (como la Association of British Investigators) que fijan estándares de ética y competencia. En ausencia de licencia legal, cualquier persona puede operar como "private investigator", pero sus actividades están limitadas por las leyes penales y civiles generales: un detective no tiene ningún privilegio especial y debe respetar las mismas leyes que un ciudadano común en materia de vigilancia, privacidad y obtención de información.

En la práctica judicial inglesa, las pruebas obtenidas por detectives privados son admisibles siempre que sean pertinentes al caso y su obtención no haya violado gravemente la ley o los derechos. Los tribunales aplican su discreción para excluir evidencias cuya obtención pueda constituir un abuso del proceso o desprestigie la justicia. Por regla general, sin embargo, la evidencia no es excluida solo por haberse conseguido de manera irregular por un particular (doctrina de "fruits of the poisonous tree" no rige igual que contra actuaciones policiales). Por ejemplo, en casos de divorcio o custodias es común aportar informes de detectives sobre conductas adulterinas o convivencias ocultas, y los jueces los valoran como cualquier otro testimonio, ponderando su fiabilidad. En litigios civiles de fraude o laborales, se aceptan videos o seguimientos hechos por investigadores para documentar engaños, siempre que el método no haya violado gravemente la privacidad protegida por ley. En el ámbito penal, las pruebas aportadas por la defensa obtenidas por detectives (p.ej., localización de testigos o recreación de escenas) son admisibles; y si es la acusación quien las usa, se analiza si el detective actuó bajo dirección policial (lo que activaría las garantías del Police and Criminal Evidence Act 1984).

Capítulo 19

El Tribunal Europeo de Derechos Humanos y la legalidad de las investigaciones privadas: análisis de la jurisprudencia

El Tribunal Europeo de Derechos Humanos (TEDH) ha desempeñado un papel esencial en la definición y limitación de los derechos fundamentales en relación con la actividad de los detectives privados. Mediante diversas sentencias, ha establecido criterios claros sobre la legalidad, proporcionalidad y admisibilidad de las pruebas obtenidas a través de investigaciones privadas, especialmente en casos que implican vigilancia y recopilación de datos personales. La jurisprudencia del TEDH ha confirmado consistentemente que la contratación y actuación de detectives privados es legal en la mayoría de los Estados miembros del Consejo de Europa, siempre y cuando dichas actuaciones se ajusten a los principios de necesidad, proporcionalidad y legalidad (Köpke contra Alemania, 2010).

La validez de la actuación de detectives privados se ha reconocido en múltiples contextos: desde la supervisión laboral y la recopilación de pruebas en litigios civiles hasta la vigilancia en espacios públicos. Por ejemplo, en Köpke contra Alemania (2010), el TEDH determinó que la grabación mediante cámaras ocultas a una empleada sospechosa de robo en un supermercado era una medida legítima y proporcional, justificada por la necesidad de proteger el patrimonio del empleador y porque la intervención en la privacidad no era excesiva. Sin embargo, el Tribunal también ha subrayado que las investigaciones deben cumplir criterios estrictos de previsibilidad y control judicial, como se destacó en Kazimir contra Suiza (2023), donde se declaró que la vigilancia a un beneficiario de una pensión por invalidez, realizada sin una regulación específica, constituía una interferencia desproporcionada e injustificada en su vida privada.

El ámbito laboral ha sido especialmente sensible al escrutinio del TEDH. En López Ribalda y otros contra España (2019), el Tribunal inicialmente consideró ilegal el uso de cámaras ocultas por vulnerar la privacidad de los empleados investigados por robo. Sin embargo, la Gran Sala revocó dicha decisión, reconociendo que existían sospechas fundadas y que no había medios menos intrusivos disponibles para obtener las pruebas necesarias, estableciendo claramente que la vigilancia laboral debe estar justificada, ser proporcional y limitada en su alcance.

En el contexto civil, los detectives privados han sido reconocidos como fuentes válidas de prueba. En el caso De la Flor Cabrera contra España (2014), el TEDH sostuvo que la grabación de un individuo en un lugar público, realizada por un detective para un litigio, no constituía una violación ilegítima del derecho a la privacidad, ya que la persona no tenía una expectativa razonable de privacidad en ese espacio. Este criterio ha sentado un precedente relevante para la admisión de pruebas obtenidas en espacios públicos en numerosos tribunales nacionales.

El TEDH ha definido cuatro criterios fundamentales para evaluar la legalidad y admisibilidad de las pruebas obtenidas por detectives privados: (1) la ubicación de la grabación, (2) la existencia o ausencia de consentimiento, (3) la legitimidad de la finalidad perseguida y (4) la disponibilidad o inexistencia de métodos menos invasivos. La ubicación es especialmente crítica, admitiendo generalmente las grabaciones en espacios públicos, mientras que en espacios privados estas requieren consentimiento o justificación excepcional (De la Flor Cabrera contra España, 2014). Además, el consentimiento adquiere especial relevancia en contextos laborales; las empresas deben generalmente informar a los empleados sobre medidas de control, excepto cuando existan sospechas justificadas que permitan grabaciones ocultas (López Ribalda contra España, 2019). El Tribunal también exige que el objetivo perseguido por la grabación sea legítimo, como proteger bienes o recabar pruebas necesarias para un proceso legal (Köpke contra Alemania, 2010).

Respecto a la validez de testimonios obtenidos por detectives, el TEDH aclara que dichos informes pueden incorporarse en procedimientos judiciales, aunque su valor probatorio siempre debe ser evaluado con rigurosidad por los tribunales nacionales. En Isoldi contra Italia (2024), el TEDH resolvió que aunque el testimonio obtenido por un detective era admisible como prueba, correspondía a los tribunales nacionales evaluar minuciosamente su fiabilidad y veracidad. Esto refuerza la necesidad de que los tribunales sometan tales pruebas a un análisis detallado y crítico.

Finalmente, el TEDH ha señalado límites explícitos a la actuación de los detectives privados, recalcando que estos no pueden asumir funciones propias de las fuerzas del orden o acceder a información privada sin autorización judicial expresa (Isoldi contra Italia, 2024).

En conclusión, la jurisprudencia del TEDH ha fortalecido la legitimidad del trabajo de los detectives privados dentro del marco legal europeo, imponiendo límites claros y necesarios para salvaguardar los derechos fundamentales. La legalidad y admisibilidad de sus actuaciones dependen de la proporcionalidad, la existencia de un objetivo legítimo, la imposibilidad de emplear medios menos intrusivos y la existencia de un marco legal claro con controles judiciales efectivos, equilibrando así la privacidad y la necesidad legítima de obtención de pruebas.

Agradecimientos

Este manual no habría sido posible sin la dedicación y el esfuerzo de muchas personas que, a lo largo de los últimos cincuenta años, han trabajado incansablemente para que la labor de los detectives privados sea reconocida en los tribunales. Su compromiso con la verdad y la justicia ha permitido que, hoy en día, nuestros informes sean una prueba válida y fundamental en los procesos judiciales de nuestro país y de los que nos rodean.

En primer lugar, quiero expresar mi profundo agradecimiento a mi amigo David Sanmartín, con quien logramos integrar la prueba del detective en la Ley 1/2000, de 7 de enero (Ley de Enjuiciamiento Civil). También quiero destacar el trabajo de todos los colegios profesionales y asociaciones de detectives, que han dedicado años de esfuerzo para mejorar nuestra profesión, luchando por su regulación, formación y dignificación. Sin su constancia, no habríamos alcanzado la solidez y el respeto con los que hoy contamos.

Asimismo, es justo reconocer la labor de los más jóvenes, quienes han contribuido a que nuestra disciplina sea más conocida por la sociedad en general. En especial, agradezco a Cristian, de Detectives Janús, por su dedicación en la recopilación de jurisprudencia, una tarea crucial para la elaboración de este manual y para consolidar el valor de la prueba del detective en el ámbito legal.

No puedo olvidar tampoco a la profesora Morón Lerma, con quien escribí mis primeros trabajos doctrinales y que, por desgracia, falleció recientemente. Tampoco al profesor Cristóbal Martell, quien me hizo interesarme por el derecho penal durante la licenciatura. Ni al profesor Fermín Morales Prats, quien dirigió mi tesis doctoral y con quien coescribí el Código de Seguridad Privada concordado y comentado, así como un artículo jurisprudencial sobre la prueba de investigación privada que fue la base de las enmiendas que realizamos durante la tramitación de la Ley 1/2000. Gracias a su doctrina en materia de privacy, sus comentarios doctrinales y su inestimable ayuda, hoy, más de veinte años después de escribir la tesis doctoral, he podido redactar este manual.

Finalmente, no puedo dejar de agradecer a todos los detectives con los que he competido en el mercado. No los citaré individualmente para evitar omitir a alguien, pero su trabajo ha sido fundamental para que, año tras año, me esforzara en mejorar e intentar ser un mejor profesional. Sin competencia no hay libre mercado y, sin este, tampoco hay mejora empresarial.

Este manual es el resultado del esfuerzo colectivo de toda una comunidad de profesionales que creen en la verdad, la justicia y el papel esencial del detective privado en la sociedad. A todos vosotros, mi más sincero agradecimiento.

Bibliografía

Arias Domínguez, A. (2023). *La expectativa legítima de privacidad y la prueba videográfica obtenida por detectives en el jardín del domicilio de la persona trabajadora.* Revista de Jurisprudencia Laboral, 6.

Areta Martínez, M. (2023). *¿En qué casos el pluriempleo es causa de despido disciplinario?, ¿y qué valor probatorio tiene el informe de un detective privado en el proceso de despido?* Revista de Jurisprudencia Laboral, 8.

Cioli, F. (2006). *L'attività investigativa e l'immagine dell'investigatore.* CLUEB, Bolonia.

Desantes Guanter, J.M. (1991). *De la libertad de expresión al derecho a la información.* Persona y Derecho, 24, 23-48.

Folgoso Olmo, A.F. (2020). *Límites a la validez de la prueba de detectives.* Anuario de la Facultad de Derecho. Universidad de Extremadura, 36, 249-274.

Goñi Sein, J.L. (2007). *La videovigilancia empresarial y la protección de datos personales.* Thomson Civitas, Madrid.

Hoogenboom, A.B. (1986). *Privatisering van de politiefunctie.* Algemeen Politieblad, 456-457.

Ibáñez, J.L. (2020). *Todo lo oye, todo lo ve, todo lo sabe.* Madrid.

Lafont Nicuesa, L. (2023). *La investigación física y tecnológica por el detective privado y su valor probatorio.* Madrid.

Loiodice, A. (1971). *Diritto atto informazione.* Enciclopedia dei diritto, XVI.

López Benítez, M. (1994). *Naturaleza y presupuestos constitucionales de las relaciones especiales de sujeción.* Civitas, Madrid.

Marco Fernández, F., & Morales Prats, F. (1999). *Código de Seguridad Privada.* Pamplona.

Mercader Uguina, J. R. (2020). *La protección de datos del informe de detectives privados.* Wolters Kluwer, Madrid.

Miranzo Díez, J.J. (2022). *Control y vigilancia de las personas trabajadoras en situación de incapacidad temporal. El informe de detectives privados.* Revista de Derecho de la Seguridad Social, Laborum, 31, 63-84.

Montero Aroca y otros. (1998). *Derecho Jurisdiccional.* Valencia.

Morales Prats, F. (1984). *La tutela penal de la intimidad: "Privacy e informática".* Barcelona: Destino.

Morales Prats, F. (1996). *Servicios de información y espionaje del Estado y secreto de comunicaciones telefónicas.* Actualidad Jurídica Aranzadi, 253, 4 de julio.

Morales Prats, F. (1997). *Protección de la intimidad: delitos e infracciones administrativas.* Cuadernos de Derecho Judicial, 13.

Morales Prats, F. (1998). *Los delitos contra la intimidad.* En: Jornadas sobre el nuevo Código Penal. Servicio Editorial Universidad del País Vasco, Bilbao.

Morales Prats, F. (2013). *Delitos contra la intimidad (arts. 197.4bis y 203.2-3)*. En: Estudio Crítico sobre el Anteproyecto de Reforma Penal de 2012. Álvarez García, Dopico Gómez Alier, Díez Ripollés, Valencia.

Morales Prats, F. & Marco Fernández, F. (1999). *Comentario al art. 19.4*. En: Legislación de Seguridad Privada. Aranzadi, Pamplona.

Moreno García, J.A. (2007). *Informes de los detectives privados y prueba en el proceso*. Revista de Jurisprudencia El Derecho, 1.

Pérez Hernández, M. (1998). *Sobre la naturaleza jurídica de la prueba de detectives privados*. Revista Española de Derecho Procesal, 12(1), 85-102.

Piqueras Bautista, J. (1987). *La dimensión interna y externa de los derechos fundamentales*. Barcelona: Bosch.

Puliti, G. (1995). *I diritto all'investigazione ed alla raccolta della prova*. En: L'investigazione privata nell nuovo processo penale.

Ramos Méndez, F. (1993). *El proceso penal: lectura constitucional*. Barcelona.

Ridaura Martínez, M. J. (2015). *Seguridad Privada y Derechos Fundamentales (La nueva Ley 5/2014, de 4 de abril, de Seguridad Privada)*. Valencia: Tirant lo Blanch.

Rodríguez Cardo, I. A. (2014). *Pruebas obtenidas a través de detectives privados y derecho a la intimidad del trabajador*. Actualidad Laboral, 12, 3.

Rubio Llorente, F. (2004). *La forma del poder: estudios sobre la Constitución*. Madrid: Centro de Estudios Políticos y Constitucionales.

Sánchez Agesta, L. (1980). *Sistema político de la Constitución Española de 1978*. Madrid.

Saraza Jimena, R. (1997). *Libertad de expresión e información frente a honor, intimidad y propia imagen*. Pamplona.

Serrano Butragueño, A. (1999). *Los detectives privados como sujetos procesales. Análisis jurisprudencial*. Dykinson, Madrid.

Tonini. (1995). *Commento all'art. 22 della legge 332/95*. En: AA.VV., Modifiche al codice di procedura penale. Cedam, Padova.

Van Outrive, L. (1988). *Une réglementation belge du secteur du gardiennage et de sécurité: question de legitimation*. Déviance et Société, XII(5), 401-108.

Velasco Núñez, E. (2013). *Investigación procesal penal de redes, terminales, dispositivos informáticos, imágenes, GPS, balizas, etc.: la prueba tecnológica*. Diario La Ley, 8183, 4 de noviembre.

Viguer Soler, P. L. (2009). *Los informes de detectives privados en el proceso civil (1)*. En: Práctica de Tribunales, 66. Wolters Kluwer, Smarteca, pág. 5 y ss.

Villaverde Menéndez, I. (1995). *Los derechos del público*. Madrid.